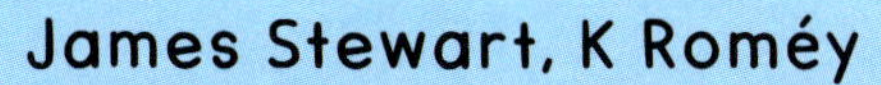

James Stewart, K Roméy

Dinosaurier-Philosophie

Übersetzung aus dem Englischen von Zoë Beck

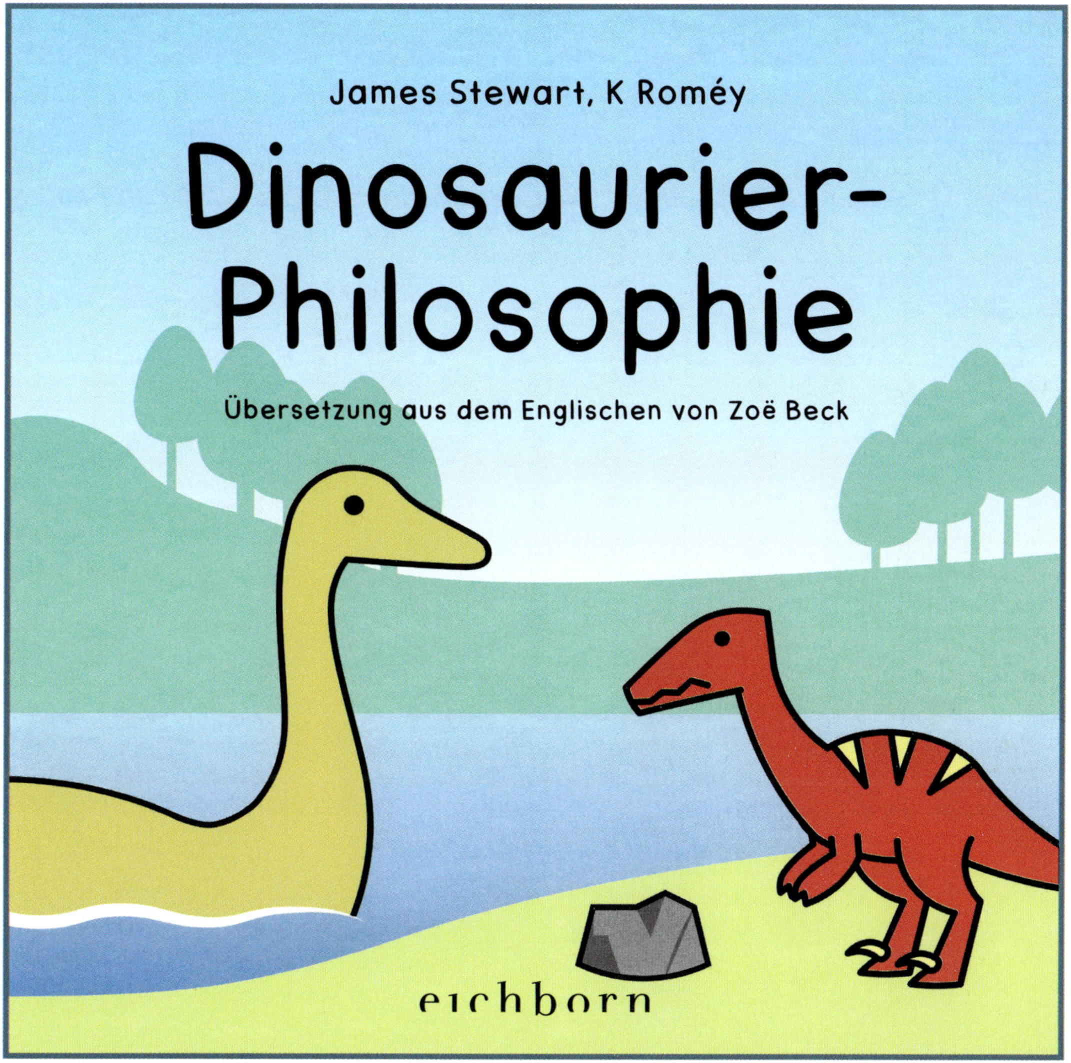

eichborn

Die Bastei Lübbe AG verfolgt eine nachhaltige Buchproduktion. Wir verwenden Papiere aus nachhaltiger Forstwirtschaft und verzichten darauf, Bücher einzeln in Folie zu verpacken. Wir stellen unsere Bücher in Deutschland und Europa (EU) her und arbeiten mit den Druckereien kontinuierlich an einer positiven Ökobilanz.

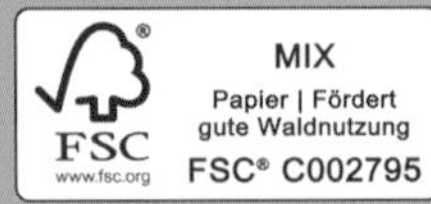

Eichborn Verlag

Titel der englischen Originalausgabe:
„Dinosaur Philosophy"

Umschlaggestaltung: © Thomas Krämer unter Verwendung eines Designs
von © HarperCollinsPublishers Ltd 2022
Einband-/Umschlagmotive: Cover Illustration © K Roméy | Text Illustration © James Stewart
Text © James Stewart
Satz: Helmut Schaffer, Hofheim a. Ts.
Gesetzt aus der Cursing Dinosaur

Druck und Einband: Druk-Intro SA
Printed in Poland

ISBN 978-3-8479-0151-8

2 4 5 3 1

Sie finden uns im Internet unter eichborn.de

Inhalt

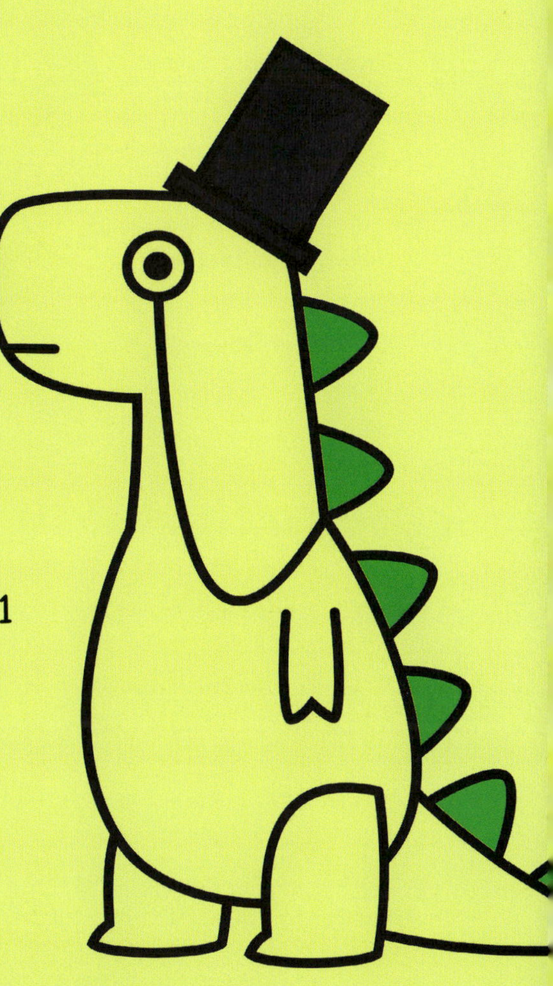

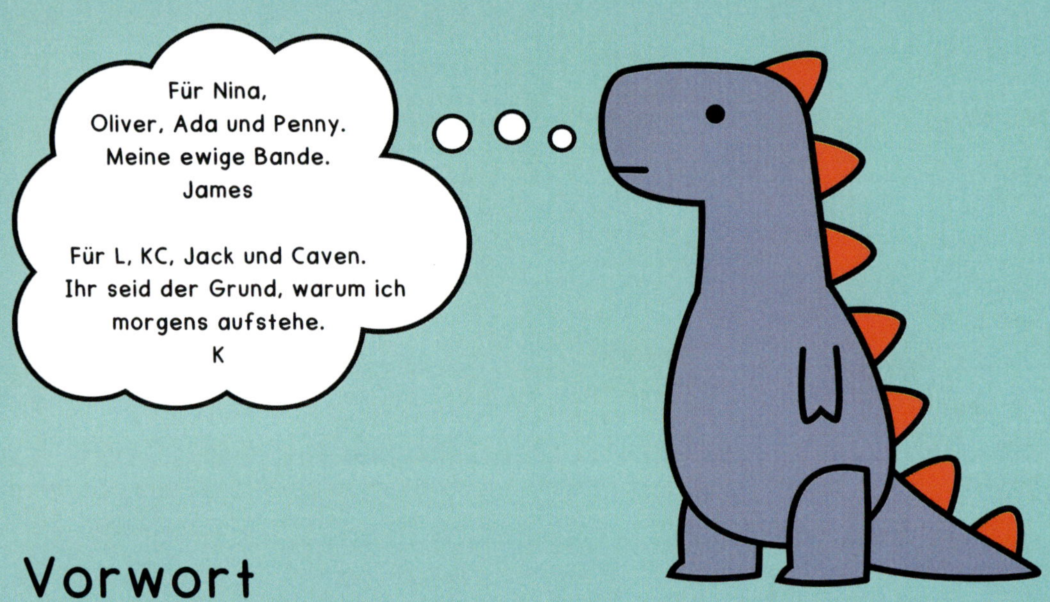

Vorwort

Im Vorwort zu unserem ersten Buch „Dinosaurier-Therapie" stellte ich die Vermutung an, dass die durch die COVID-19-Pandemie verursachten Depressionen, Ängste und Gefühle der Einsamkeit mit ein Grund dafür seien, warum unsere Dinosaurier-Comics über psychische Gesundheit so großen Erfolg hatten. Nun ist ein Jahr vergangen, die Pandemie ist noch nicht vorbei, und ich glaube nicht, dass diese Themen das neue Normal sein werden. Ich glaube vielmehr, dass sie immer normal waren und die Pandemie lediglich die Fallzahlen und unser Bedürfnis, darüber zu reden, hat ansteigen lassen. Jedes Jahr haben mehr Menschen auf unterschiedliche Art mit psychischen Problemen zu kämpfen. Ich hoffe, dass es ihnen ein klein wenig hilft, wenn so offen und ehrlich darüber gesprochen wird.

Dinosaurier-Philosophie

Einige der Comics in diesem Buch beschäftigen sich mit konkreten philosophischen Themen, aber allgemein liegt der Schwerpunkt auf Philosophie im Sinne von der eigenen Einstellung zum Leben und den eigenen Prinzipien. Müsste ich die Dinosaurier-Philosophie kurz zusammenfassen, würde ich sagen:

Begegne dem Schlechten im Leben mit Hoffnung und Humor. Heiße das Gute im Leben ohne Zynismus und mit offenem Herzen willkommen. Denke immer daran, dass andere Menschen – ganz egal, wie nervig oder anstrengend sie manchmal auch sein mögen – alles sind, was wir haben.*

Ich scheitere regelmäßig an diesen Vorsätzen, aber was wären Vorsätze schon wert, wenn sie sich leicht umsetzen ließen? In diesem zuversichtlichen Sinne, viel Spaß mit den Comics!

James

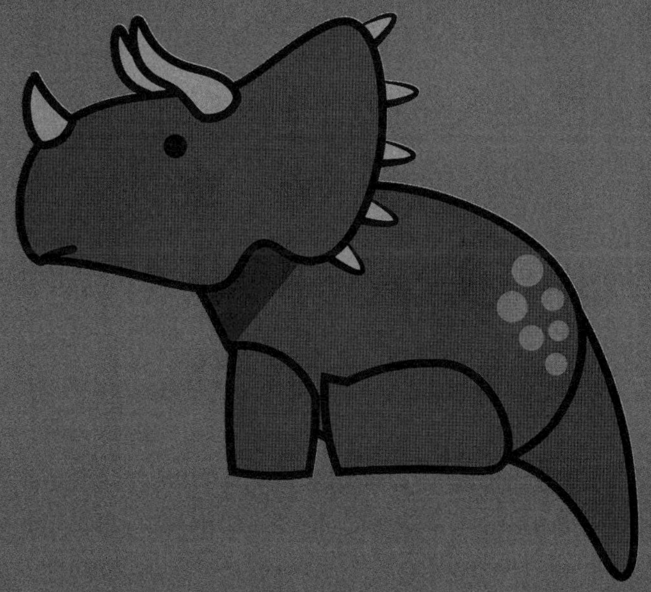

* Okay, wir haben auch noch Hunde.

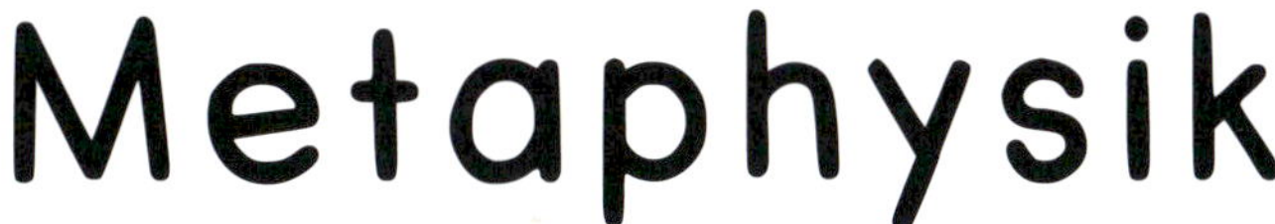

Metaphysik

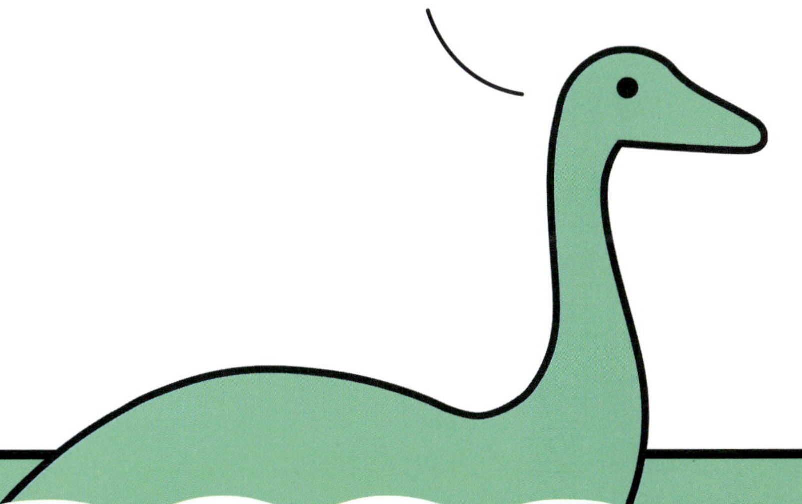

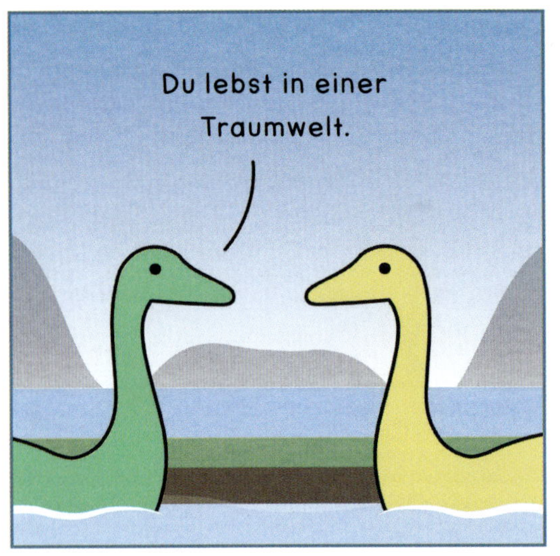
Du lebst in einer
Traumwelt.

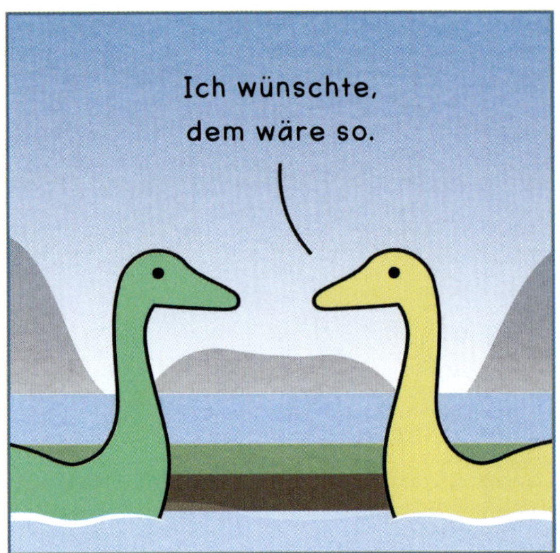
Ich wünschte,
dem wäre so.

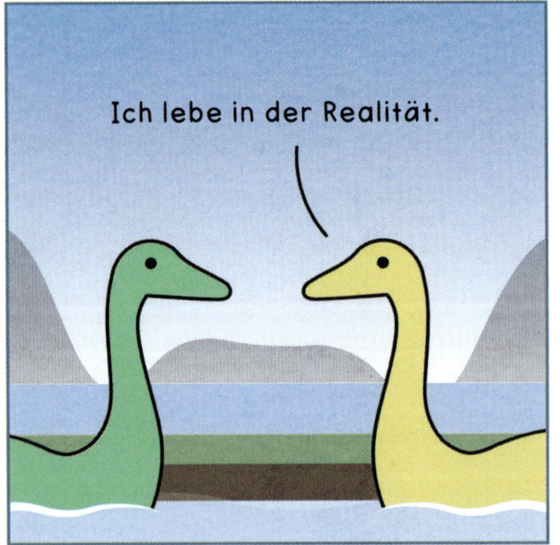
Ich lebe in der Realität.

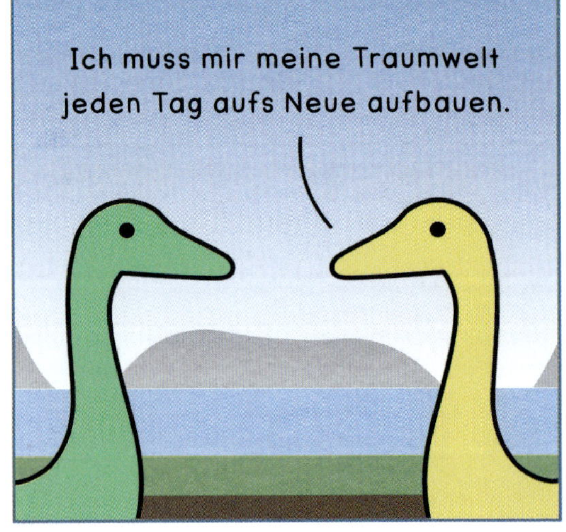
Ich muss mir meine Traumwelt
jeden Tag aufs Neue aufbauen.

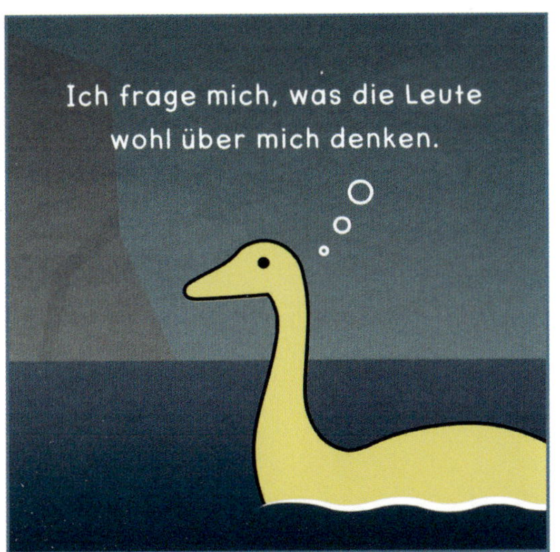
Ich frage mich, was die Leute
wohl über mich denken.

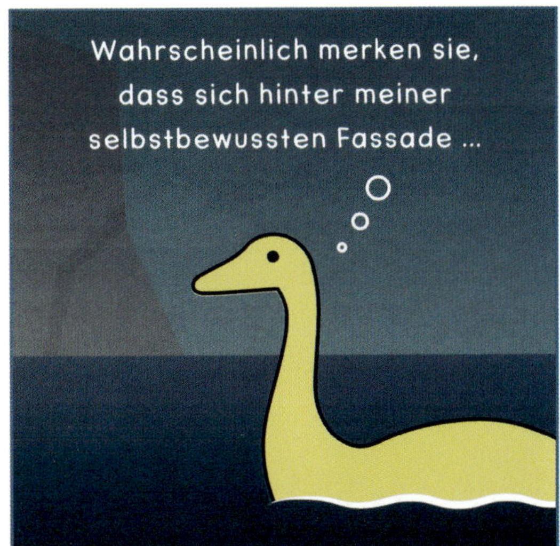
Wahrscheinlich merken sie,
dass sich hinter meiner
selbstbewussten Fassade ...

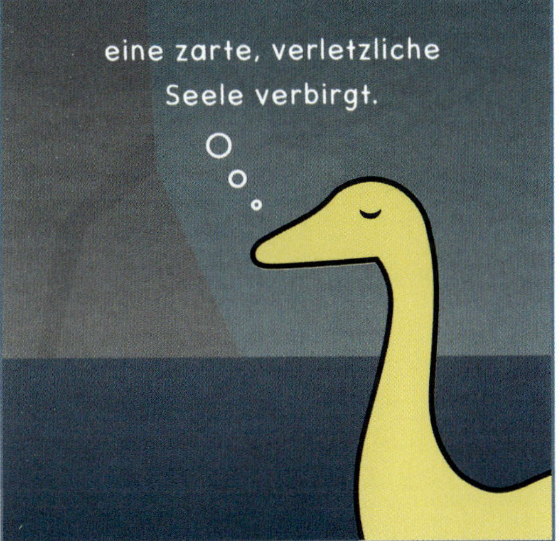
eine zarte, verletzliche
Seele verbirgt.

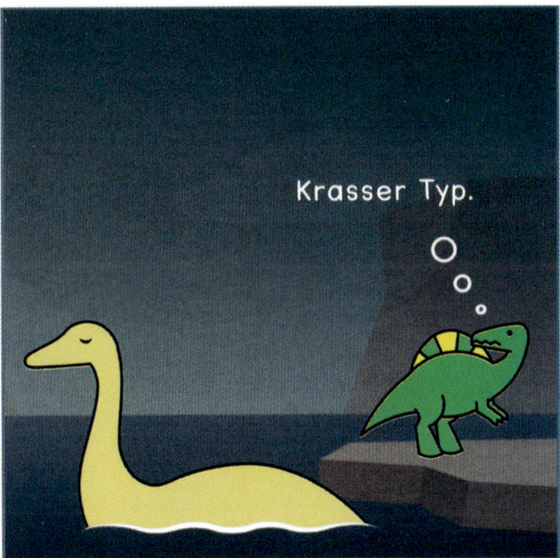
Krasser Typ.

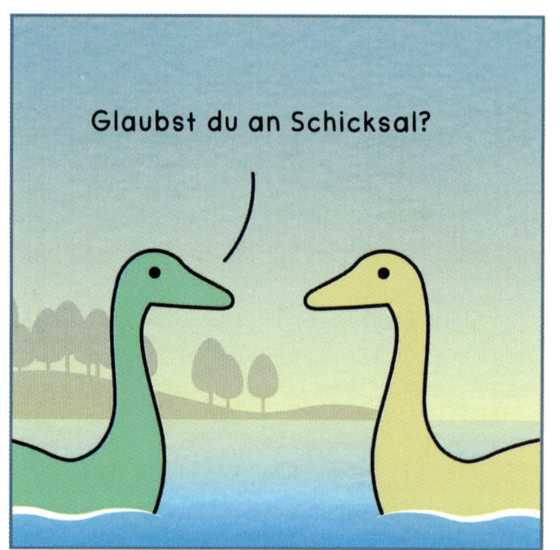
Glaubst du an Schicksal?

Du meinst, ob ich denke, dass gewisse Dinge vorherbestimmt sind, dass das Universum sie ohne Rücksicht auf unsere individuellen Entscheidungen entstehen lässt, dass wir nur die Rädchen in einer kosmischen Maschine sind, die wir weder verstehen können noch sollen?
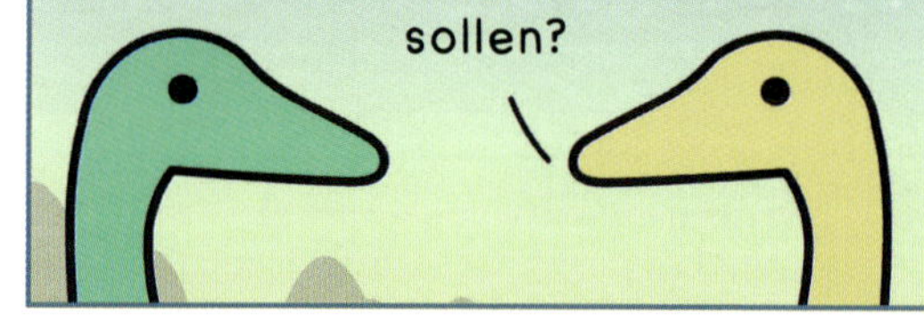

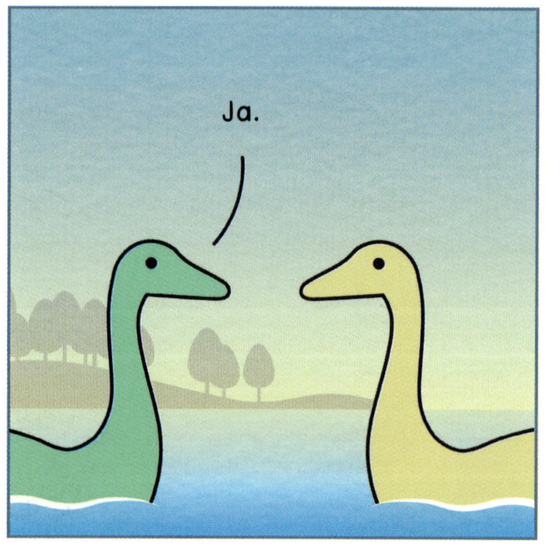
Ja.

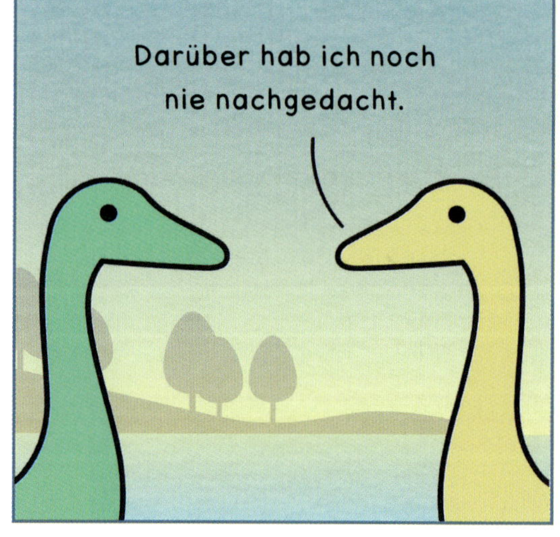
Darüber hab ich noch
nie nachgedacht.

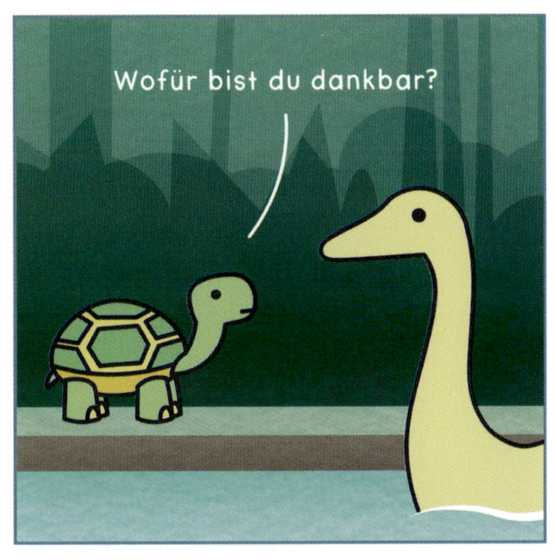
Wofür bist du dankbar?

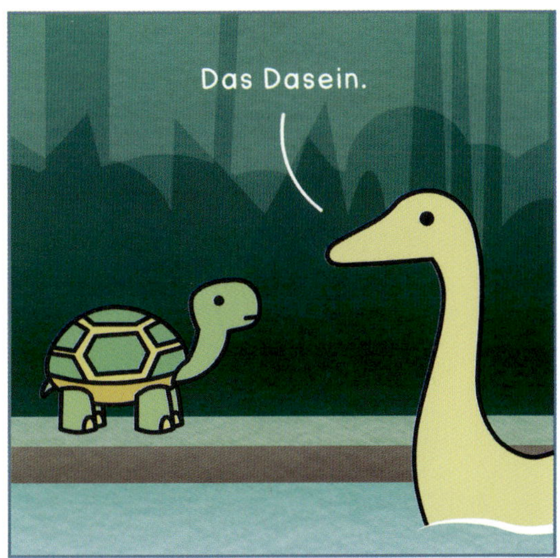
Das Dasein.

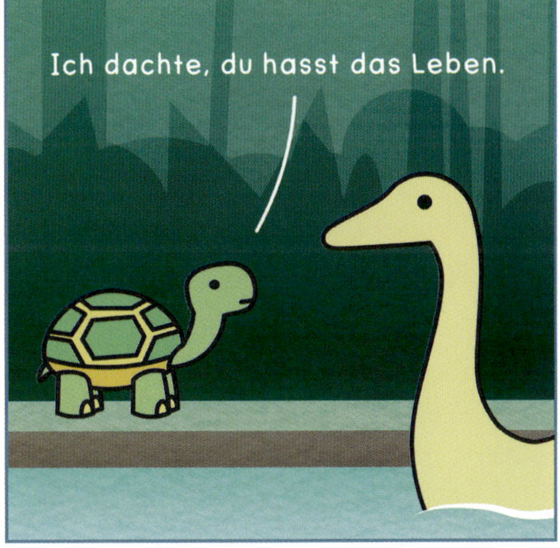
Ich dachte, du hasst das Leben.

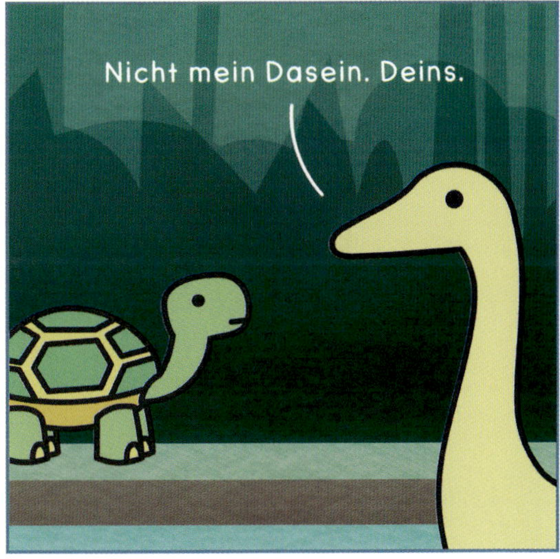
Nicht mein Dasein. Deins.

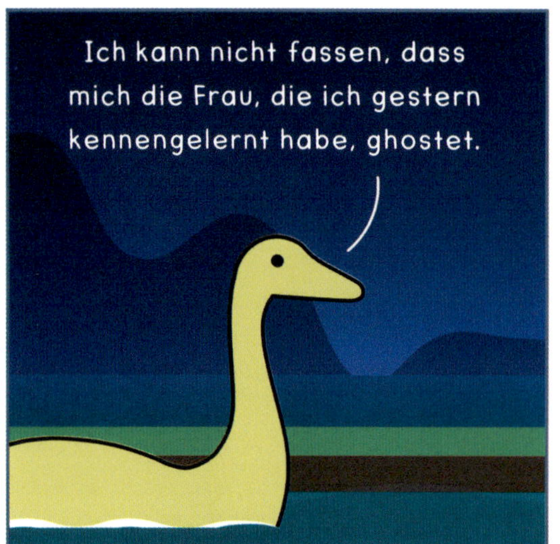
Ich kann nicht fassen, dass mich die Frau, die ich gestern kennengelernt habe, ghostet.

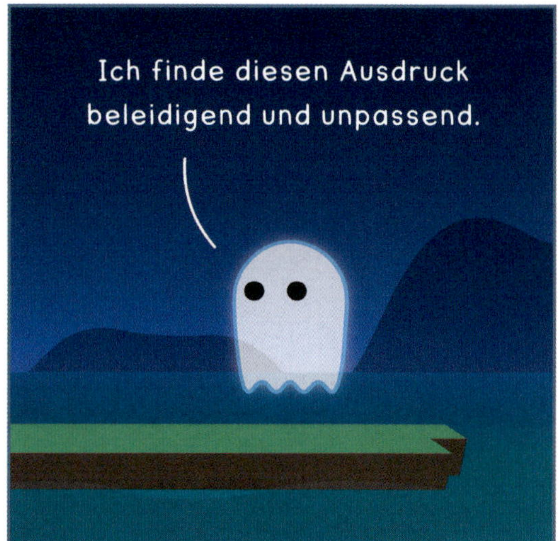
Ich finde diesen Ausdruck beleidigend und unpassend.

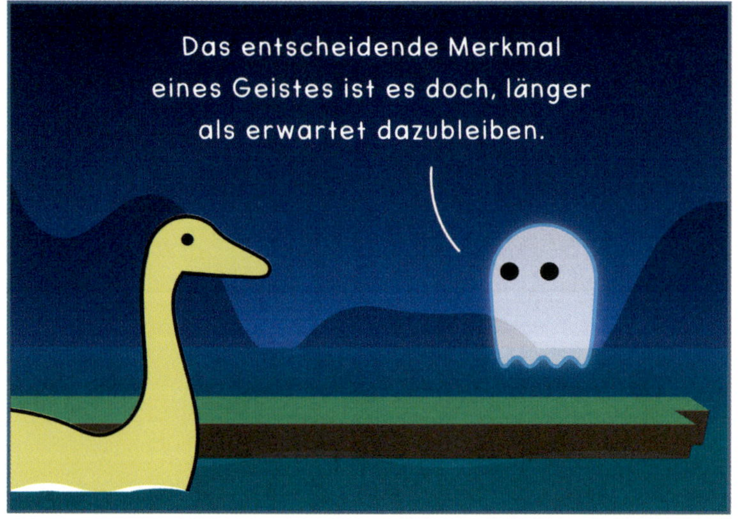
Das entscheidende Merkmal eines Geistes ist es doch, länger als erwartet dazubleiben.

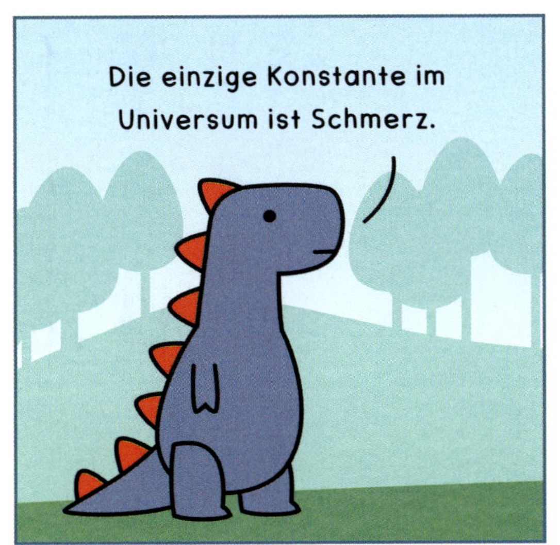
Die einzige Konstante im
Universum ist Schmerz.

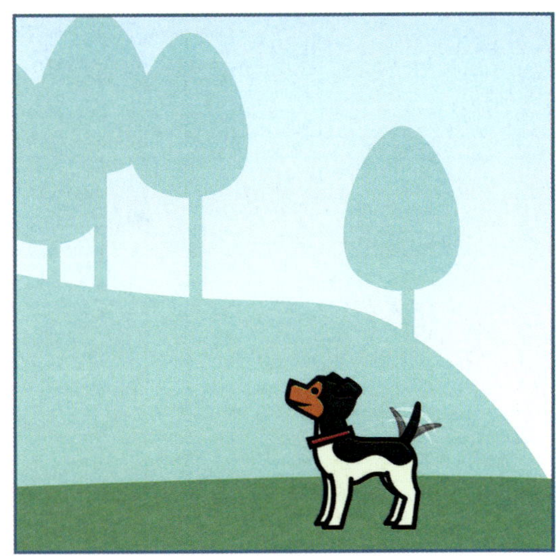

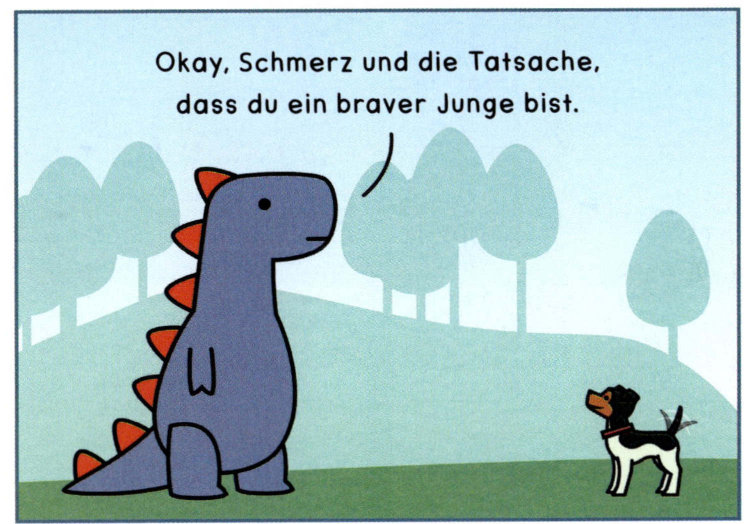
Okay, Schmerz und die Tatsache,
dass du ein braver Junge bist.

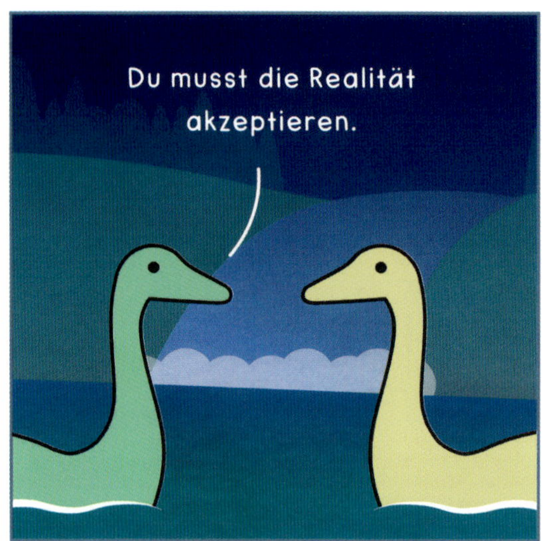
Du musst die Realität
akzeptieren.

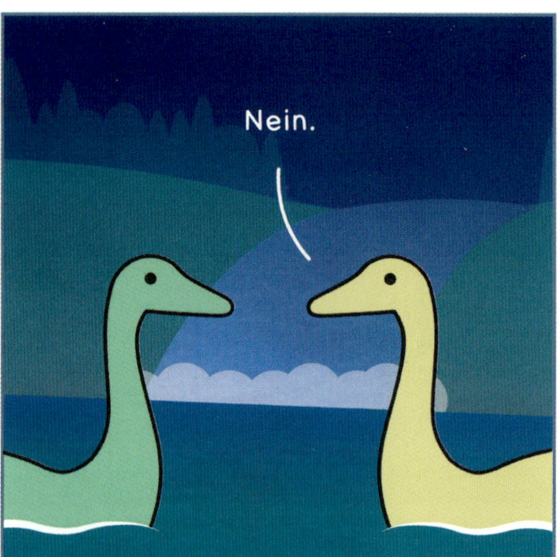
Nein.

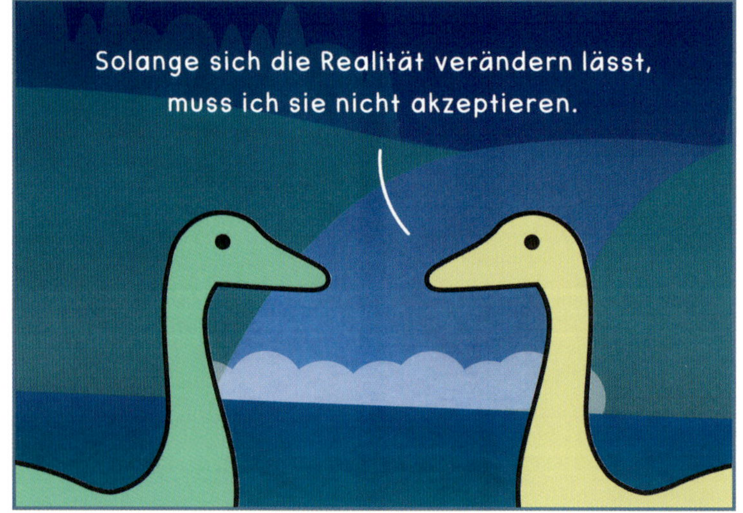
Solange sich die Realität verändern lässt,
muss ich sie nicht akzeptieren.

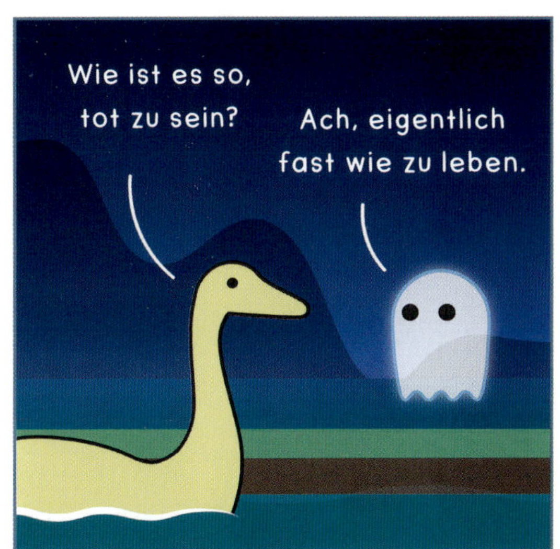
Wie ist es so,
tot zu sein?
Ach, eigentlich
fast wie zu leben.

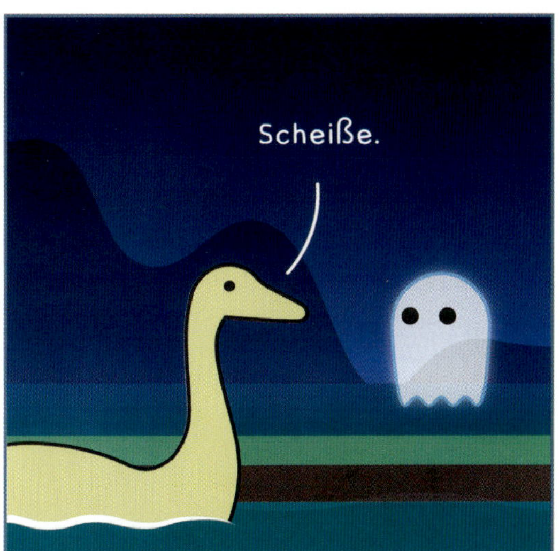
Scheiße.

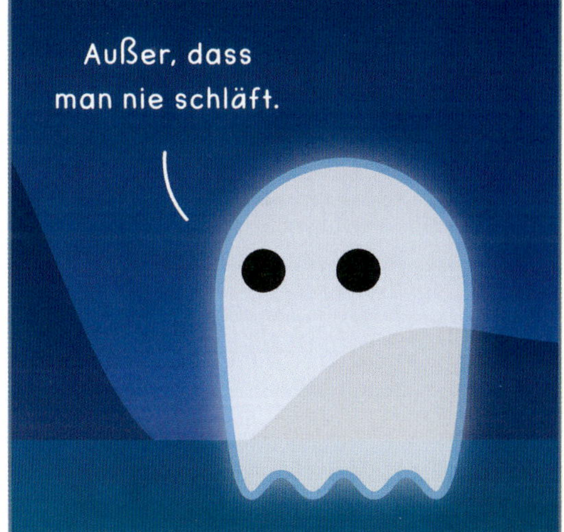
Außer, dass
man nie schläft.

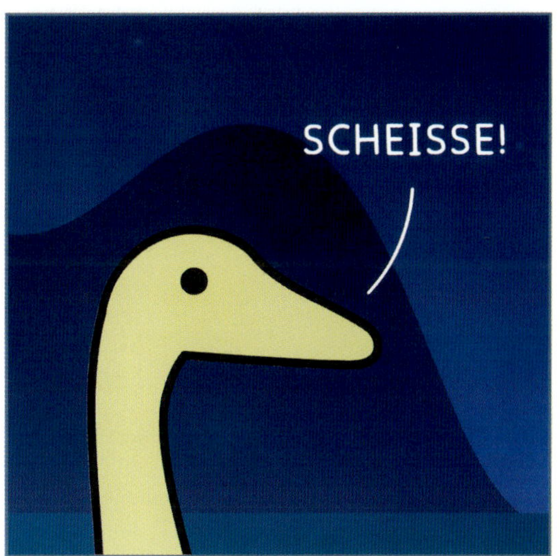
SCHEISSE!

Erkenntnis-theorie

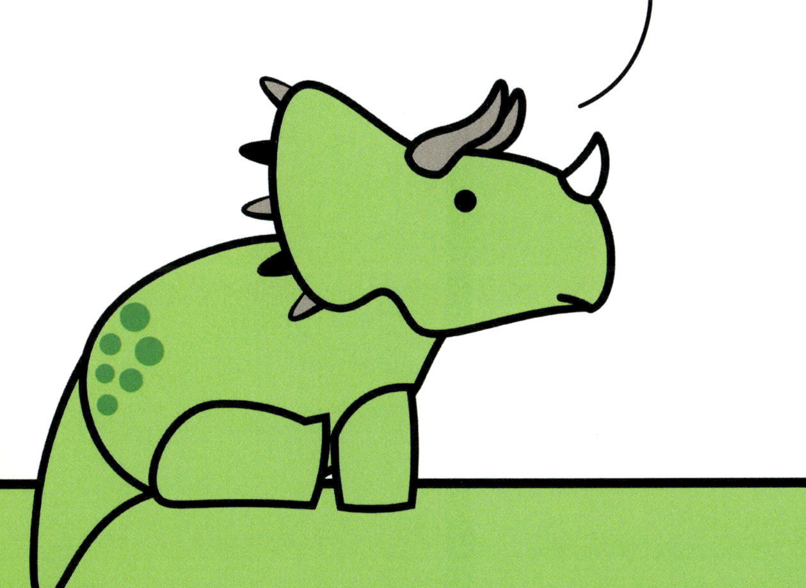

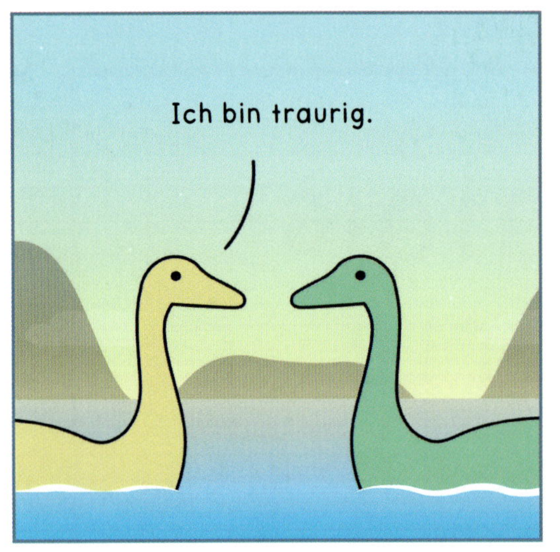
Ich bin traurig.

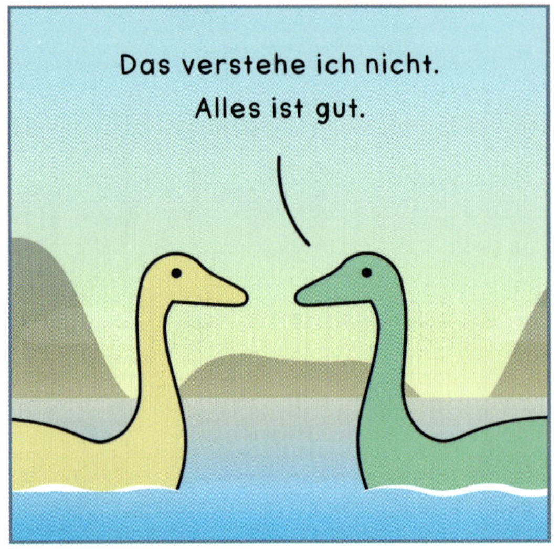
Das verstehe ich nicht.
Alles ist gut.

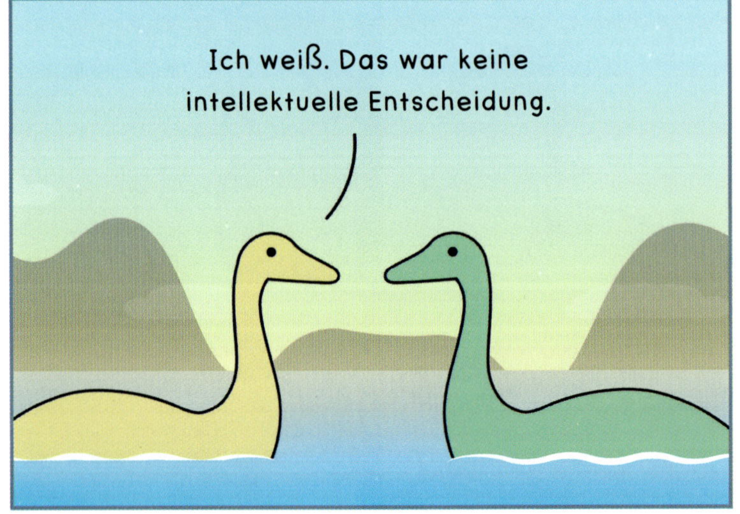
Ich weiß. Das war keine
intellektuelle Entscheidung.

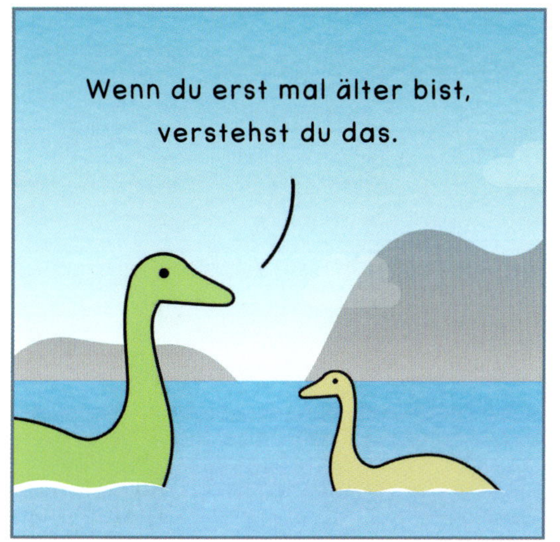
Wenn du erst mal älter bist,
verstehst du das.

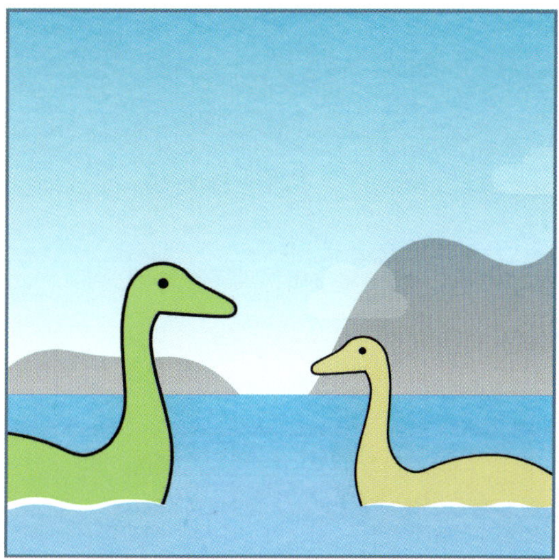

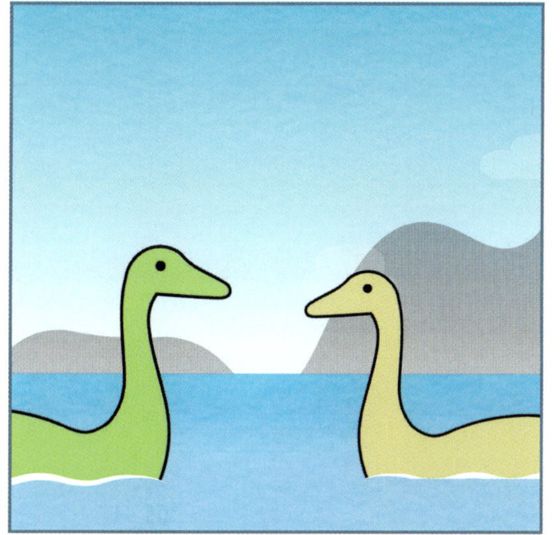

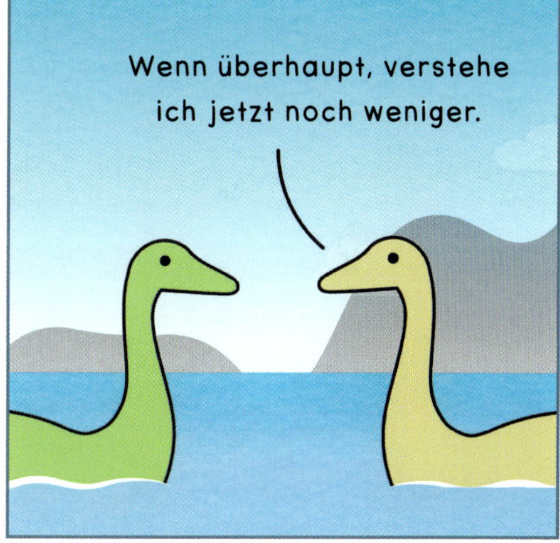
Wenn überhaupt, verstehe
ich jetzt noch weniger.

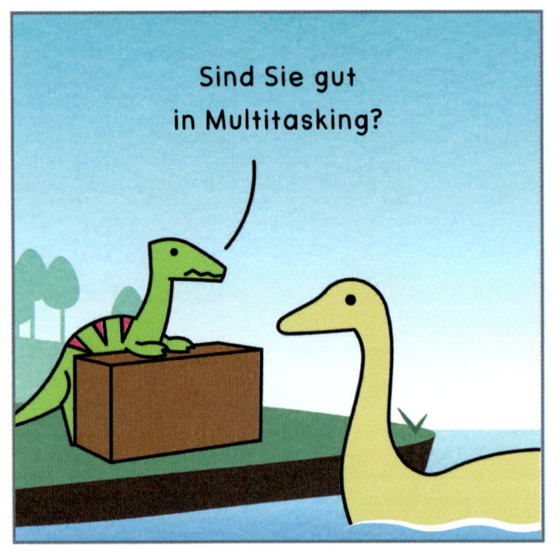
Sind Sie gut
in Multitasking?
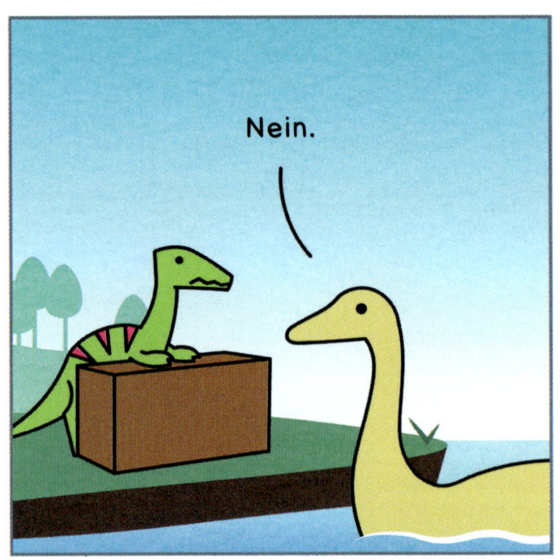
Nein.
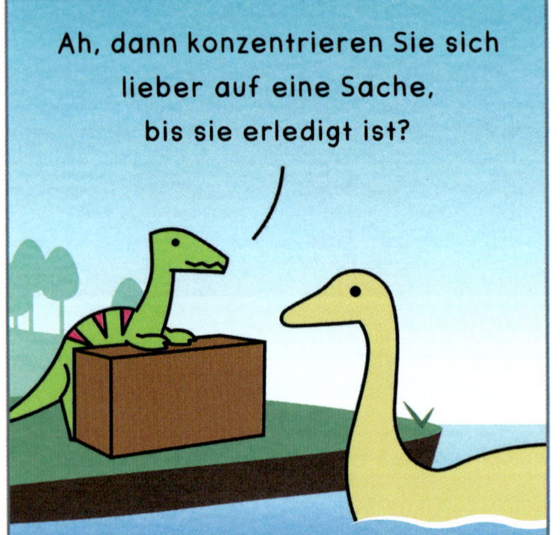
Ah, dann konzentrieren Sie sich
lieber auf eine Sache,
bis sie erledigt ist?
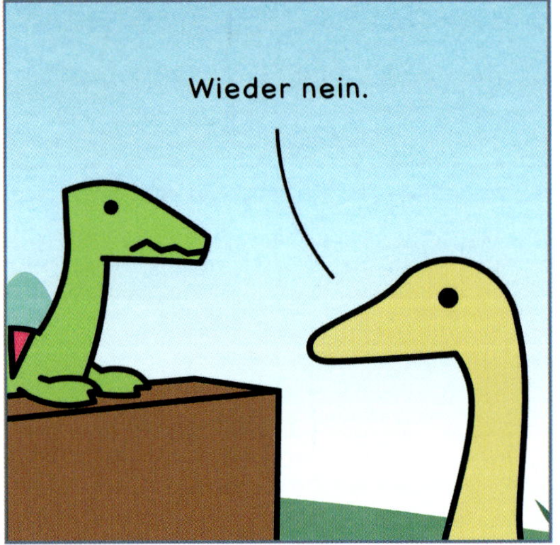
Wieder nein.

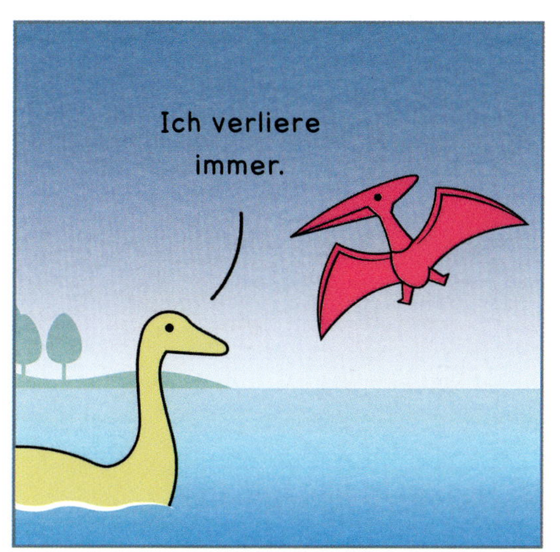
Ich verliere
immer.

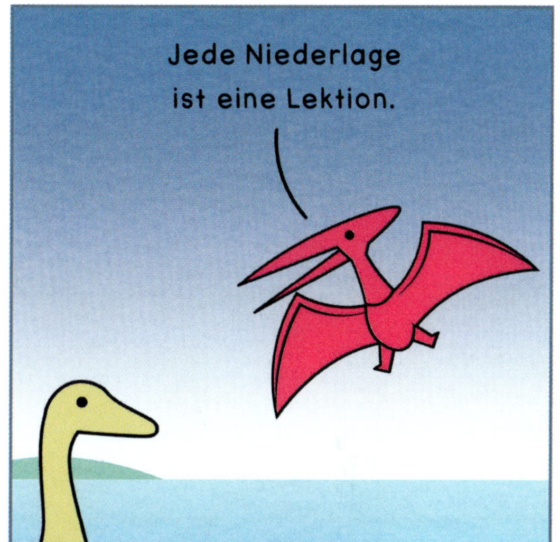
Jede Niederlage
ist eine Lektion.

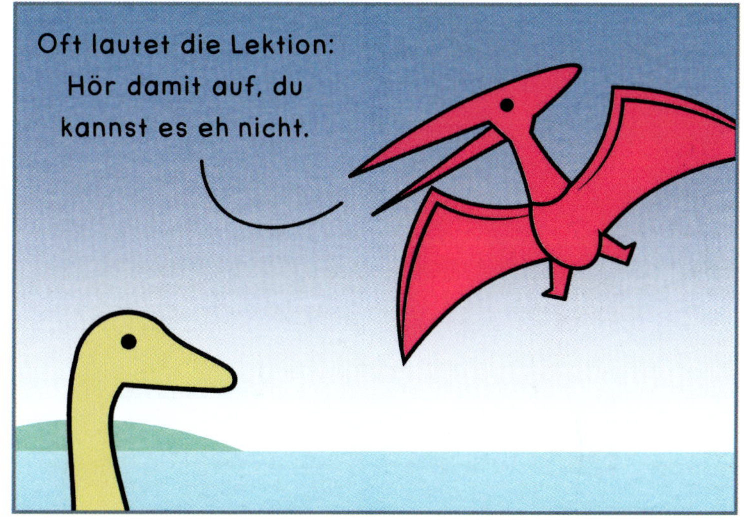
Oft lautet die Lektion:
Hör damit auf, du
kannst es eh nicht.

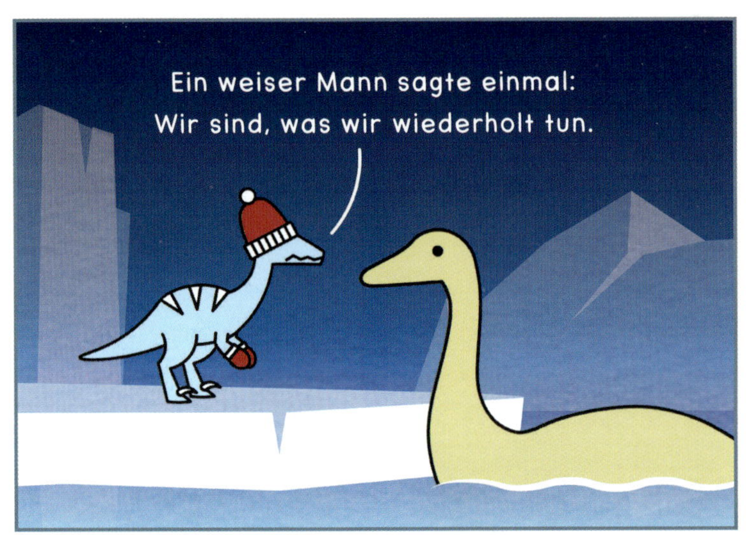
Ein weiser Mann sagte einmal:
Wir sind, was wir wiederholt tun.

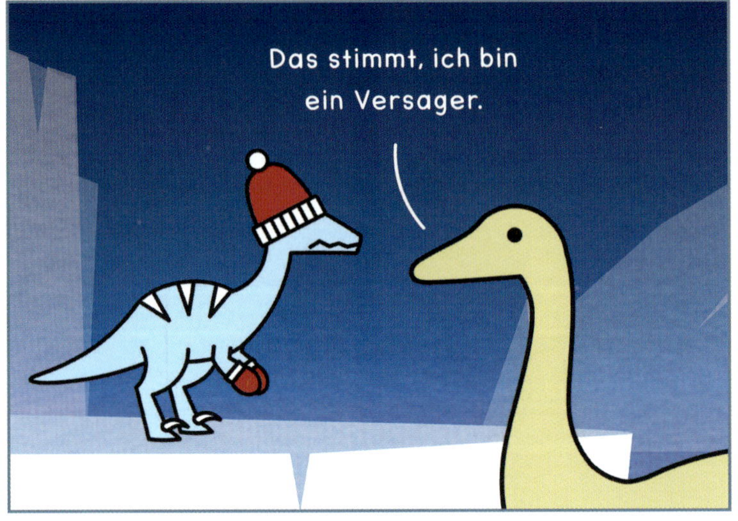
Das stimmt, ich bin
ein Versager.

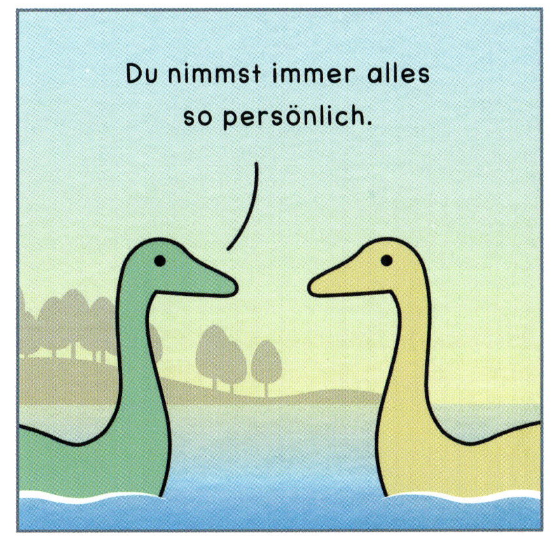
Du nimmst immer alles
so persönlich.

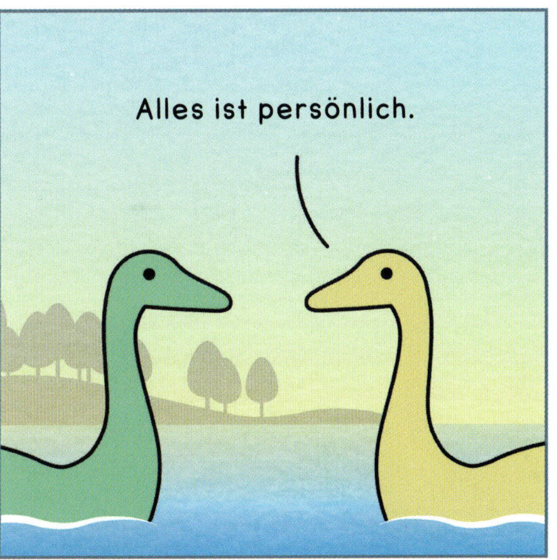
Alles ist persönlich.

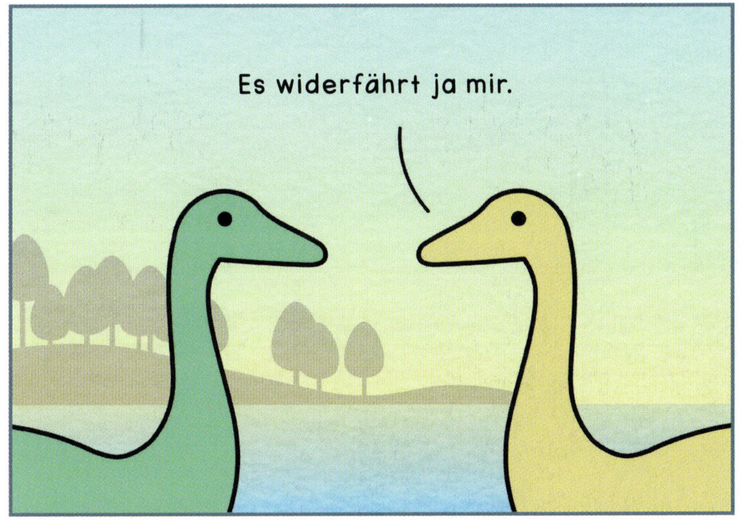
Es widerfährt ja mir.

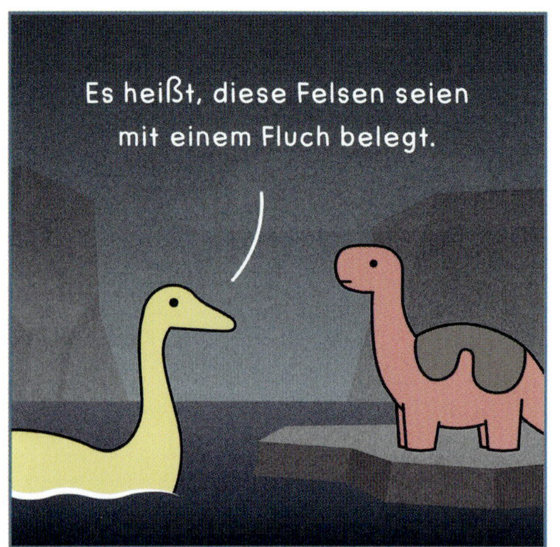
Es heißt, diese Felsen seien
mit einem Fluch belegt.

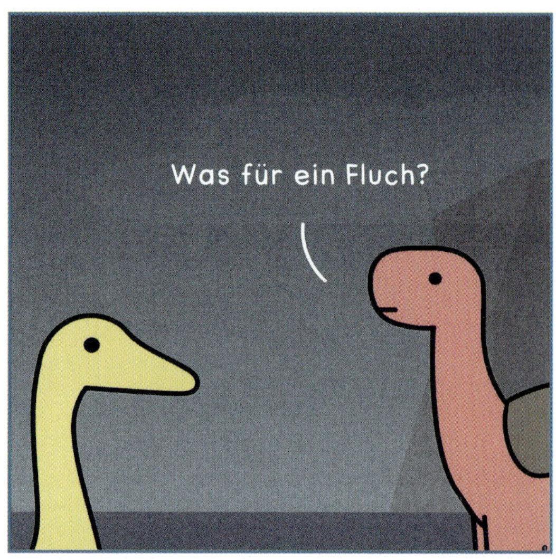
Was für ein Fluch?

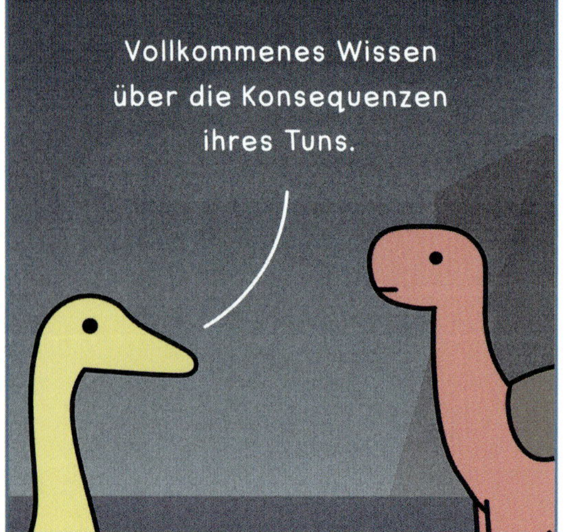
Vollkommenes Wissen
über die Konsequenzen
ihres Tuns.

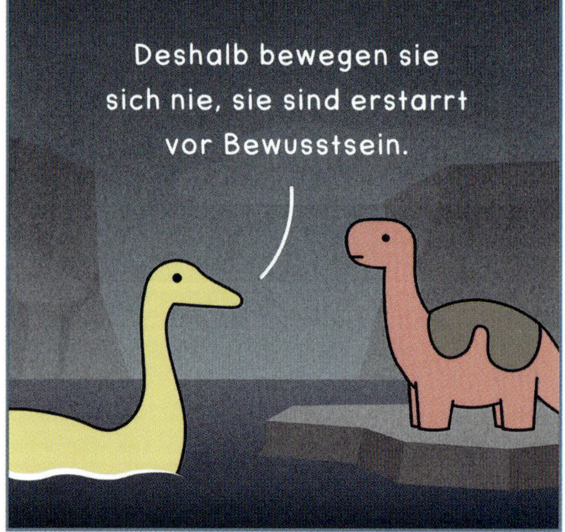
Deshalb bewegen sie
sich nie, sie sind erstarrt
vor Bewusstsein.

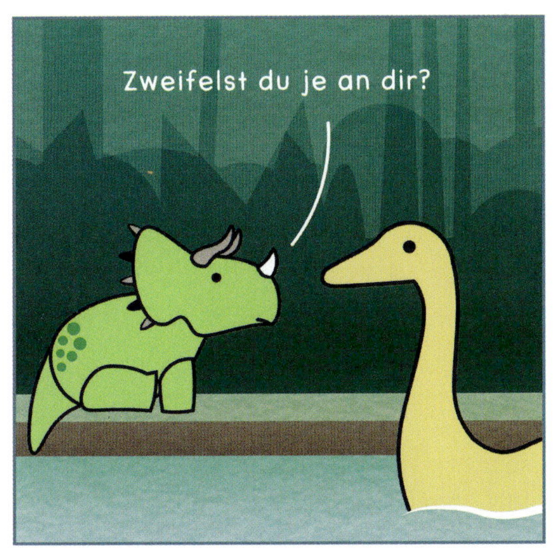
Zweifelst du je an dir?
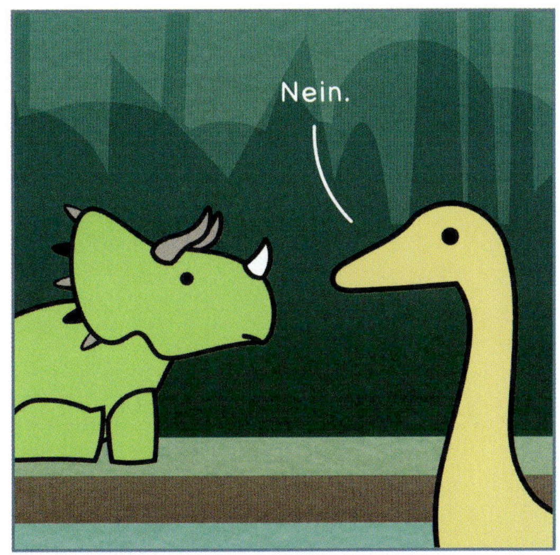
Nein.
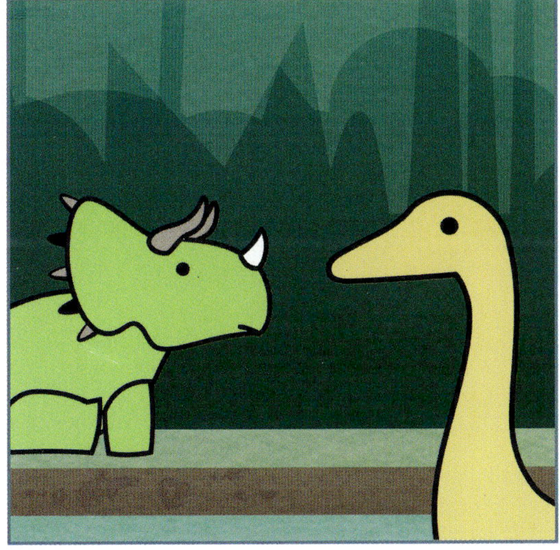
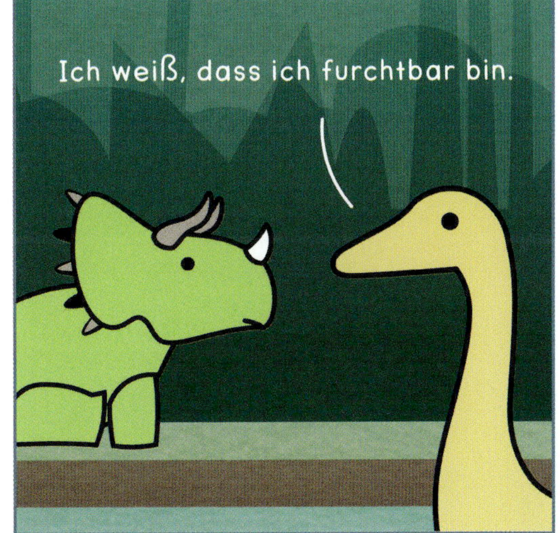
Ich weiß, dass ich furchtbar bin.

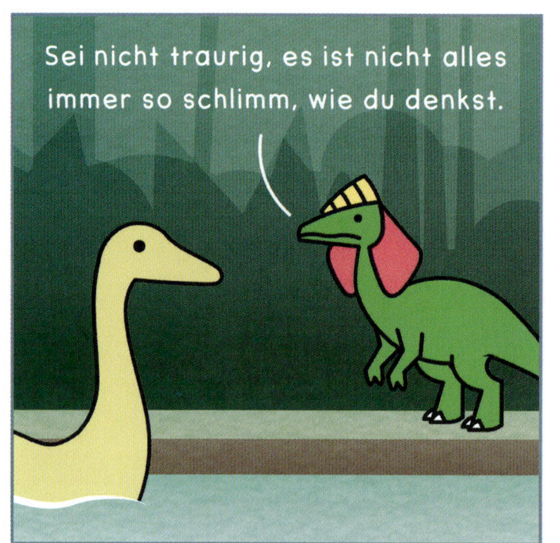
Sei nicht traurig, es ist nicht alles immer so schlimm, wie du denkst.

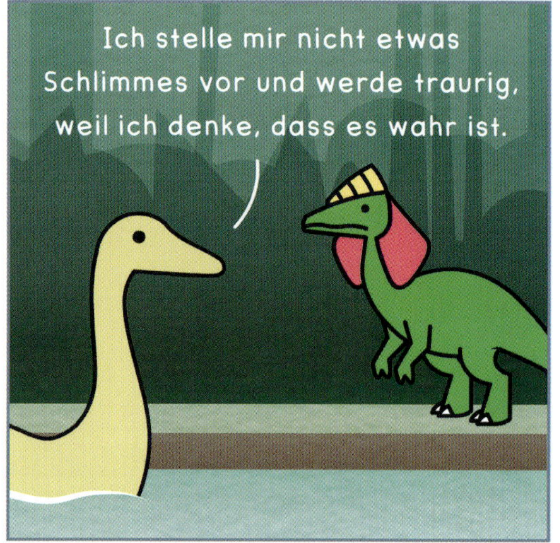
Ich stelle mir nicht etwas Schlimmes vor und werde traurig, weil ich denke, dass es wahr ist.

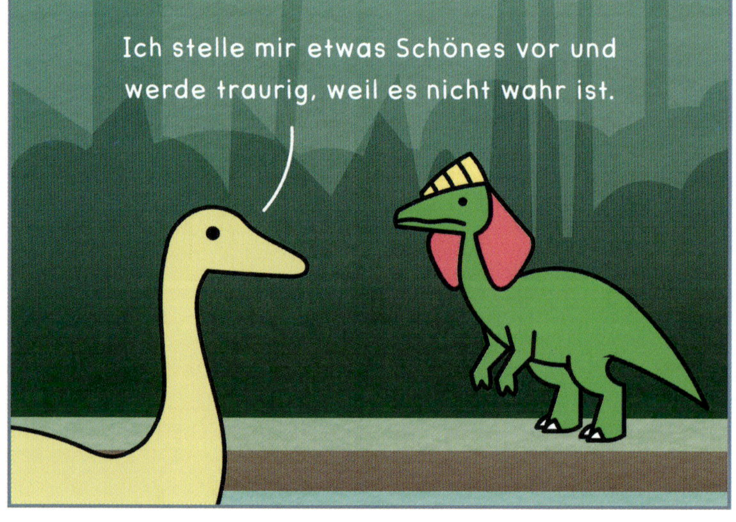
Ich stelle mir etwas Schönes vor und werde traurig, weil es nicht wahr ist.

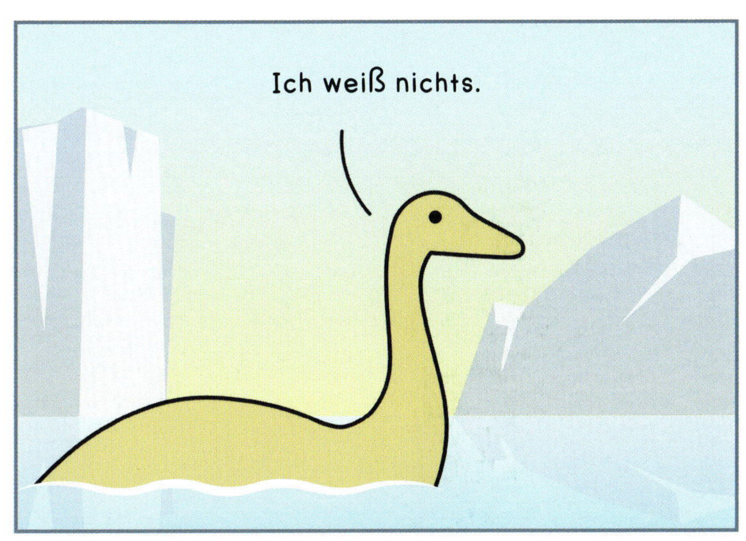
Ich weiß nichts.

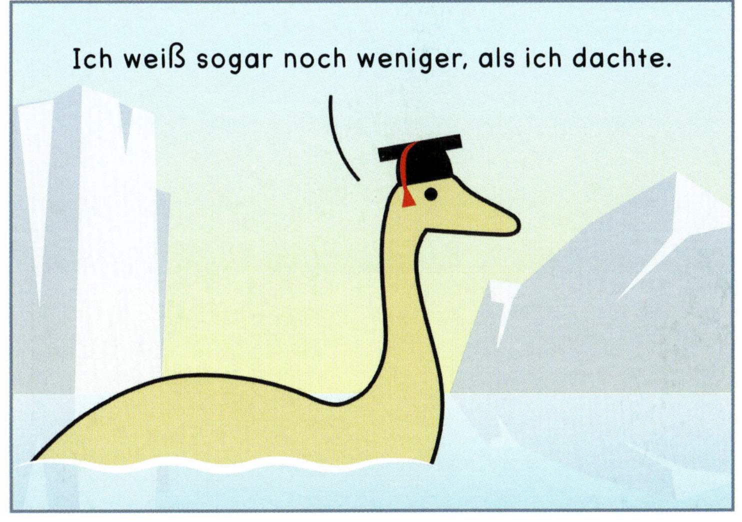
Ich weiß sogar noch weniger, als ich dachte.

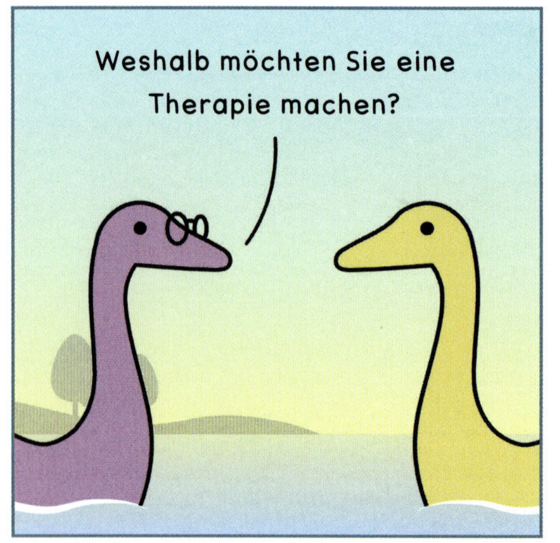
Weshalb möchten Sie eine Therapie machen?

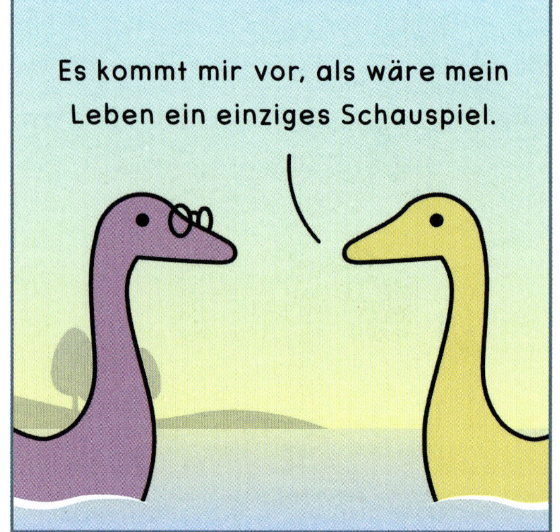
Es kommt mir vor, als wäre mein Leben ein einziges Schauspiel.

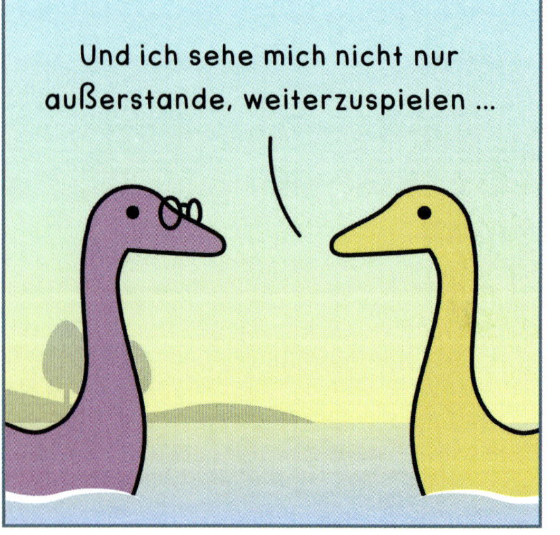
Und ich sehe mich nicht nur außerstande, weiterzuspielen ...

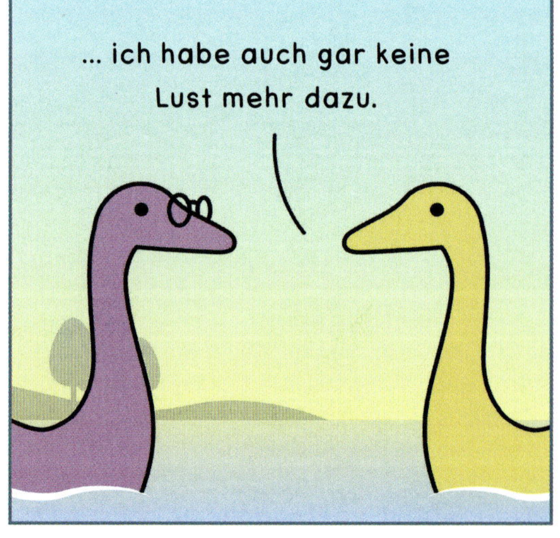
... ich habe auch gar keine Lust mehr dazu.

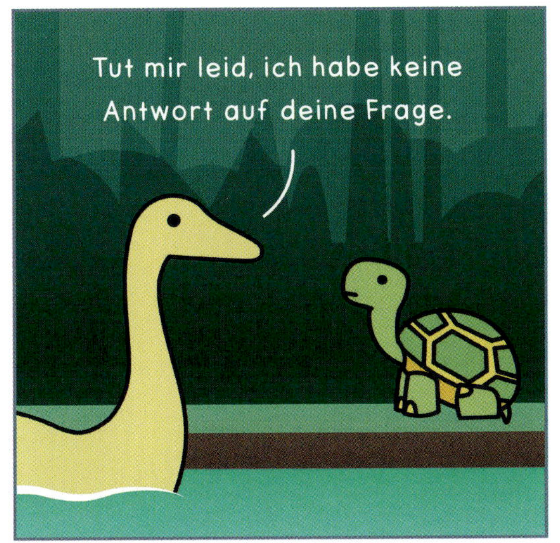
Tut mir leid, ich habe keine Antwort auf deine Frage.

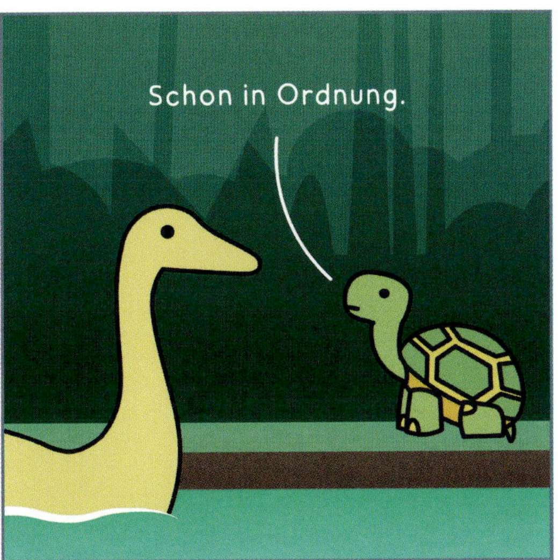
Schon in Ordnung.

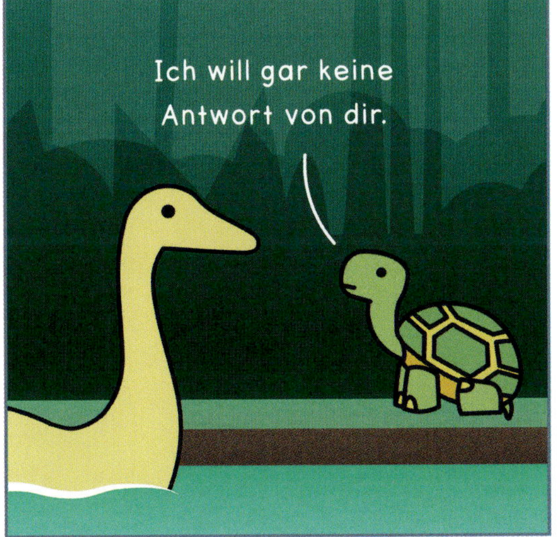
Ich will gar keine Antwort von dir.

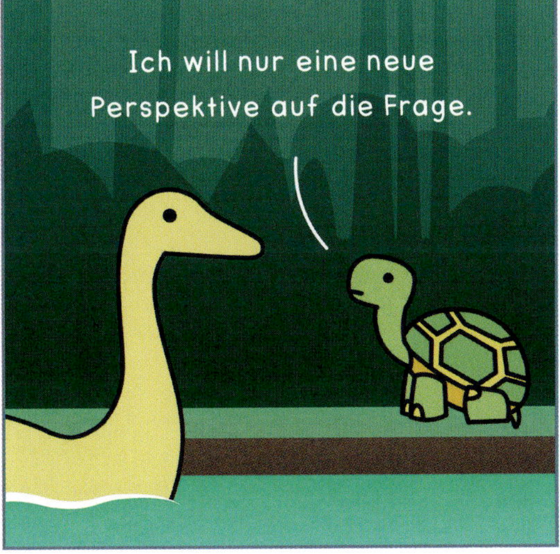
Ich will nur eine neue Perspektive auf die Frage.

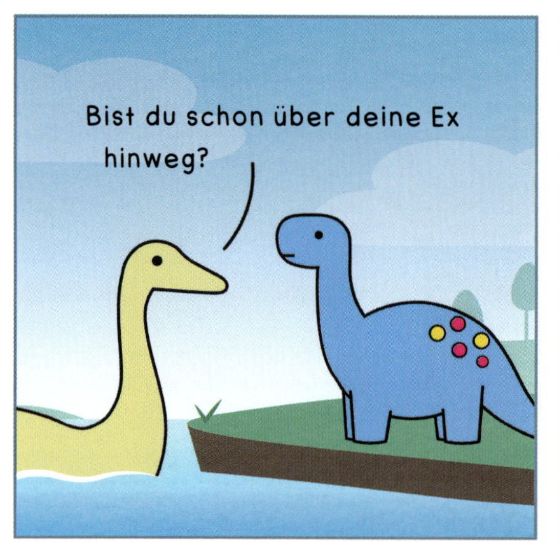
Bist du schon über deine Ex
hinweg?

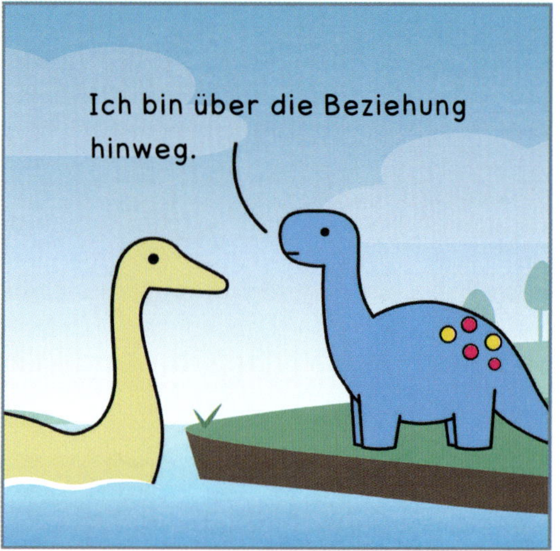
Ich bin über die Beziehung
hinweg.

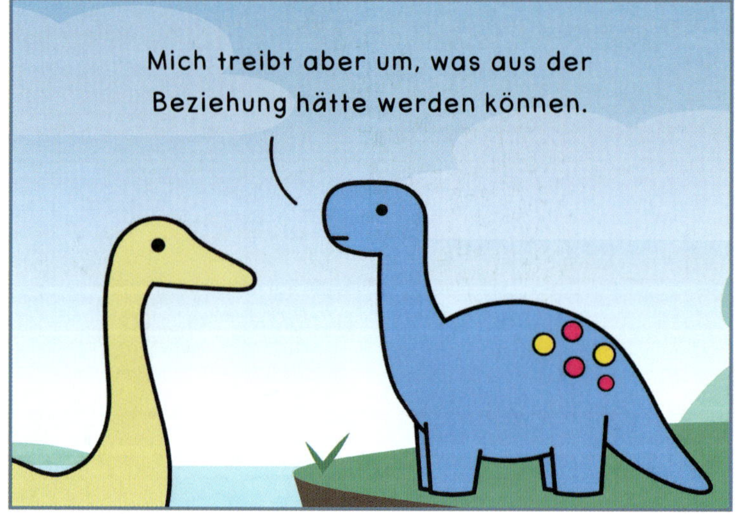
Mich treibt aber um, was aus der
Beziehung hätte werden können.

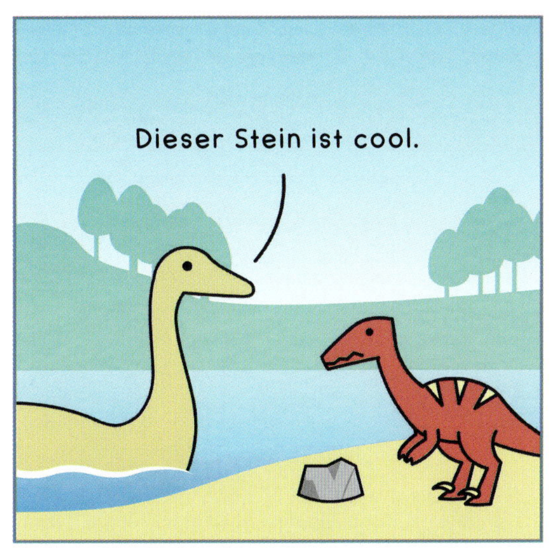
Dieser Stein ist cool.

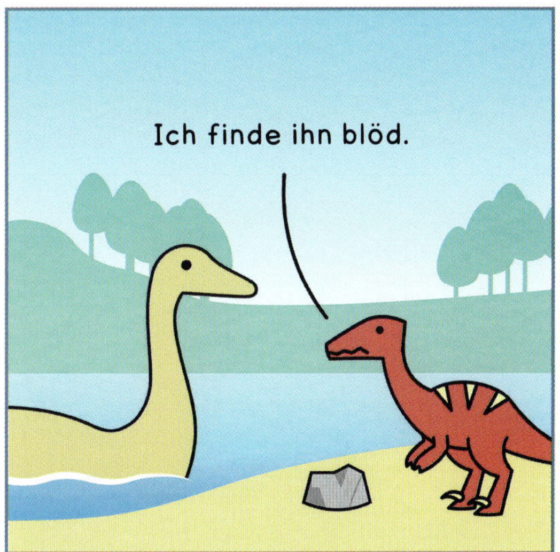
Ich finde ihn blöd.

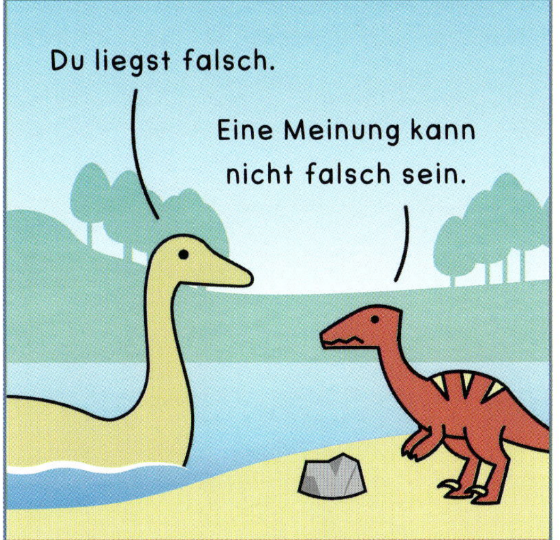
Du liegst falsch.
Eine Meinung kann nicht falsch sein.

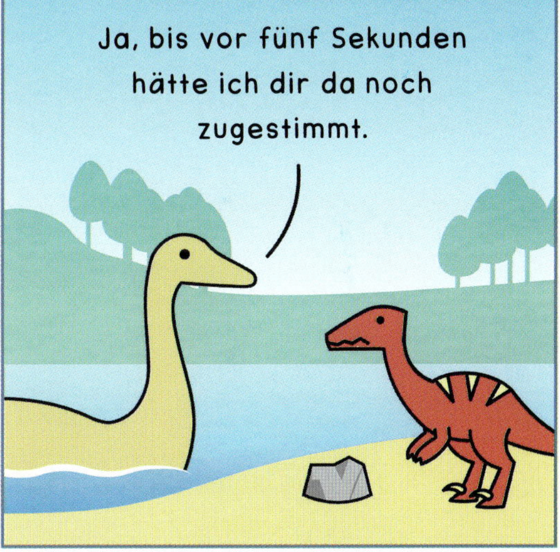
Ja, bis vor fünf Sekunden hätte ich dir da noch zugestimmt.

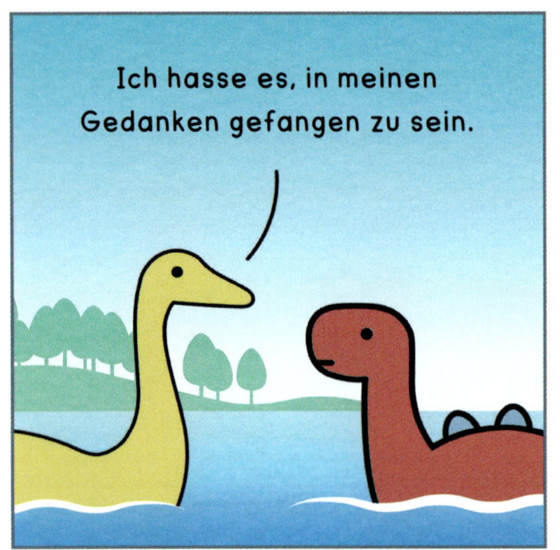
Ich hasse es, in meinen Gedanken gefangen zu sein.

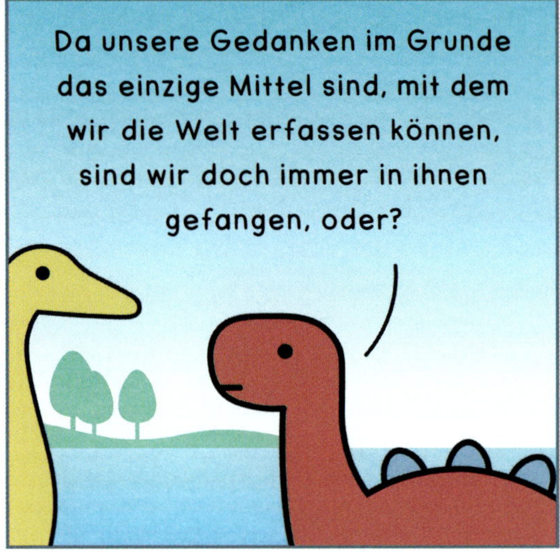
Da unsere Gedanken im Grunde das einzige Mittel sind, mit dem wir die Welt erfassen können, sind wir doch immer in ihnen gefangen, oder?

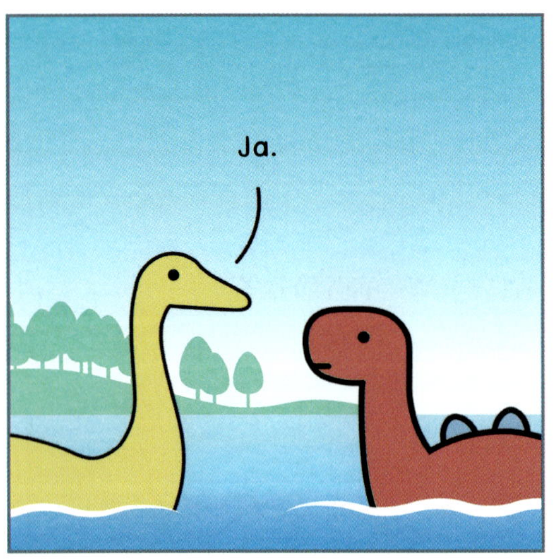
Ja.

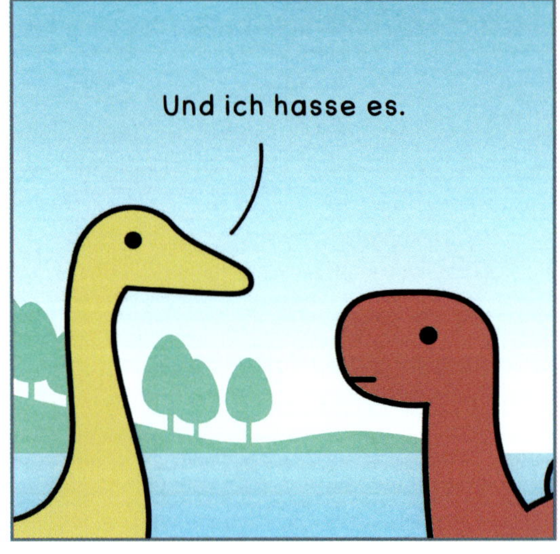
Und ich hasse es.

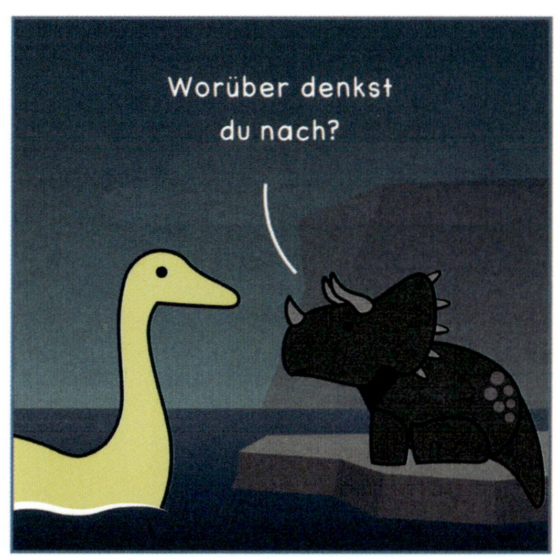
Worüber denkst du nach?
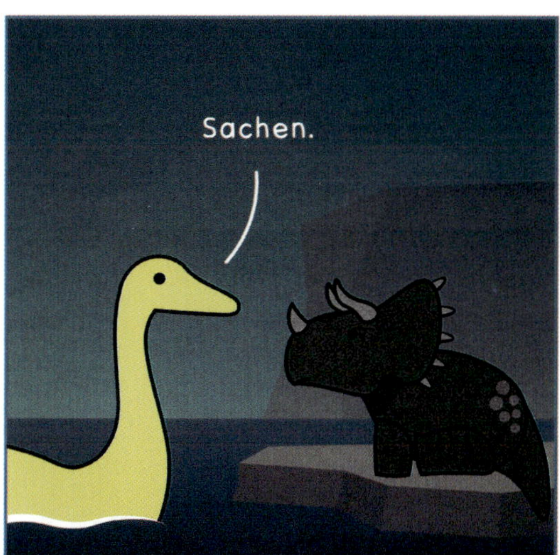
Sachen.
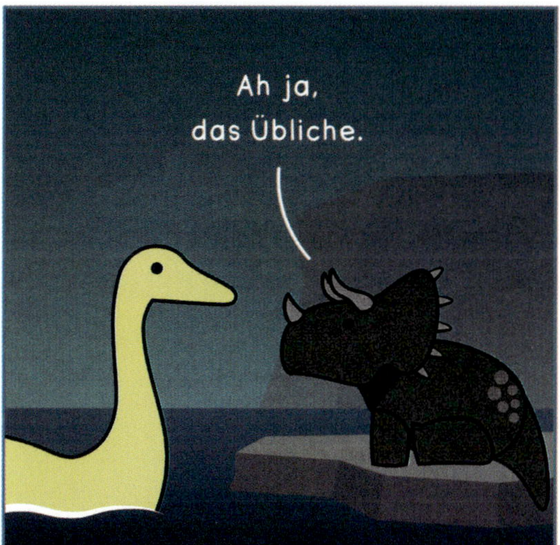
Ah ja, das Übliche.
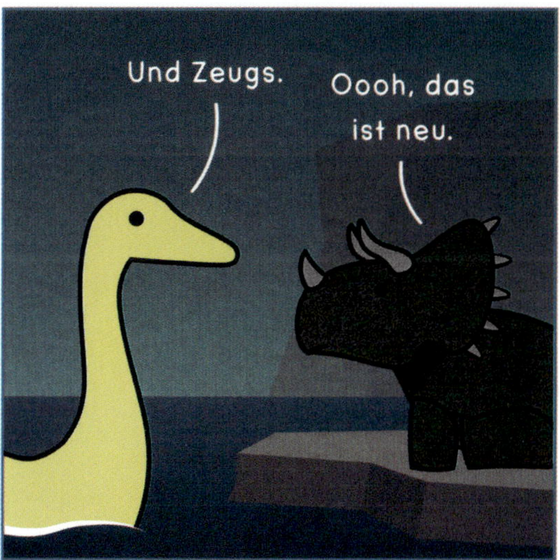
Und Zeugs.
Oooh, das ist neu.

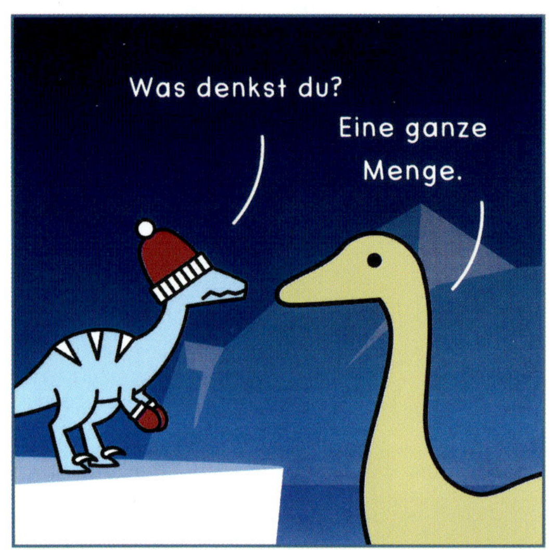
Was denkst du?
Eine ganze Menge.

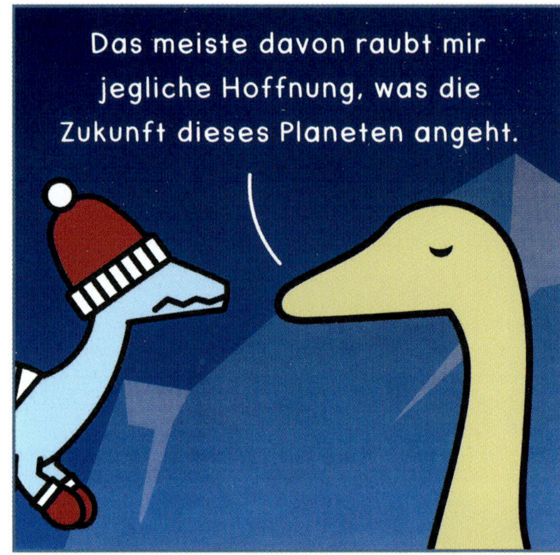
Das meiste davon raubt mir jegliche Hoffnung, was die Zukunft dieses Planeten angeht.

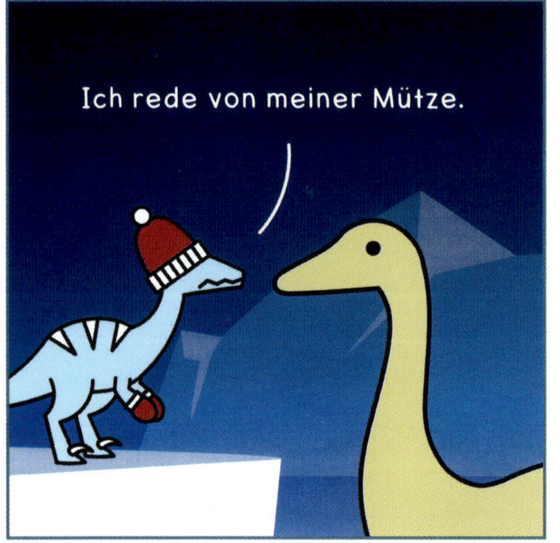
Ich rede von meiner Mütze.

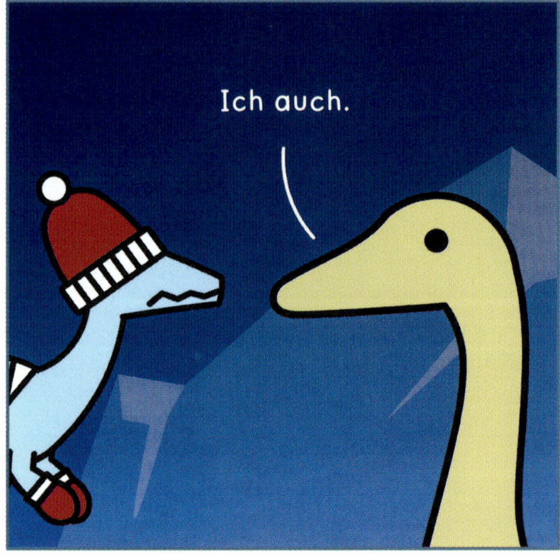
Ich auch.

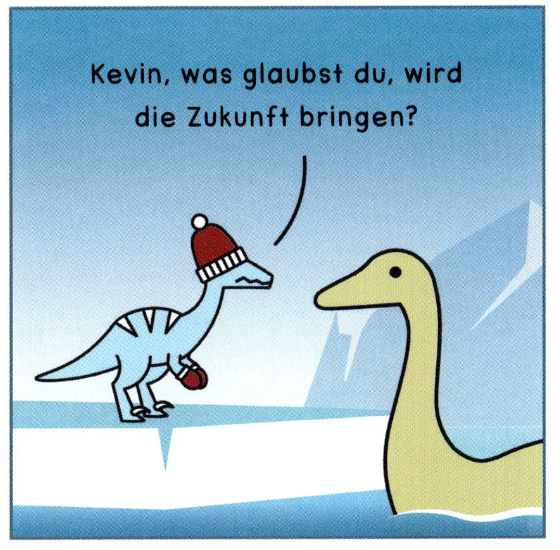
Kevin, was glaubst du, wird die Zukunft bringen?

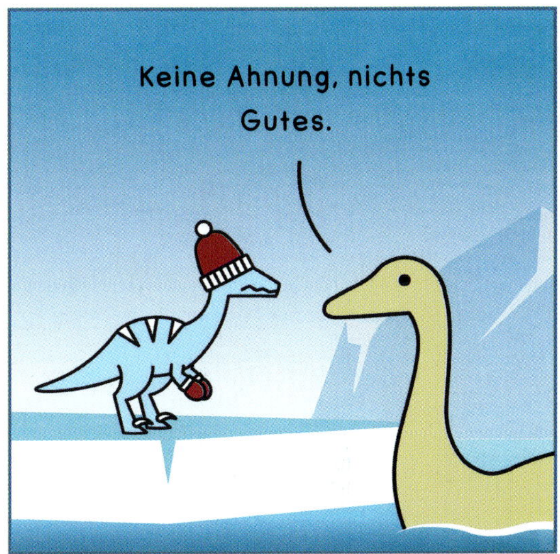
Keine Ahnung, nichts Gutes.

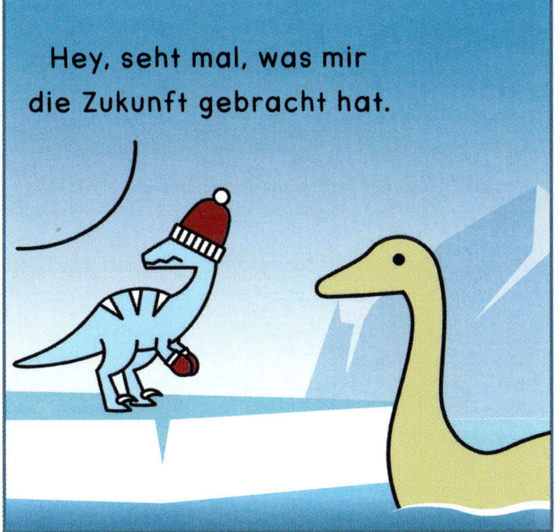
Hey, seht mal, was mir die Zukunft gebracht hat.

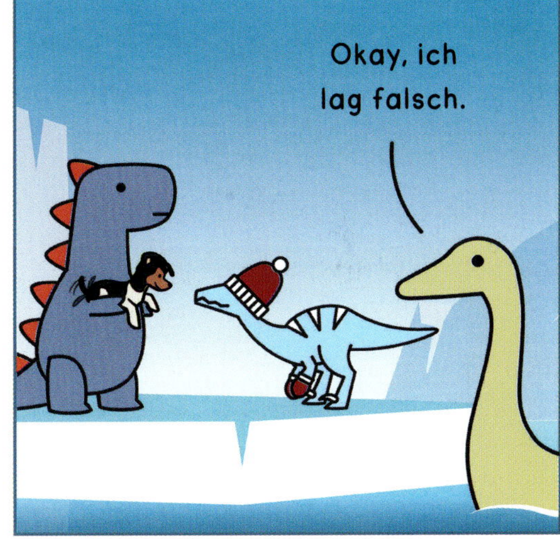
Okay, ich lag falsch.

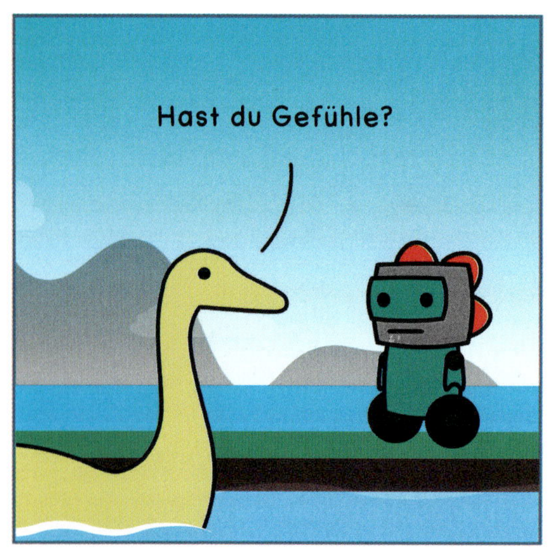
Hast du Gefühle?

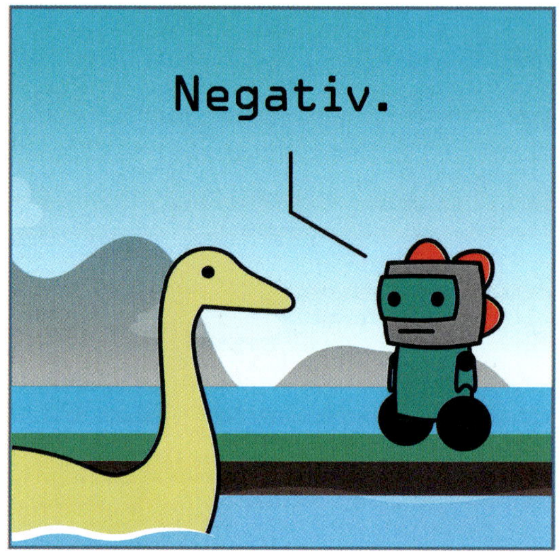
Negativ.

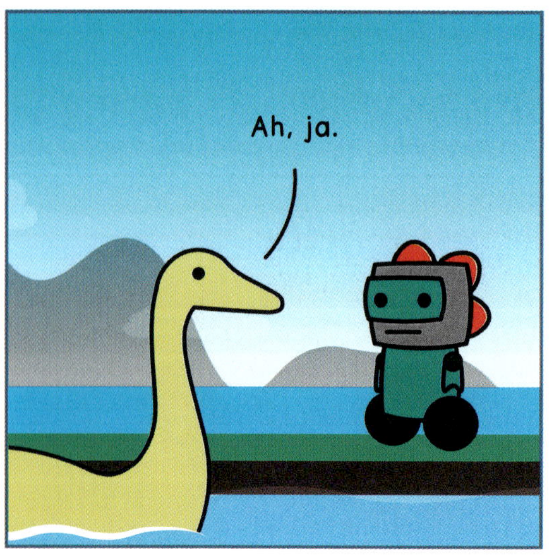
Ah, ja.

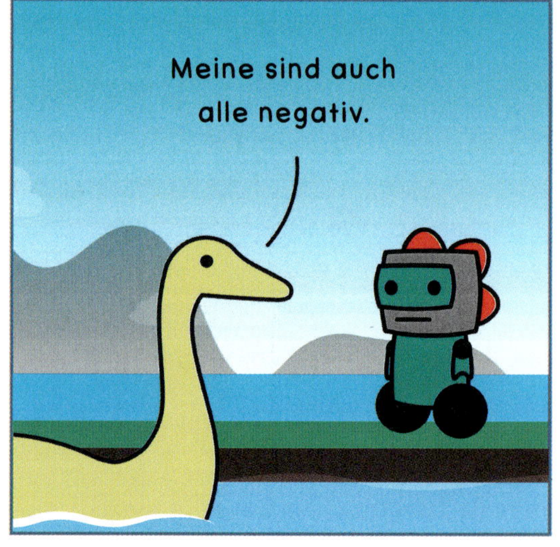
Meine sind auch
alle negativ.

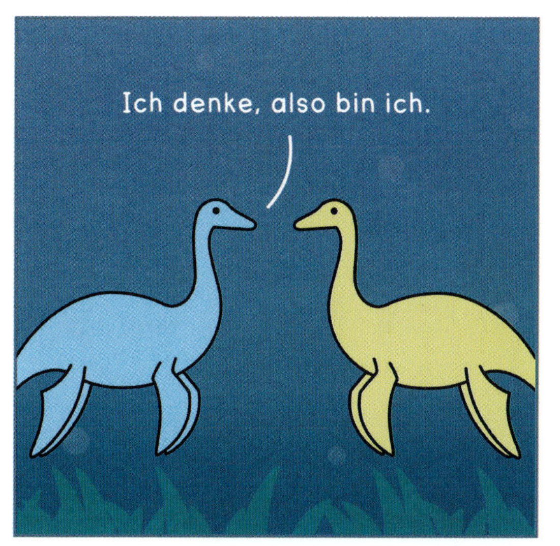
Ich denke, also bin ich.

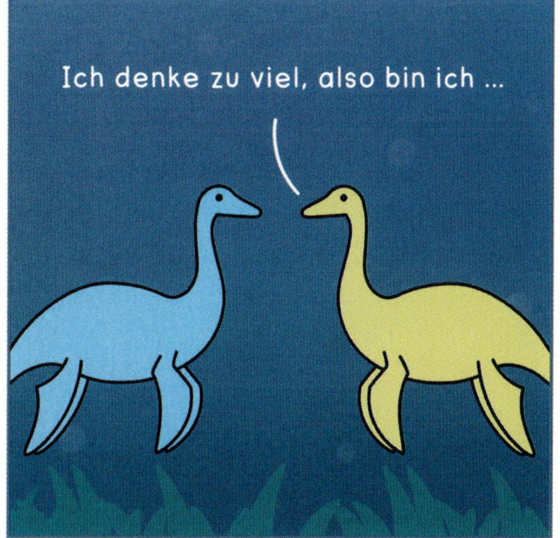
Ich denke zu viel, also bin ich …

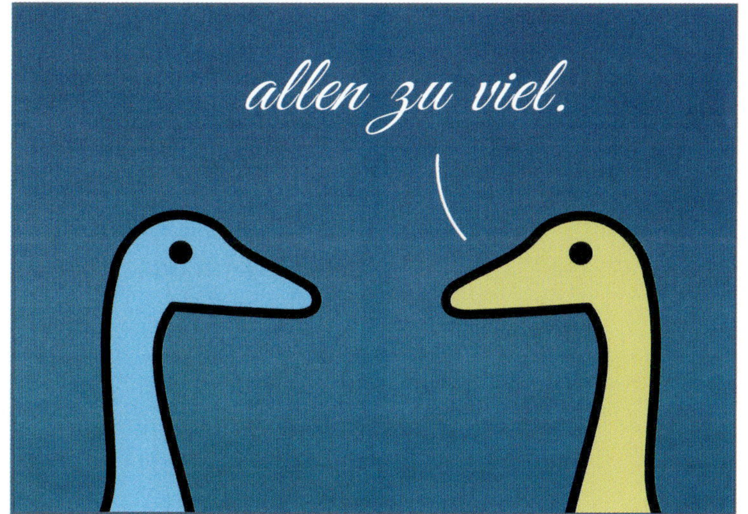
allen zu viel.

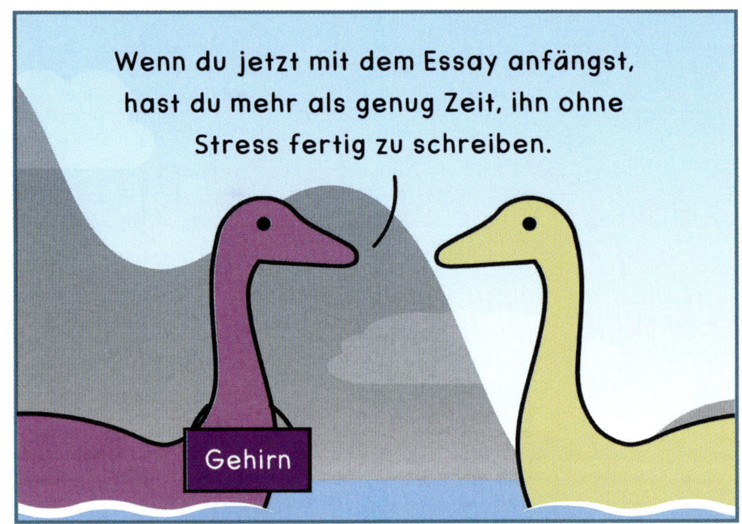
Wenn du jetzt mit dem Essay anfängst, hast du mehr als genug Zeit, ihn ohne Stress fertig zu schreiben.
Gehirn

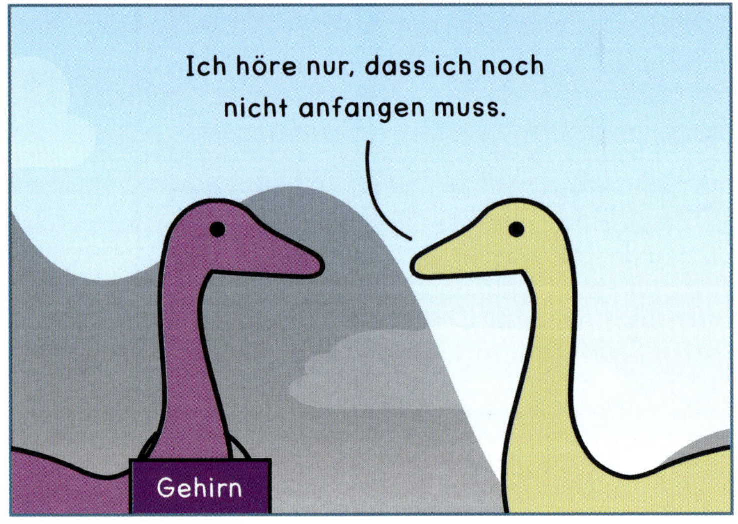
Ich höre nur, dass ich noch nicht anfangen muss.
Gehirn

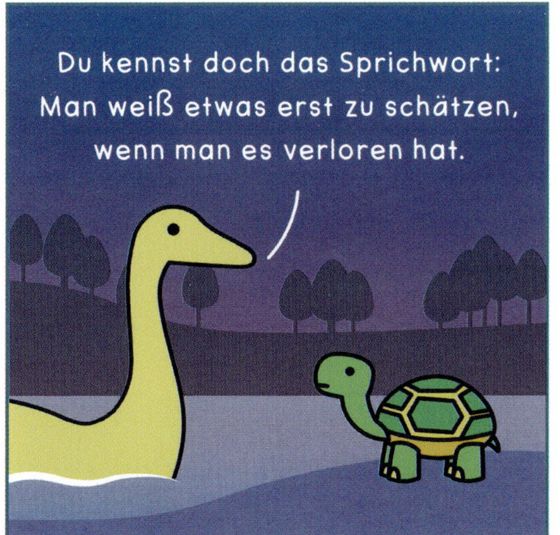
Du kennst doch das Sprichwort:
Man weiß etwas erst zu schätzen,
wenn man es verloren hat.

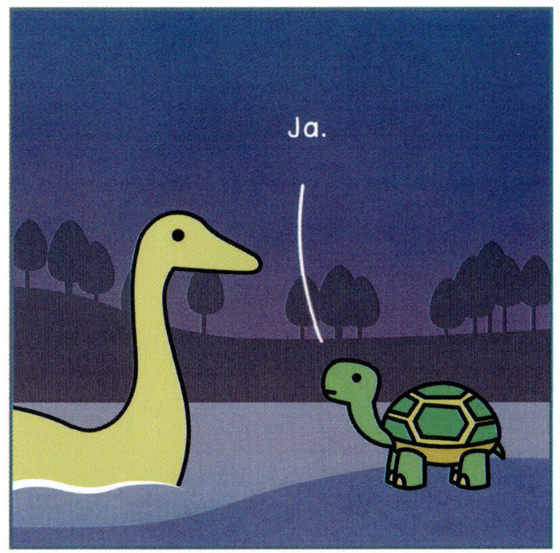
Ja.

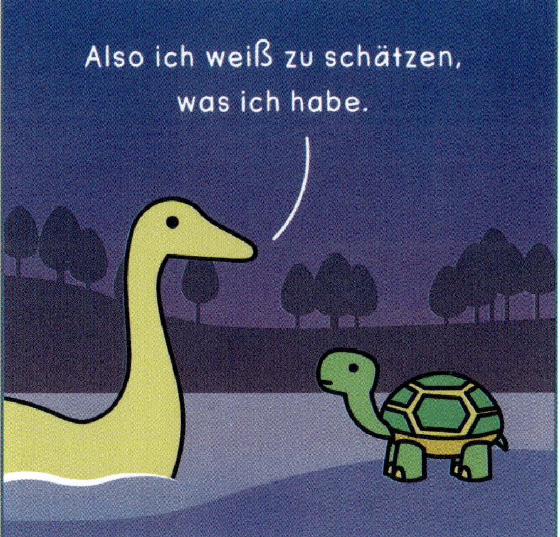
Also ich weiß zu schätzen,
was ich habe.

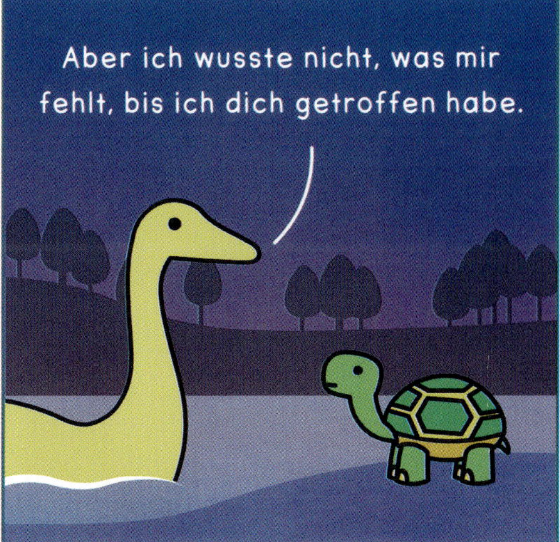
Aber ich wusste nicht, was mir
fehlt, bis ich dich getroffen habe.

Philosophie des Geistes

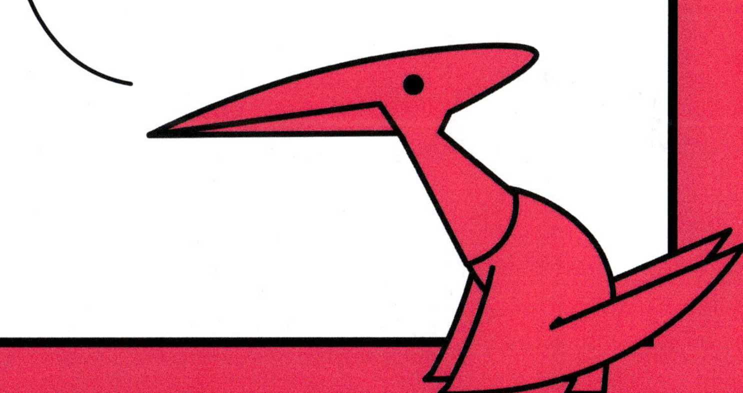

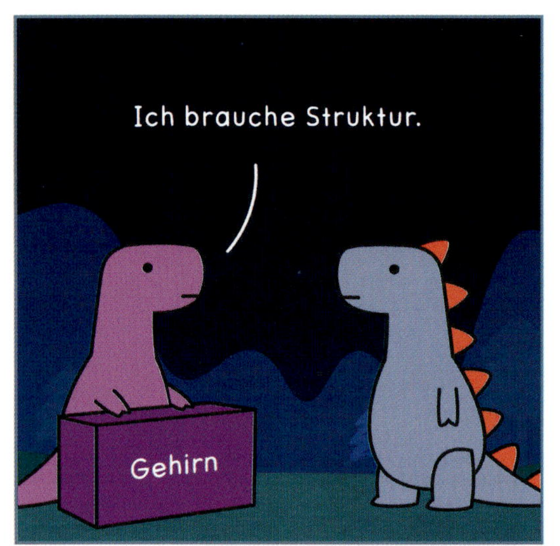
Ich brauche Struktur.
Gehirn

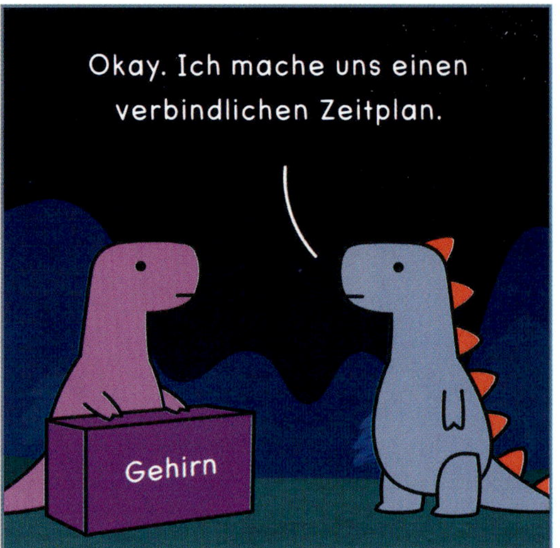
Okay. Ich mache uns einen verbindlichen Zeitplan.
Gehirn

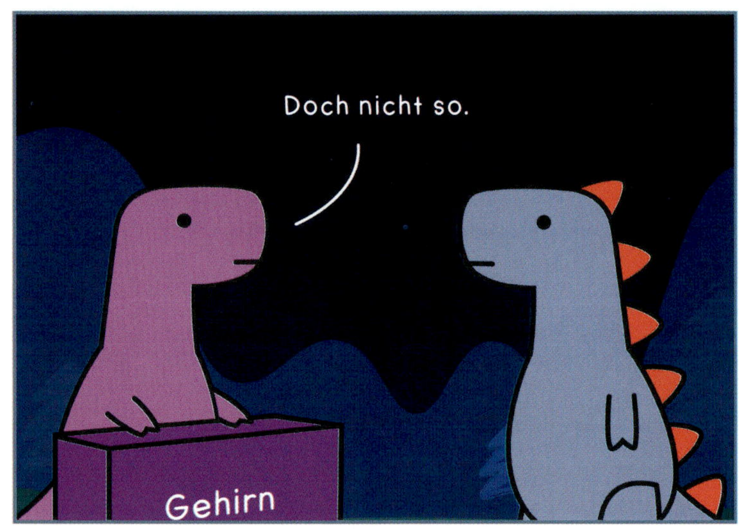
Doch nicht so.
Gehirn

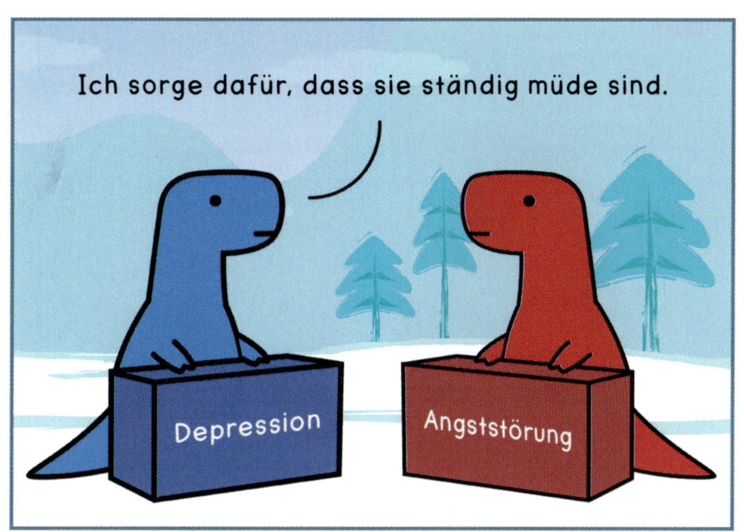
Ich sorge dafür, dass sie ständig müde sind.
Depression
Angststörung

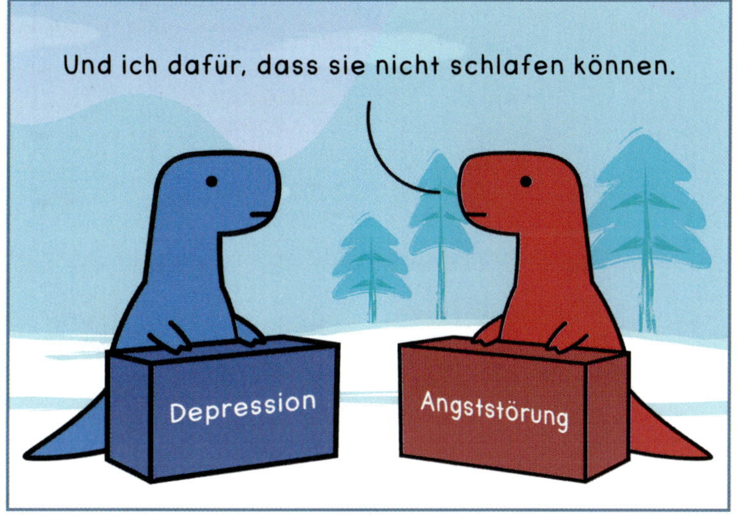
Und ich dafür, dass sie nicht schlafen können.
Depression
Angststörung

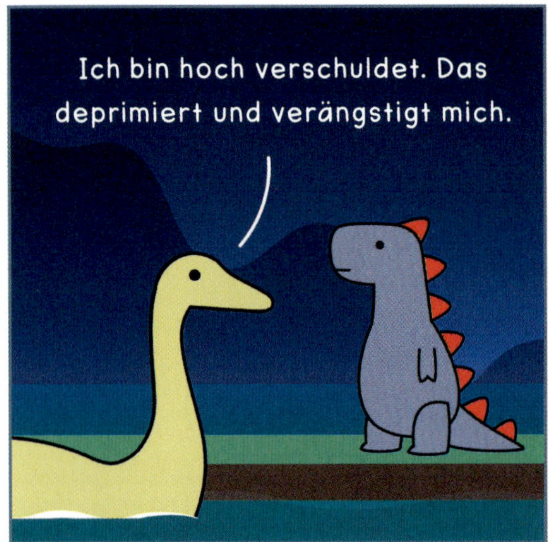
Ich bin hoch verschuldet. Das deprimiert und verängstigt mich.

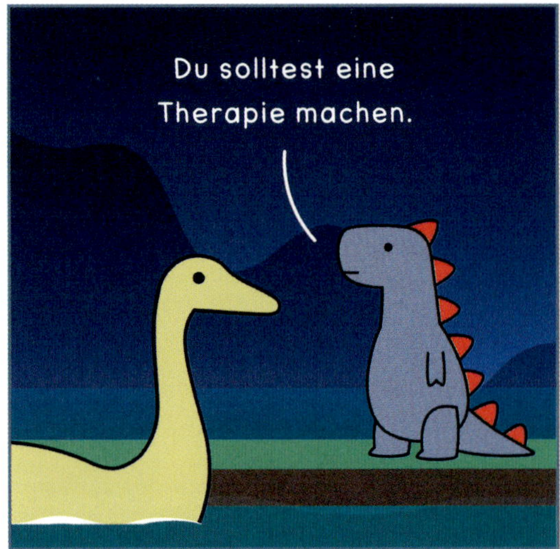
Du solltest eine Therapie machen.

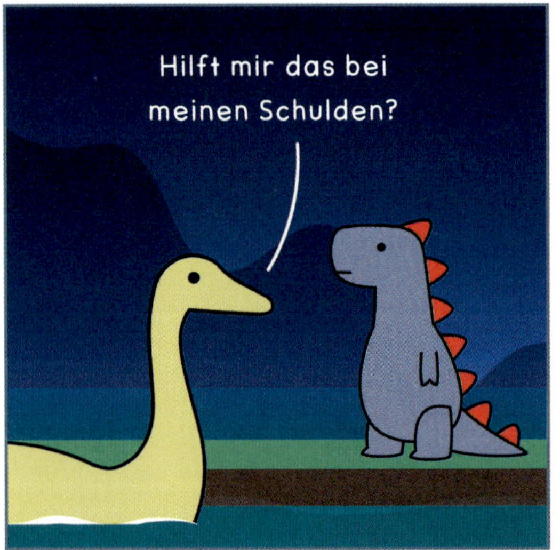
Hilft mir das bei meinen Schulden?

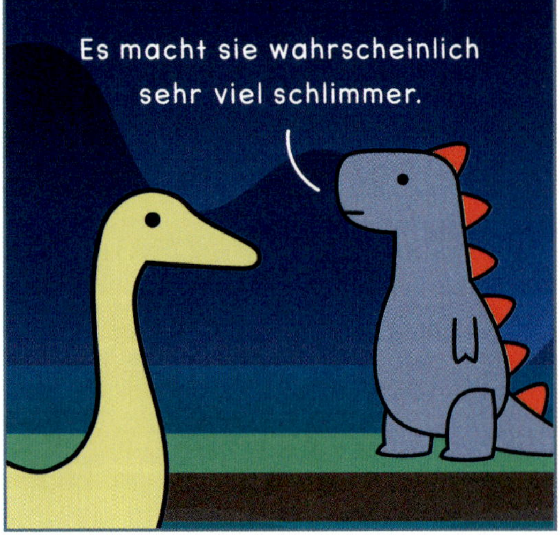
Es macht sie wahrscheinlich sehr viel schlimmer.

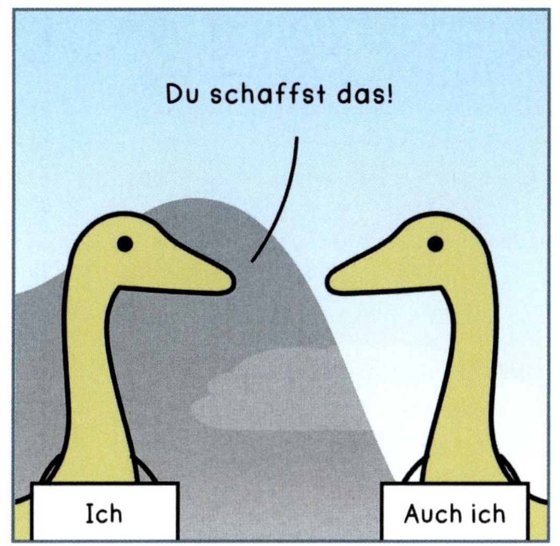
Du schaffst das!
Ich
Auch ich

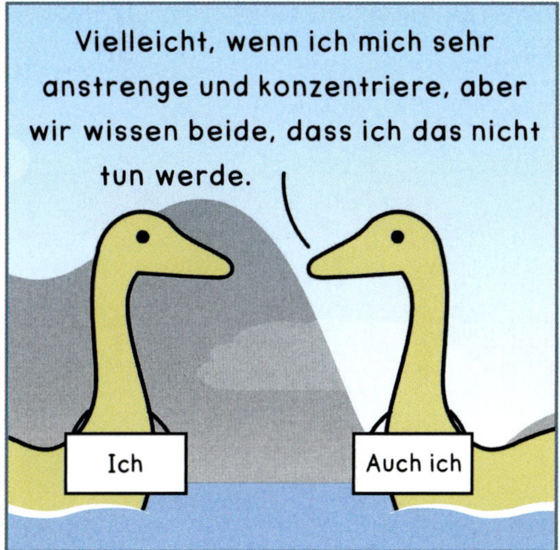
Vielleicht, wenn ich mich sehr anstrenge und konzentriere, aber wir wissen beide, dass ich das nicht tun werde.
Ich
Auch ich

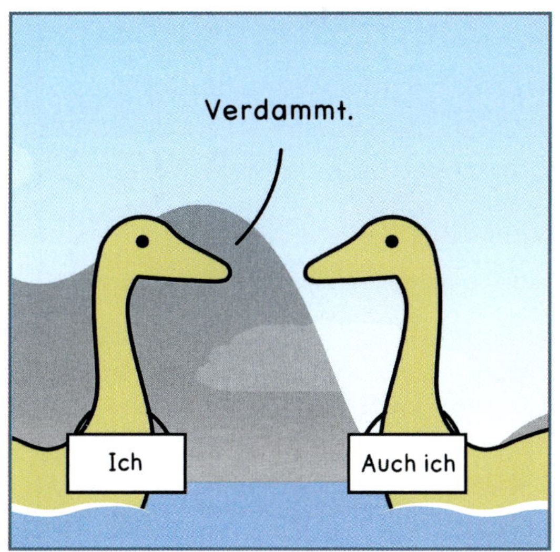
Verdammt.
Ich
Auch ich

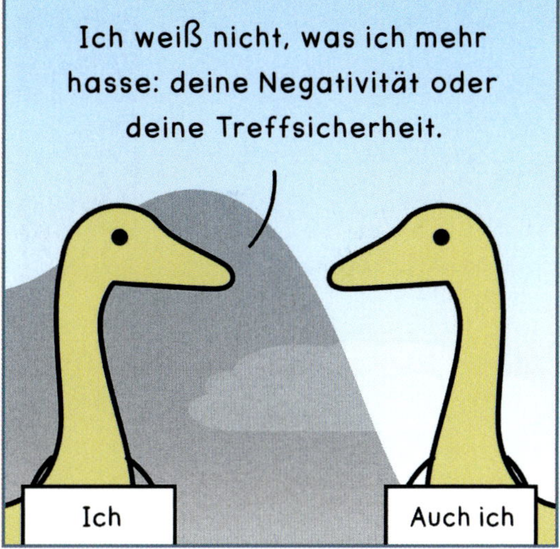
Ich weiß nicht, was ich mehr hasse: deine Negativität oder deine Treffsicherheit.
Ich
Auch ich

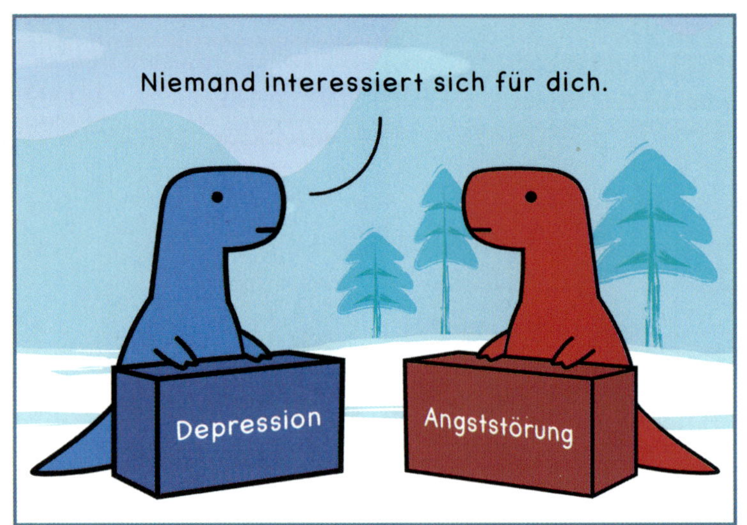
Niemand interessiert sich für dich.
Depression
Angststörung

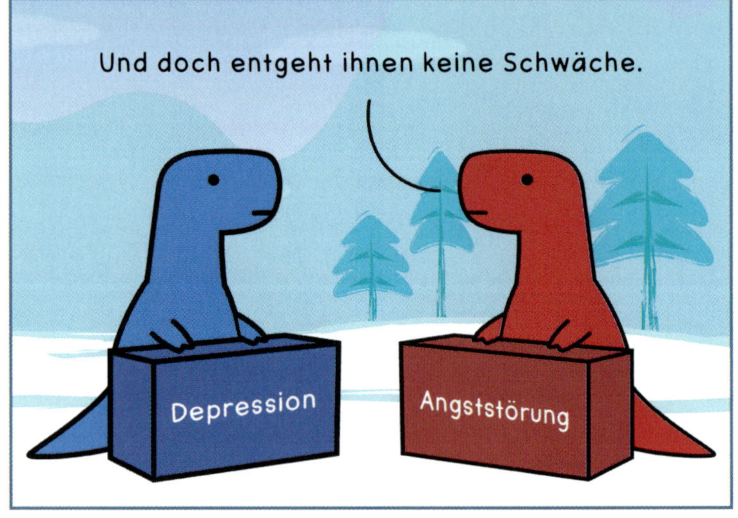
Und doch entgeht ihnen keine Schwäche.
Depression
Angststörung

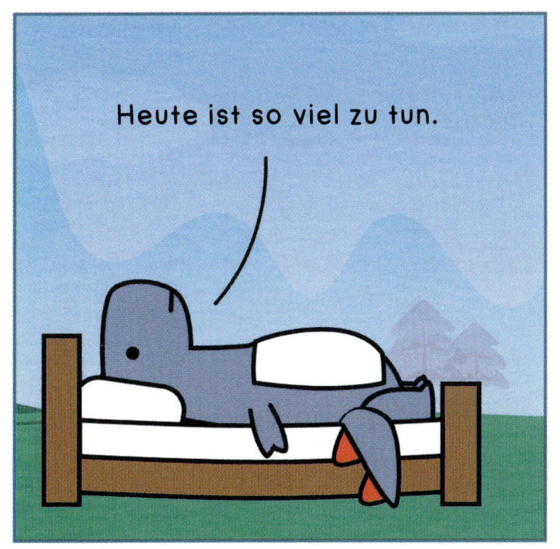
Heute ist so viel zu tun.

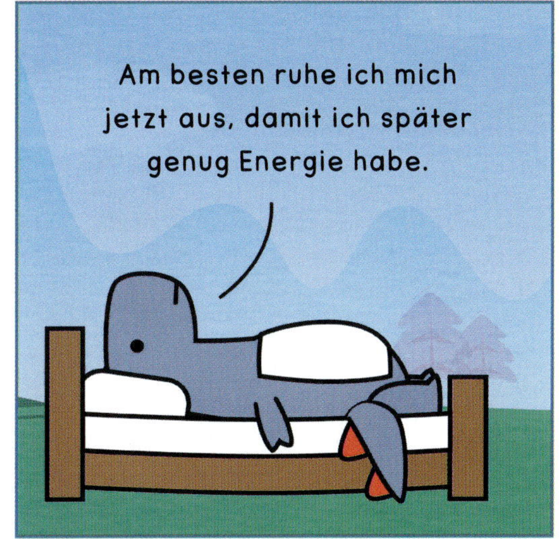
Am besten ruhe ich mich jetzt aus, damit ich später genug Energie habe.

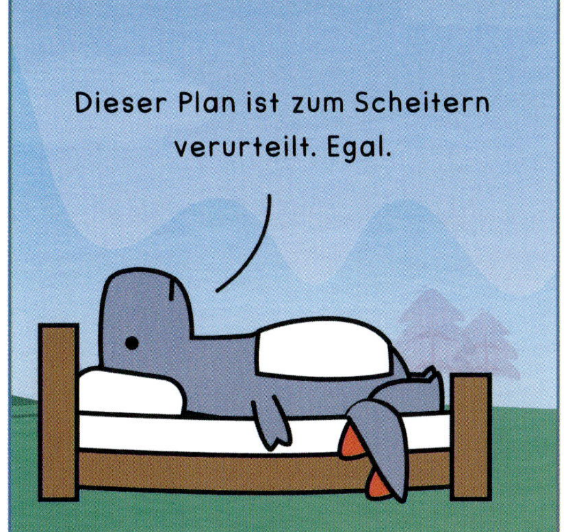
Dieser Plan ist zum Scheitern verurteilt. Egal.

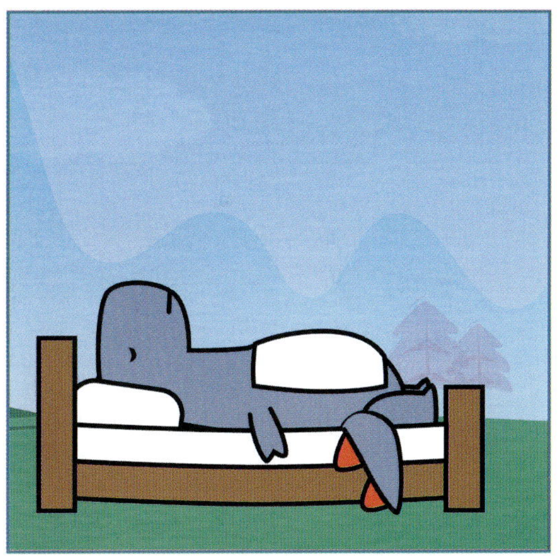

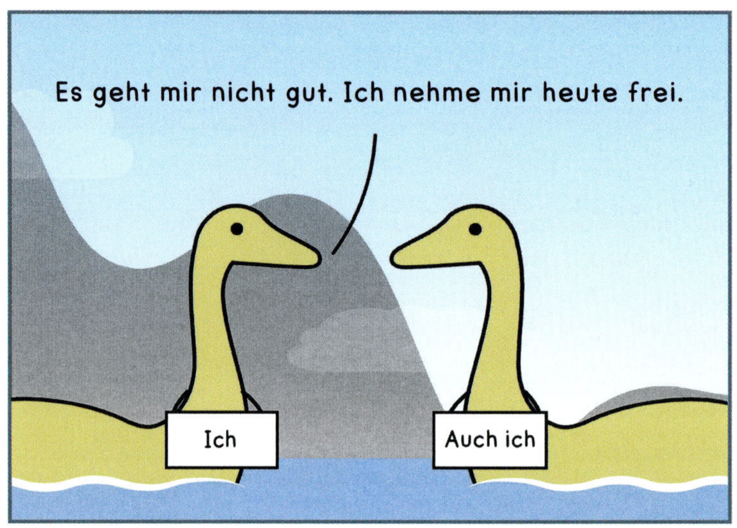
Es geht mir nicht gut. Ich nehme mir heute frei.
Ich
Auch ich

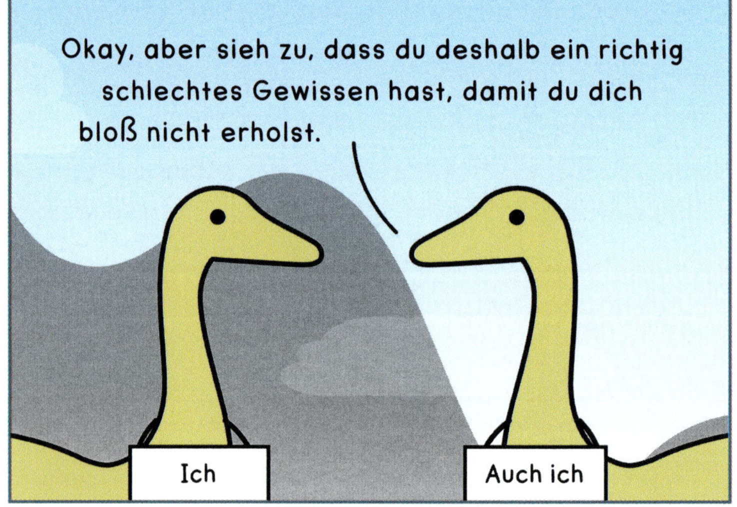
Okay, aber sieh zu, dass du deshalb ein richtig schlechtes Gewissen hast, damit du dich bloß nicht erholst.
Ich
Auch ich

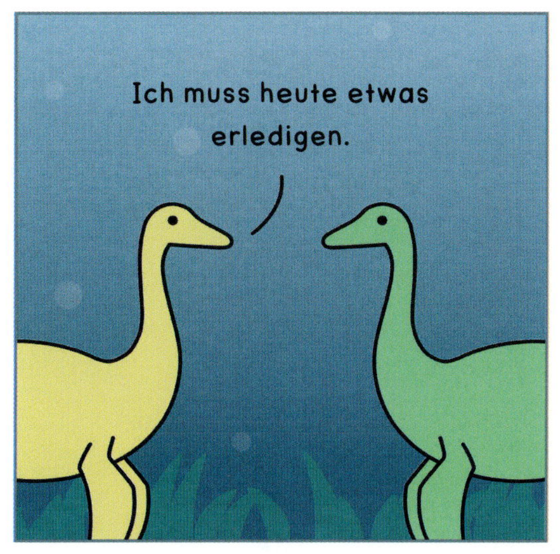
Ich muss heute etwas erledigen.

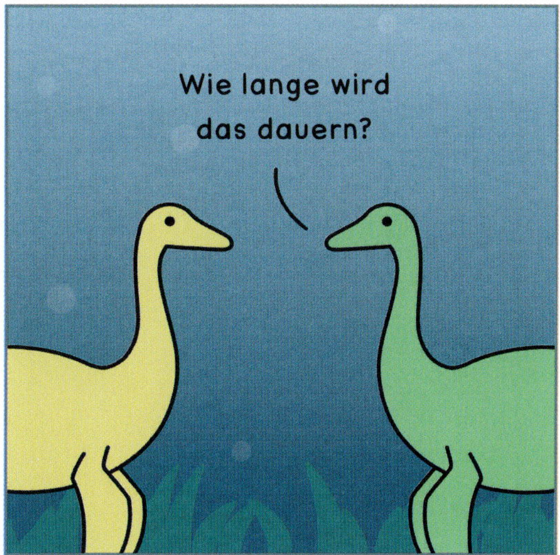
Wie lange wird das dauern?

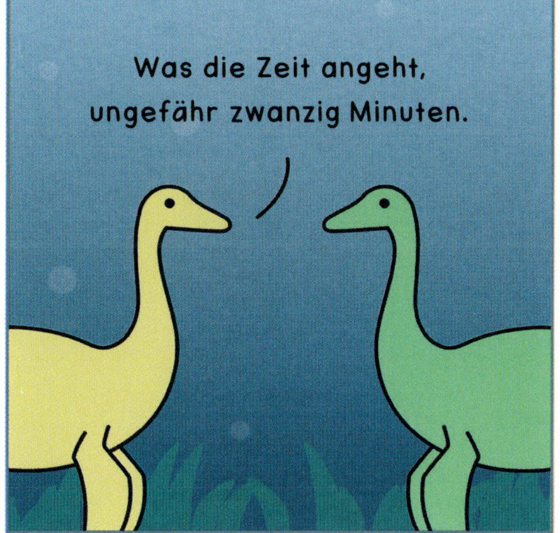
Was die Zeit angeht, ungefähr zwanzig Minuten.

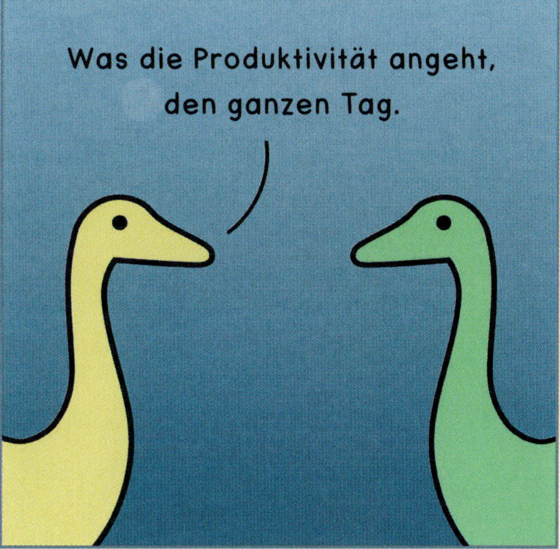
Was die Produktivität angeht, den ganzen Tag.

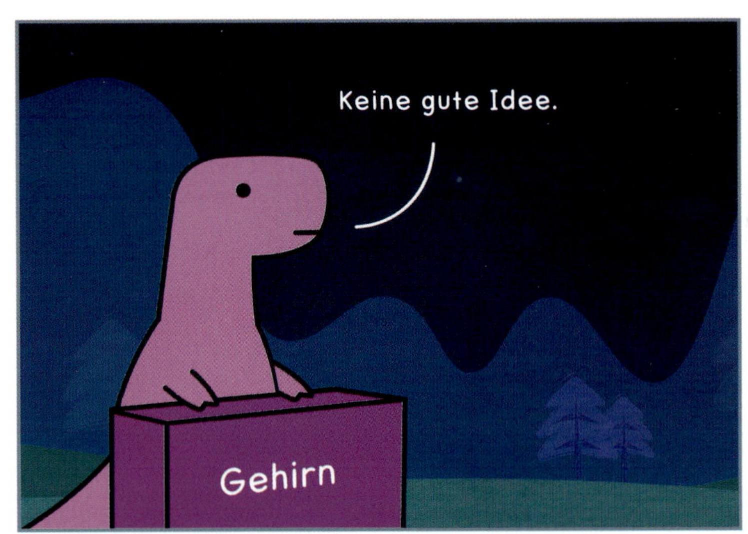
Keine gute Idee.
Gehirn

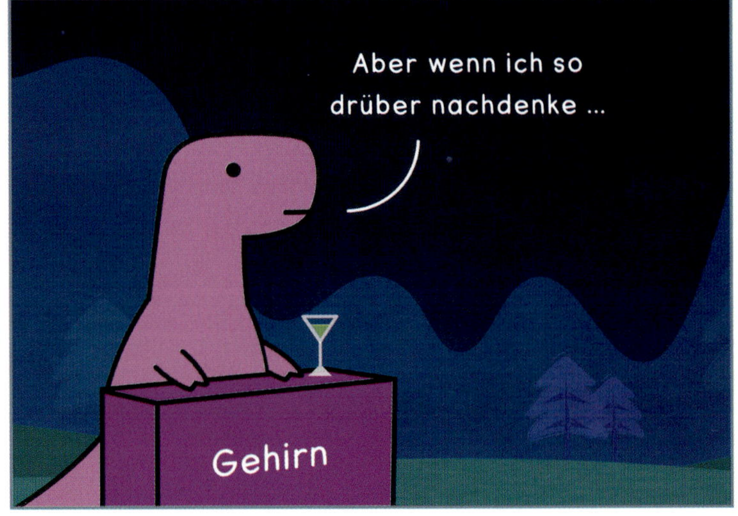
Aber wenn ich so drüber nachdenke ...
Gehirn

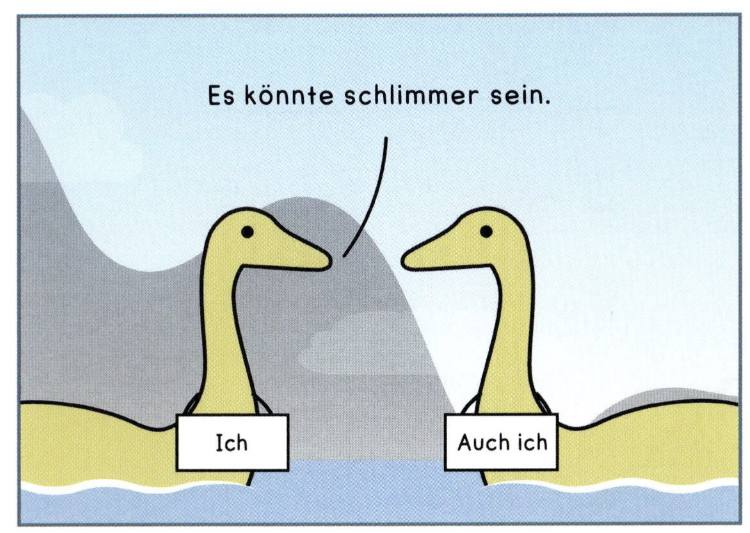
Es könnte schlimmer sein.
Ich
Auch ich

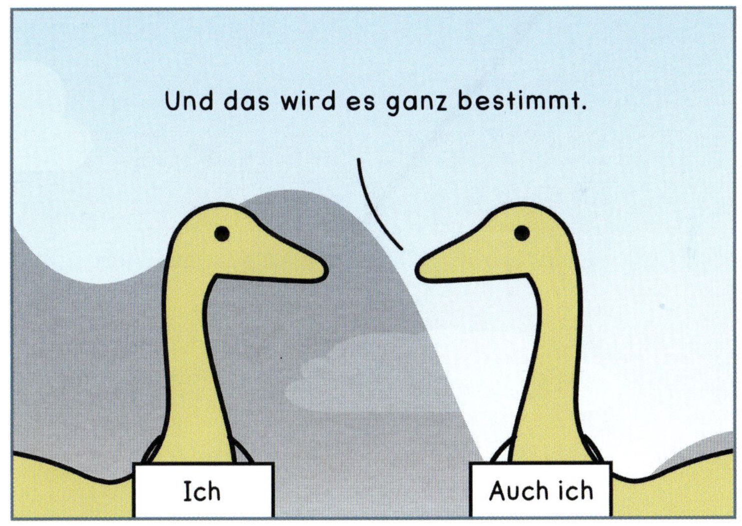
Und das wird es ganz bestimmt.
Ich
Auch ich

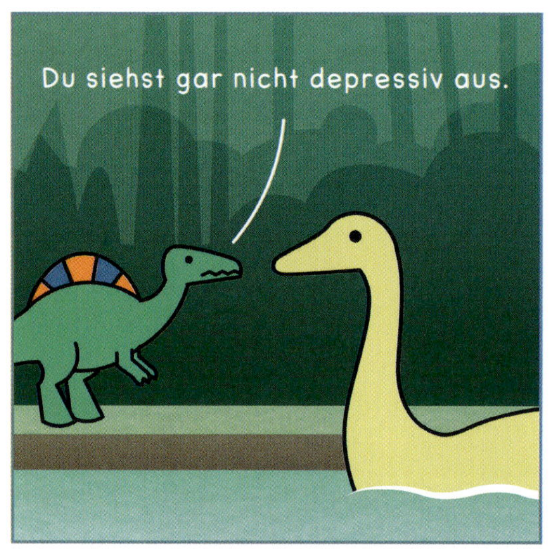
Du siehst gar nicht depressiv aus.

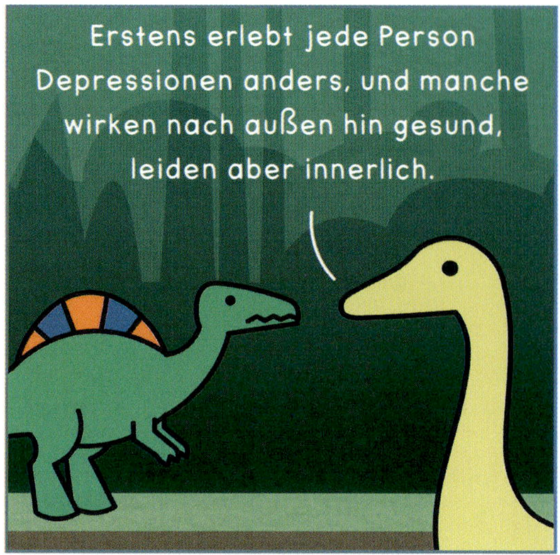
Erstens erlebt jede Person Depressionen anders, und manche wirken nach außen hin gesund, leiden aber innerlich.

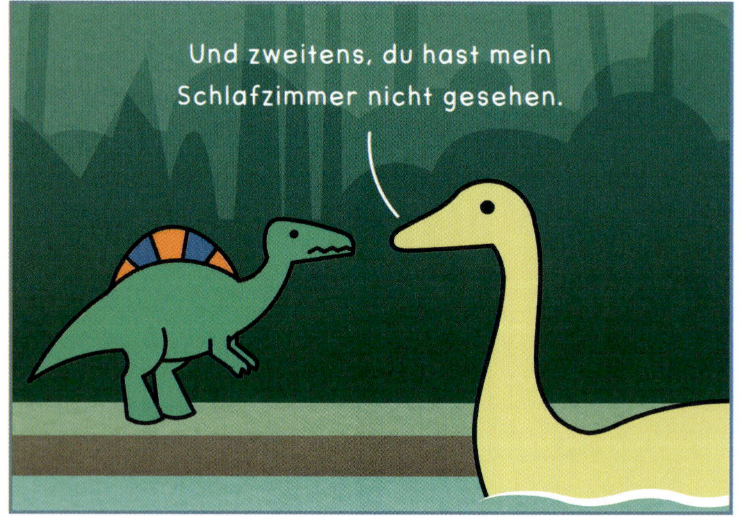
Und zweitens, du hast mein Schlafzimmer nicht gesehen.

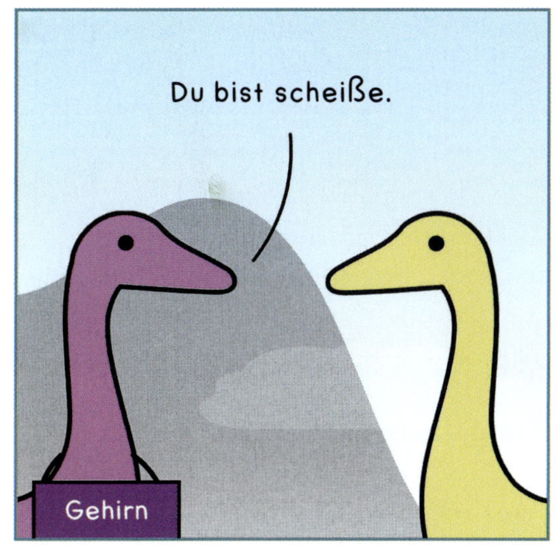
Du bist scheiße.
Gehirn

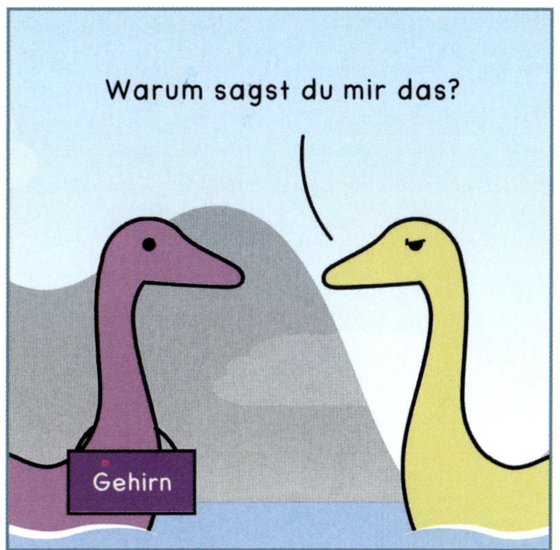
Warum sagst du mir das?
Gehirn

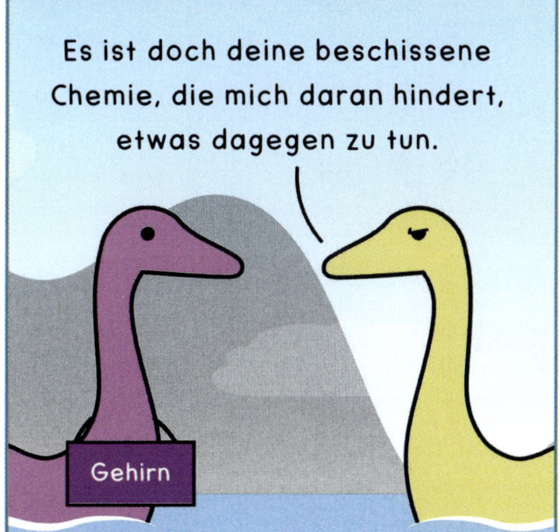
Es ist doch deine beschissene Chemie, die mich daran hindert, etwas dagegen zu tun.
Gehirn

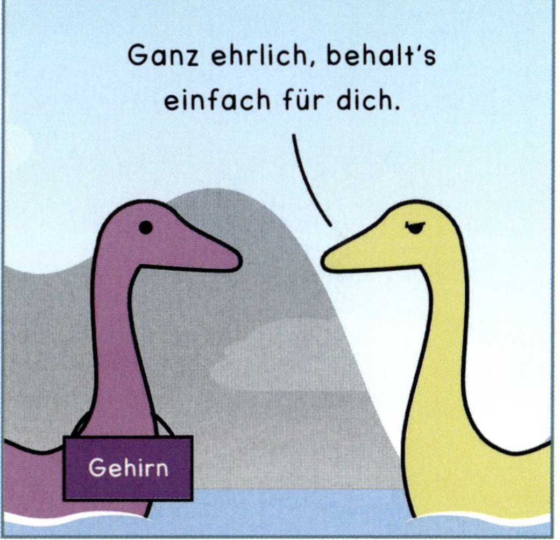
Ganz ehrlich, behalt's einfach für dich.
Gehirn

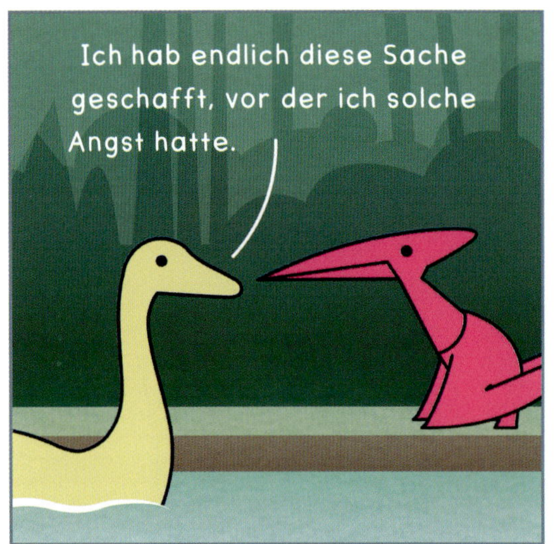
Ich hab endlich diese Sache geschafft, vor der ich solche Angst hatte.

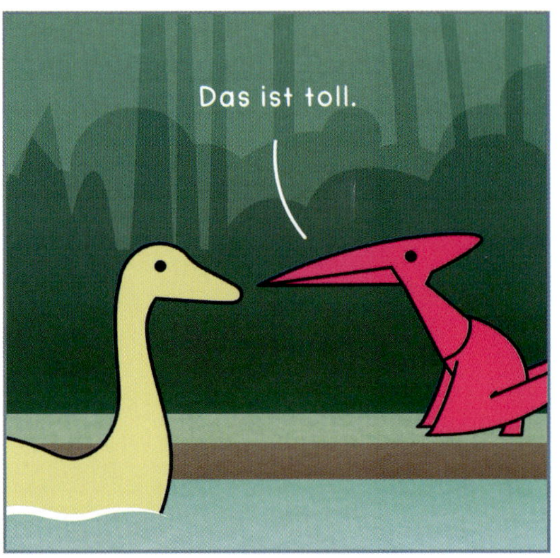
Das ist toll.

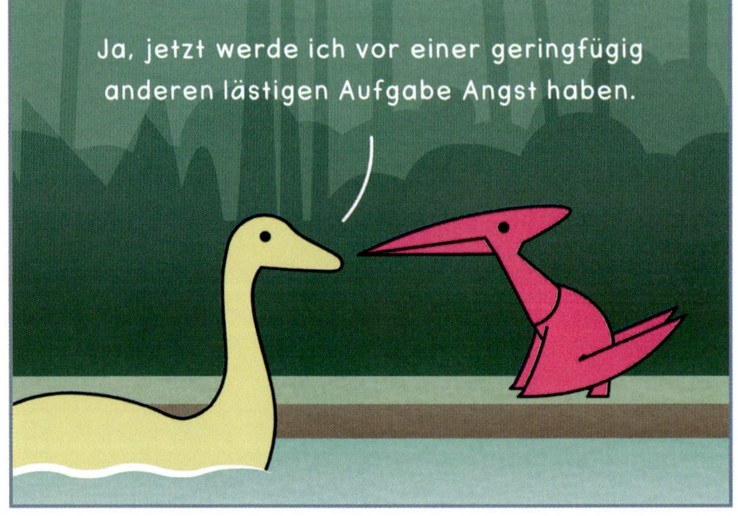
Ja, jetzt werde ich vor einer geringfügig anderen lästigen Aufgabe Angst haben.

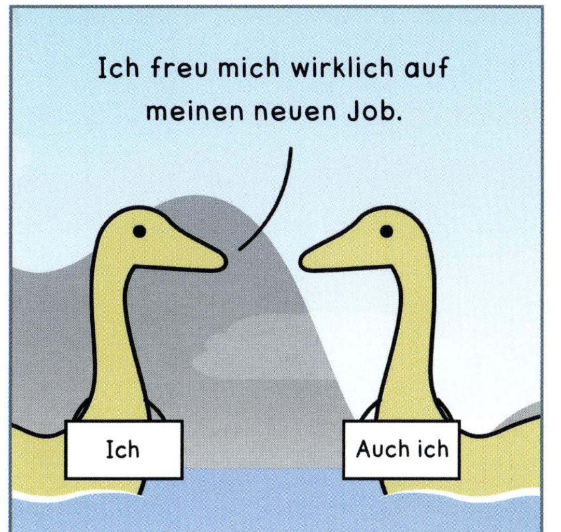
Ich freu mich wirklich auf meinen neuen Job.
Ich
Auch ich

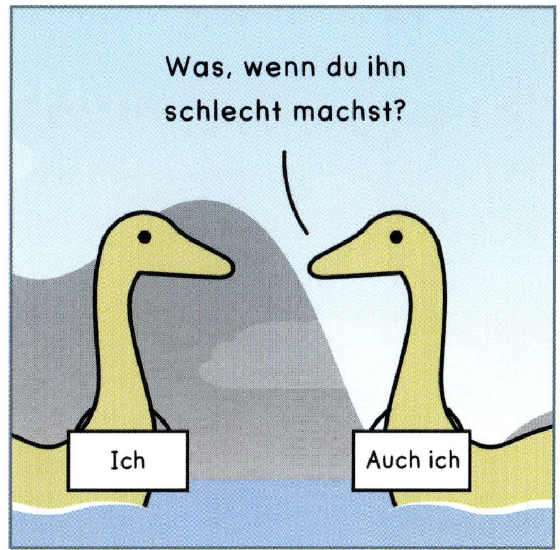
Was, wenn du ihn schlecht machst?
Ich
Auch ich

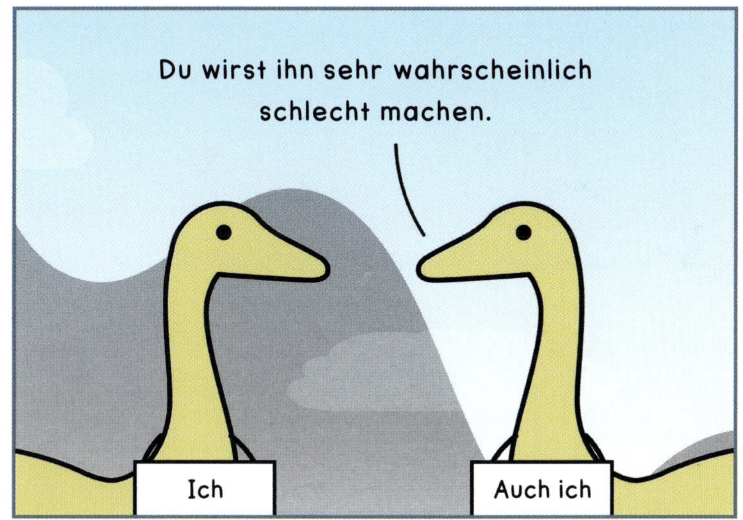
Du wirst ihn sehr wahrscheinlich schlecht machen.
Ich
Auch ich

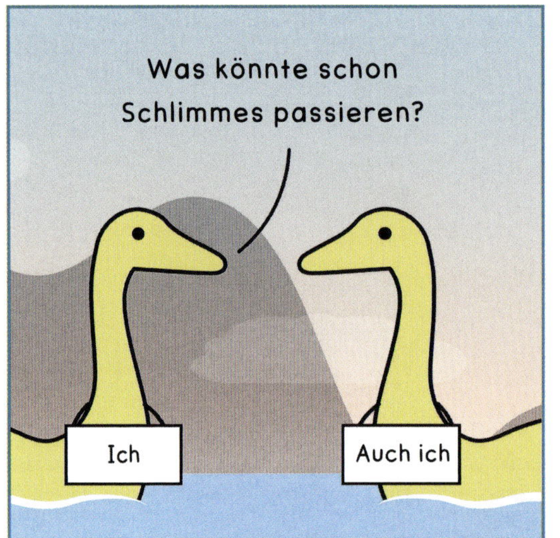
Was könnte schon
Schlimmes passieren?
Ich
Auch ich

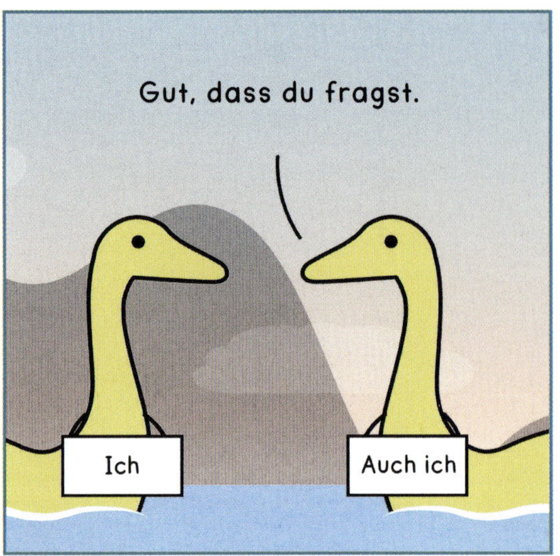
Gut, dass du fragst.
Ich
Auch ich

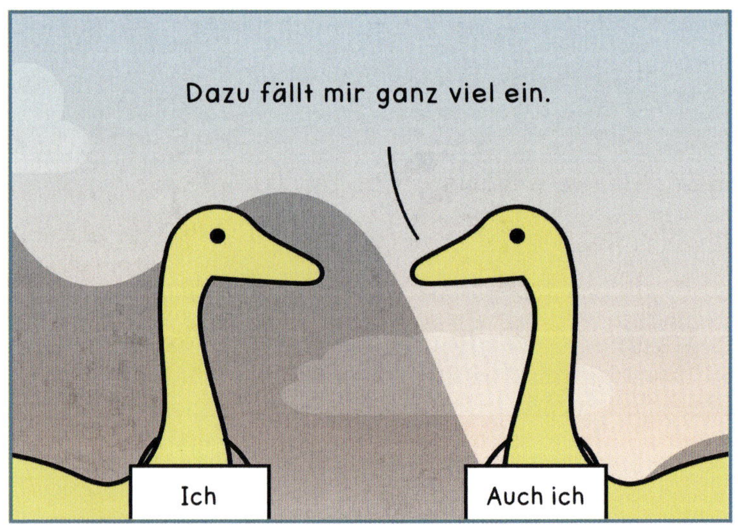
Dazu fällt mir ganz viel ein.
Ich
Auch ich

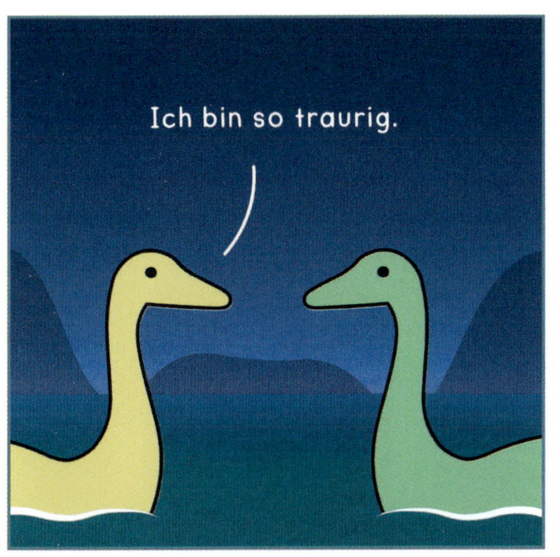
Ich bin so traurig.

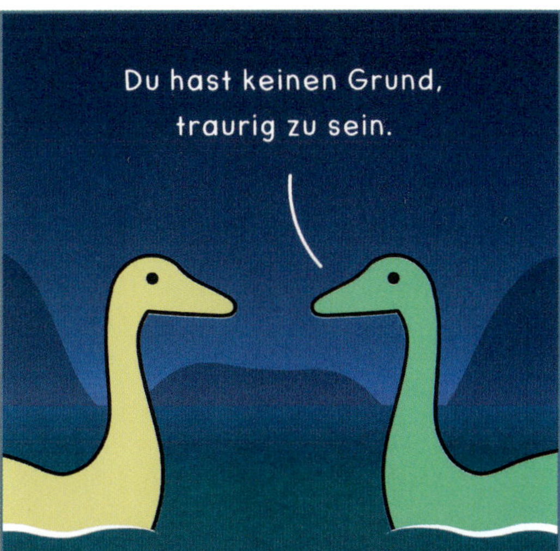
Du hast keinen Grund,
traurig zu sein.

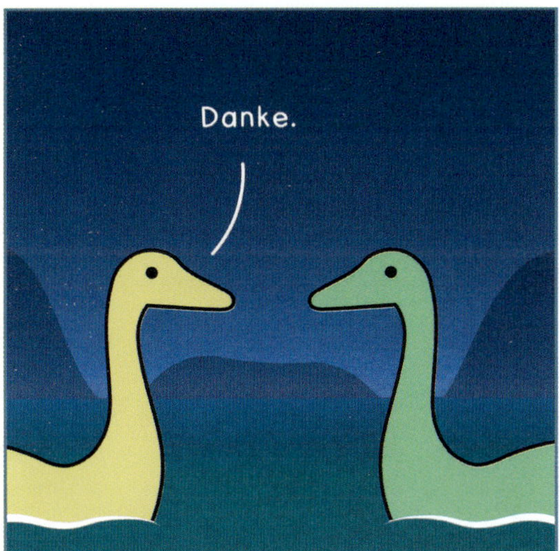
Danke.

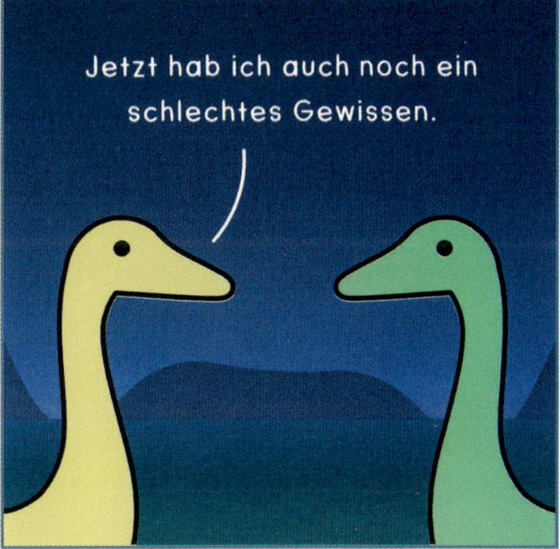
Jetzt hab ich auch noch ein
schlechtes Gewissen.

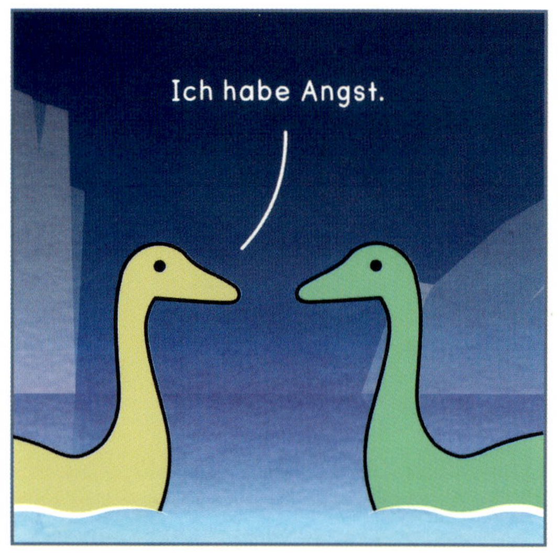
Ich habe Angst.

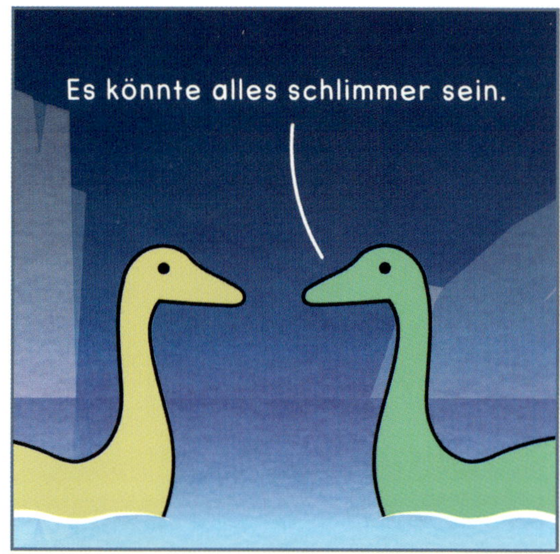
Es könnte alles schlimmer sein.

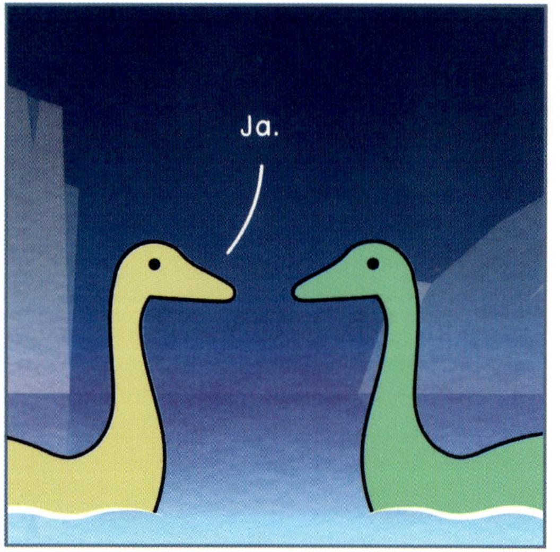
Ja.

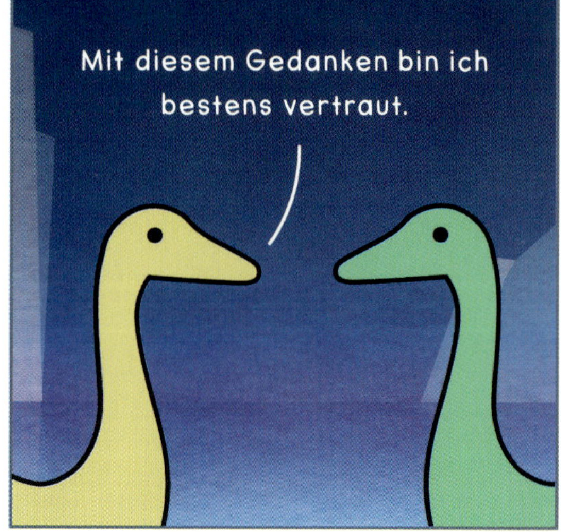
Mit diesem Gedanken bin ich
bestens vertraut.

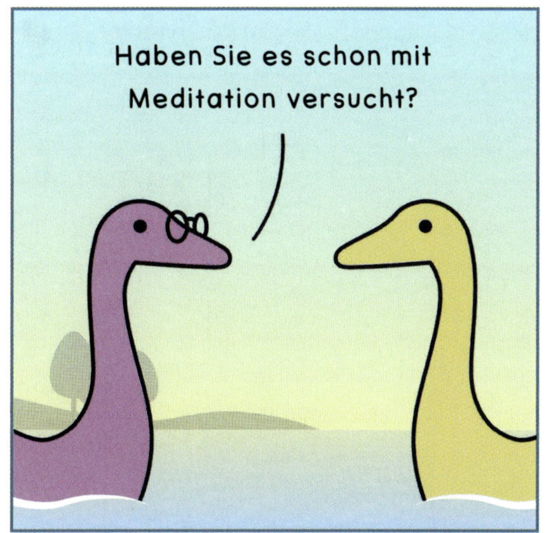
Haben Sie es schon mit Meditation versucht?

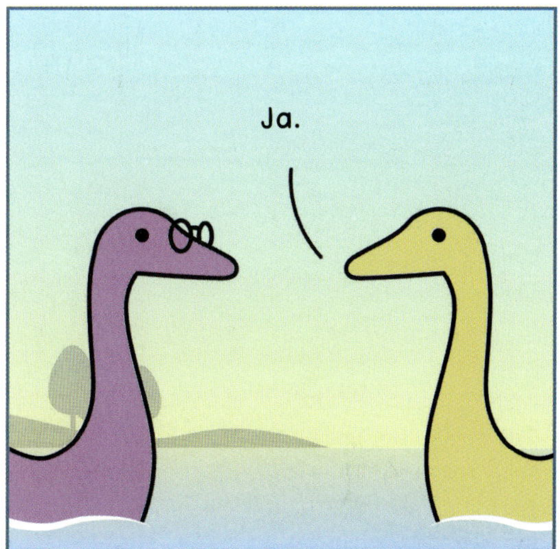
Ja.

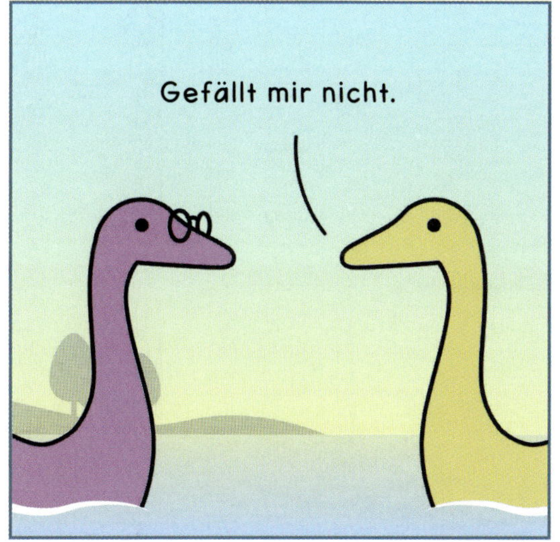
Gefällt mir nicht.

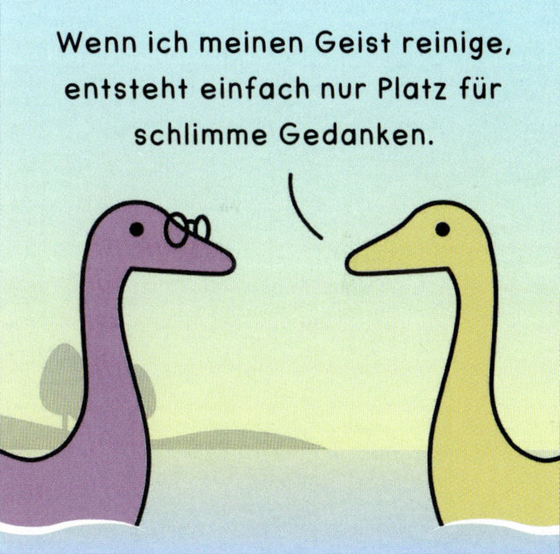
Wenn ich meinen Geist reinige, entsteht einfach nur Platz für schlimme Gedanken.

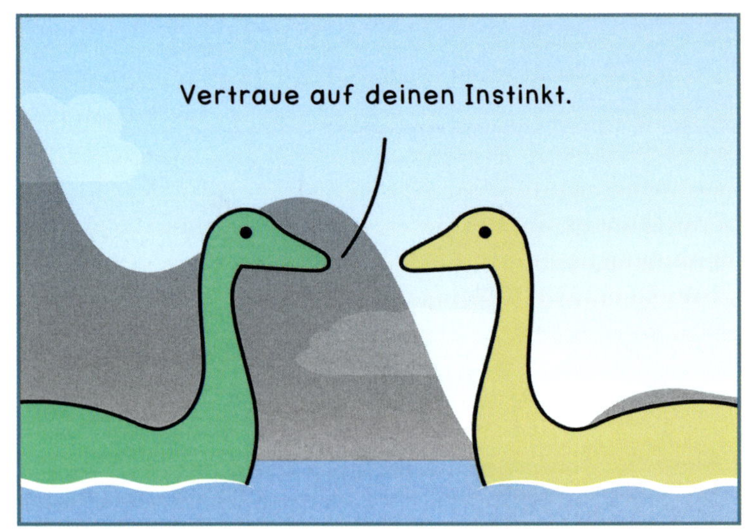
Vertraue auf deinen Instinkt.

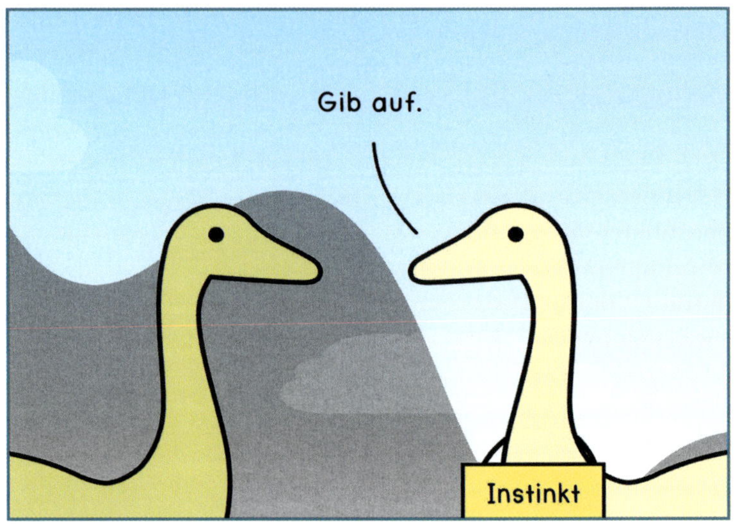
Gib auf.
Instinkt

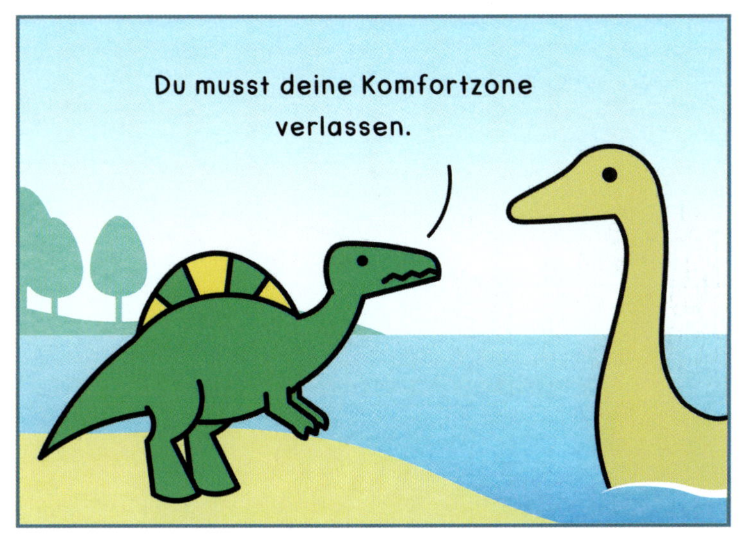
Du musst deine Komfortzone
verlassen.

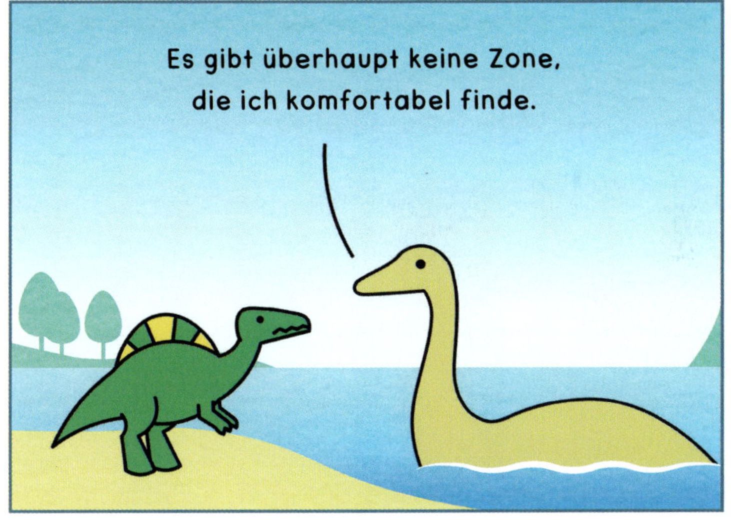
Es gibt überhaupt keine Zone,
die ich komfortabel finde.

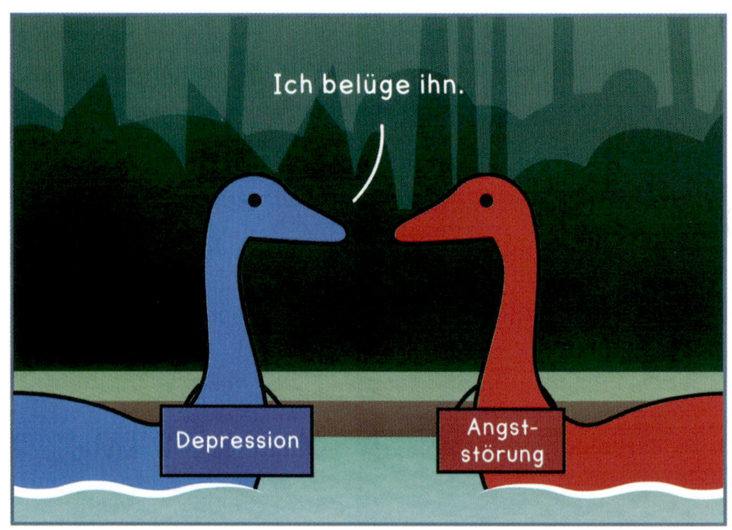
Ich belüge ihn.
Depression
Angst-
störung

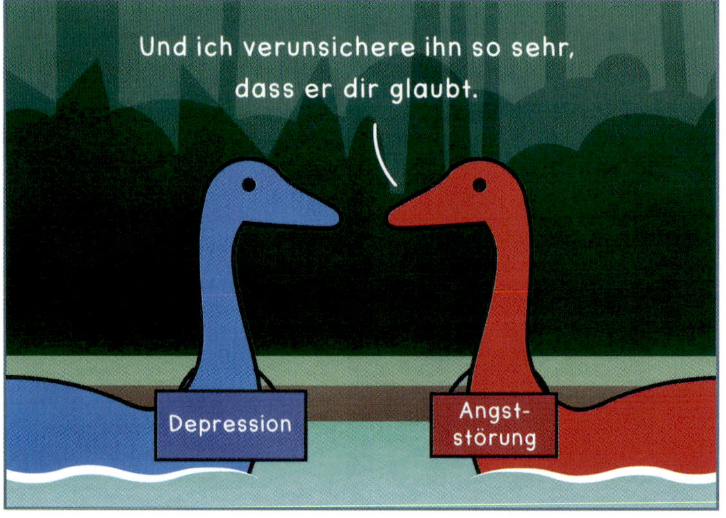
Und ich verunsichere ihn so sehr,
dass er dir glaubt.
Depression
Angst-
störung

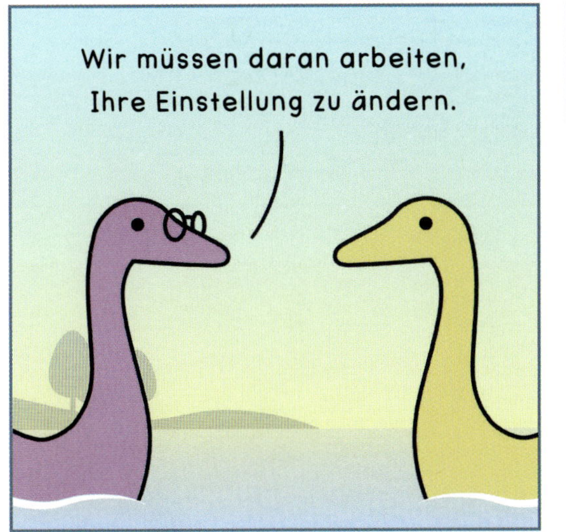
Wir müssen daran arbeiten,
Ihre Einstellung zu ändern.

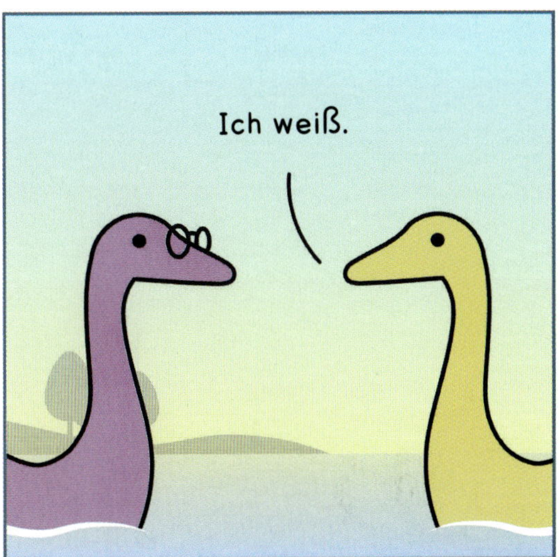
Ich weiß.

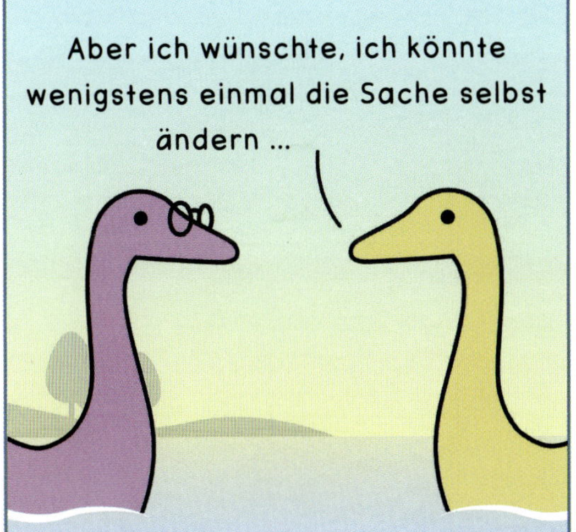
Aber ich wünschte, ich könnte
wenigstens einmal die Sache selbst
ändern …

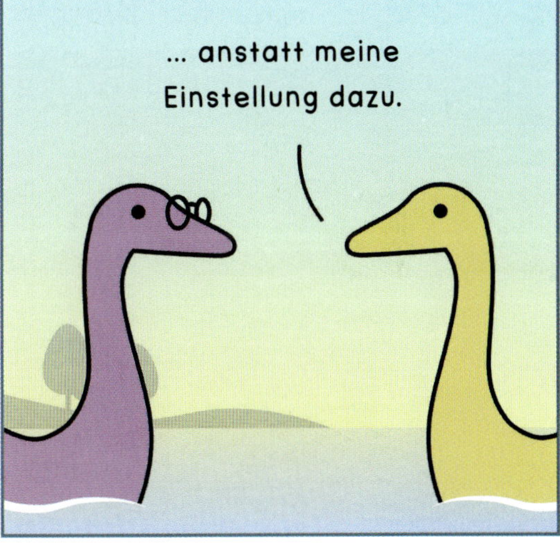
… anstatt meine
Einstellung dazu.

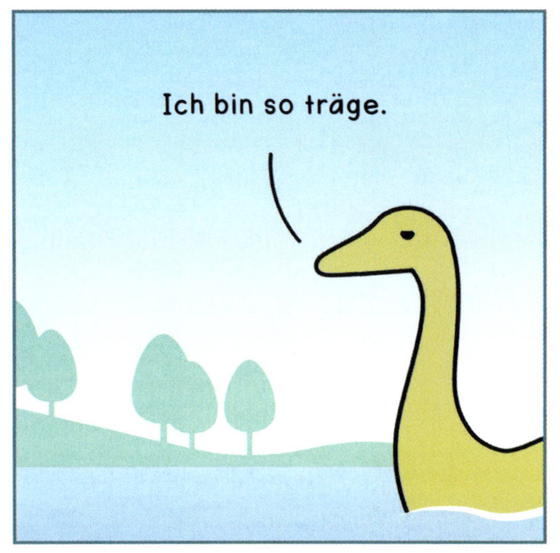
Ich bin so träge.
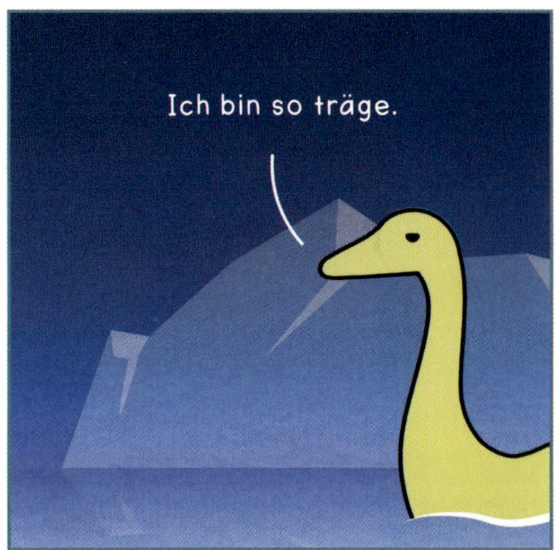
Ich bin so träge.
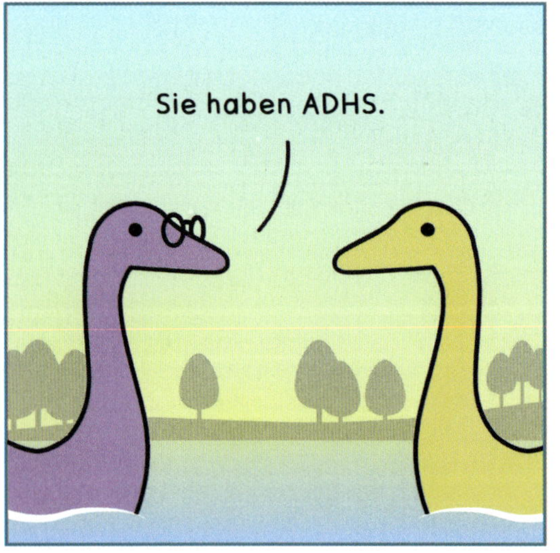
Sie haben ADHS.
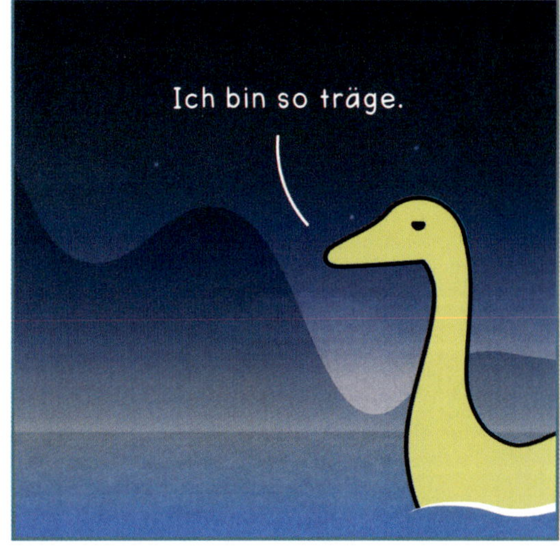
Ich bin so träge.

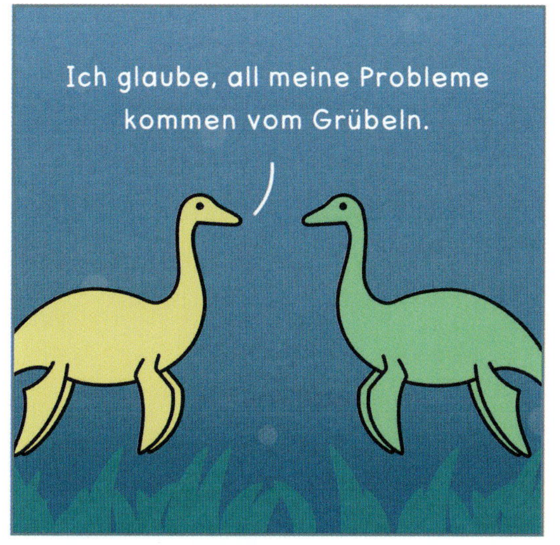
Ich glaube, all meine Probleme kommen vom Grübeln.

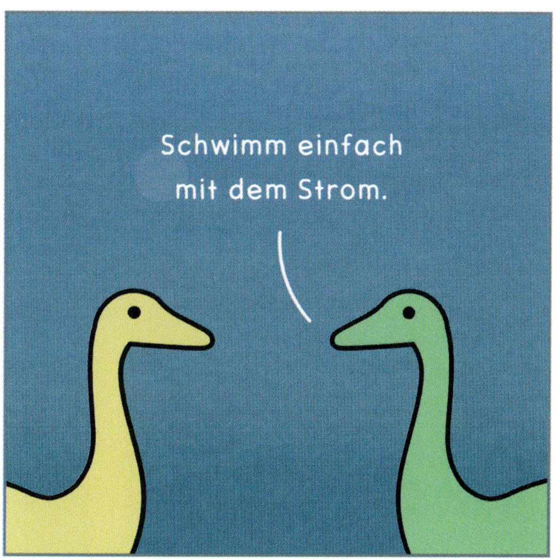
Schwimm einfach mit dem Strom.

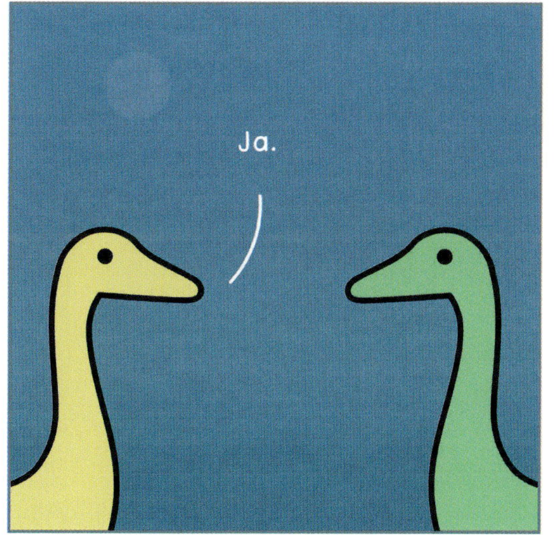
Ja.

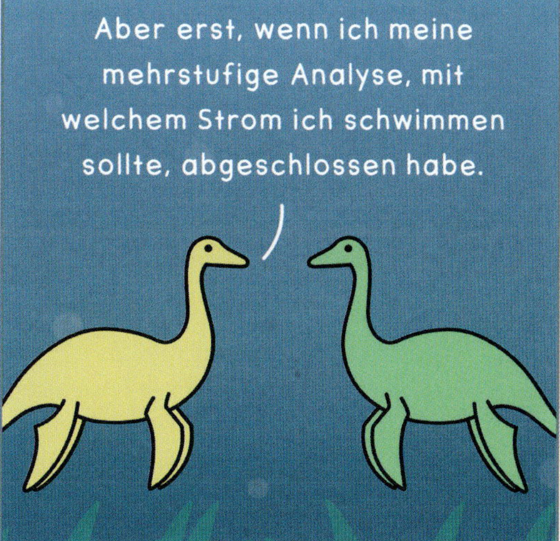
Aber erst, wenn ich meine mehrstufige Analyse, mit welchem Strom ich schwimmen sollte, abgeschlossen habe.

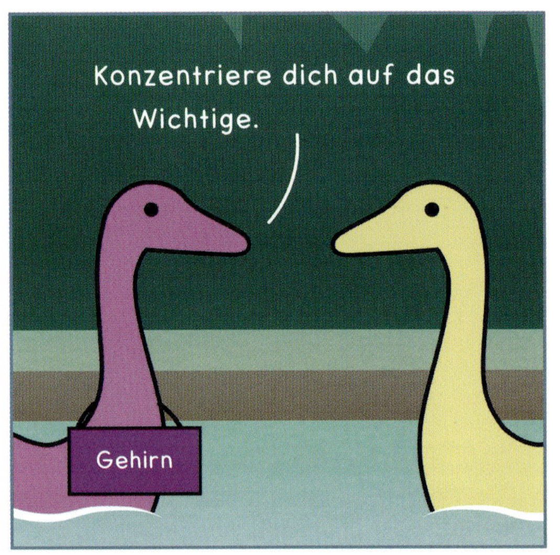
Konzentriere dich auf das Wichtige.
Gehirn

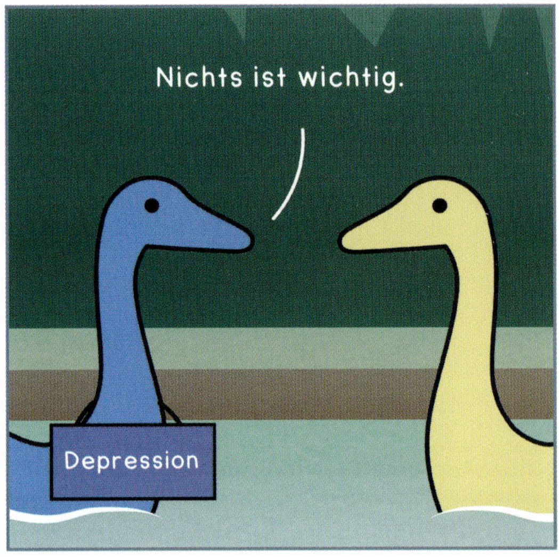
Nichts ist wichtig.
Depression

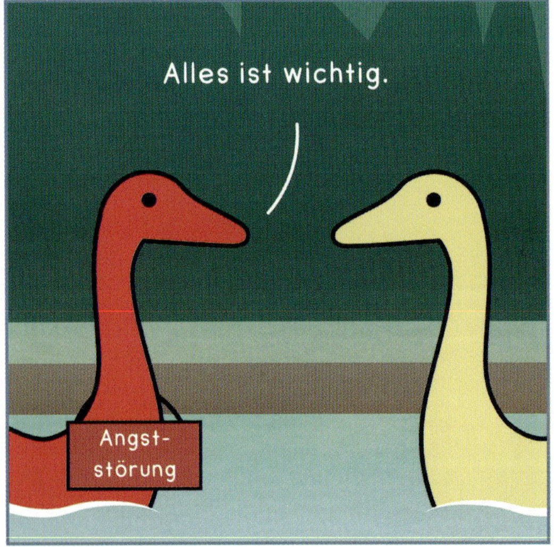
Alles ist wichtig.
Angst-
störung

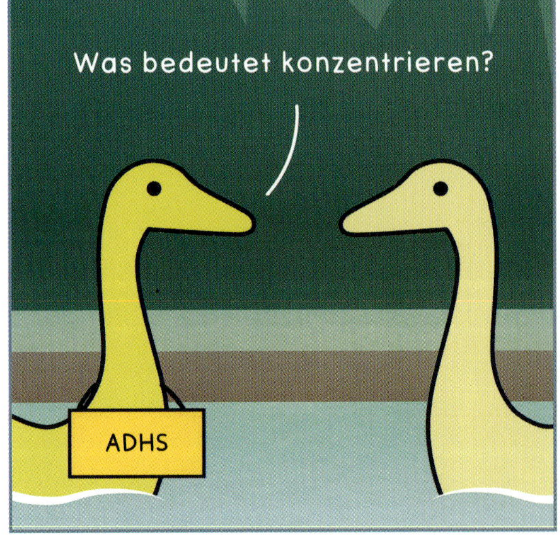
Was bedeutet konzentrieren?
ADHS

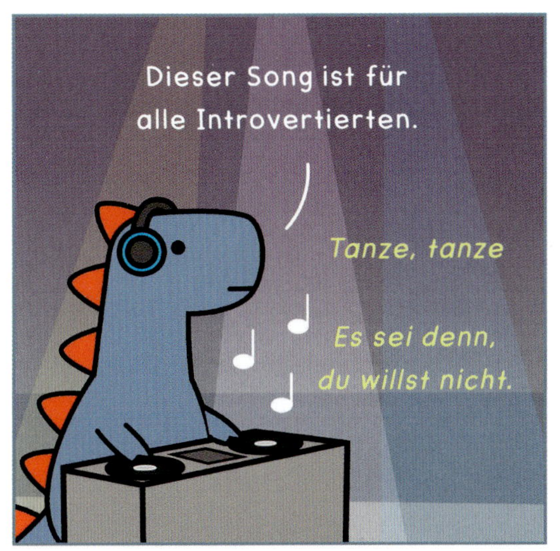
Dieser Song ist für
alle Introvertierten.
Tanze, tanze
Es sei denn,
du willst nicht.

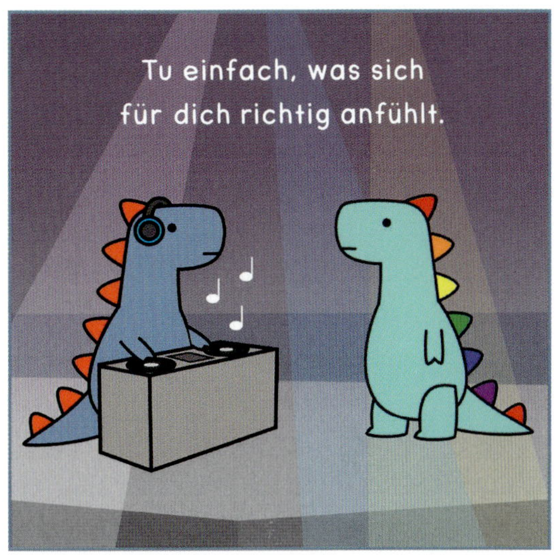
Tu einfach, was sich
für dich richtig anfühlt.

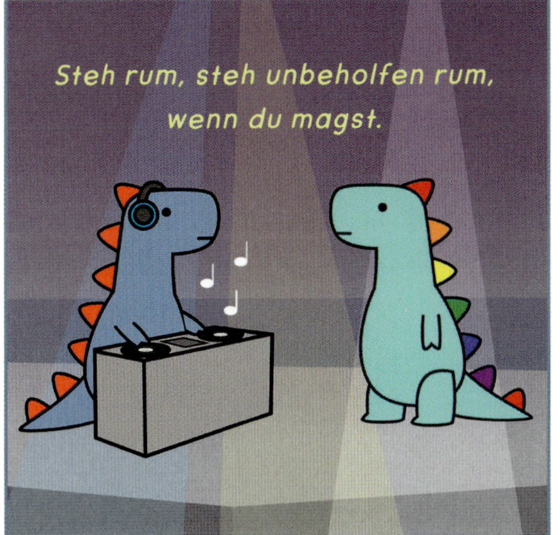
Steh rum, steh unbeholfen rum,
wenn du magst.

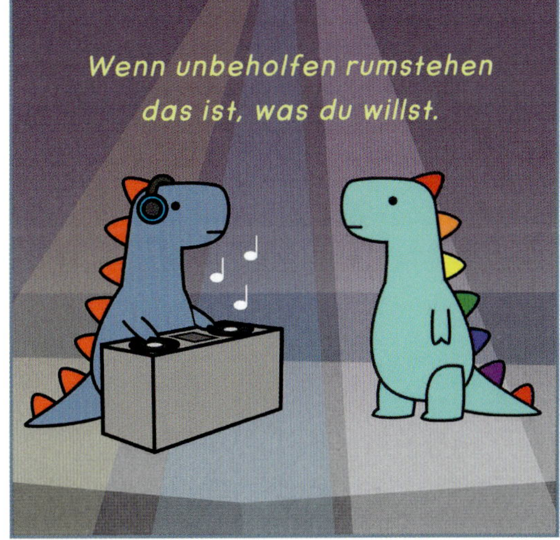
Wenn unbeholfen rumstehen
das ist, was du willst.

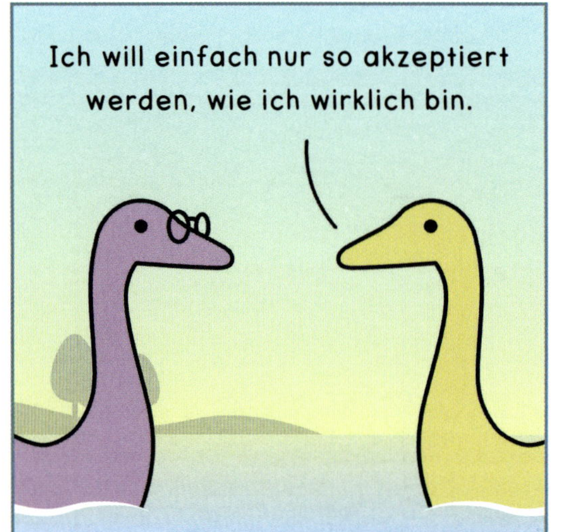
Ich will einfach nur so akzeptiert werden, wie ich wirklich bin.

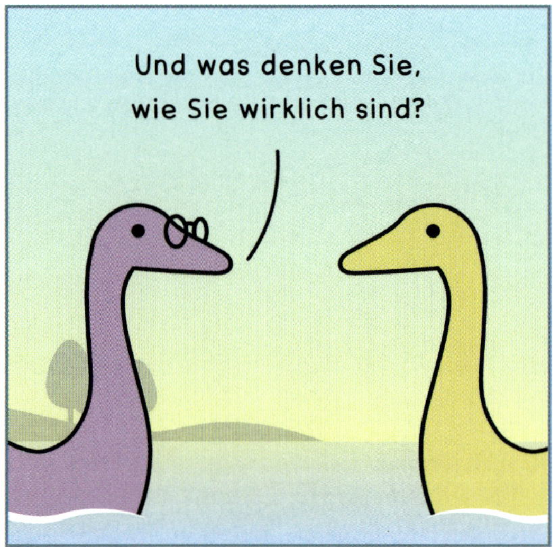
Und was denken Sie, wie Sie wirklich sind?

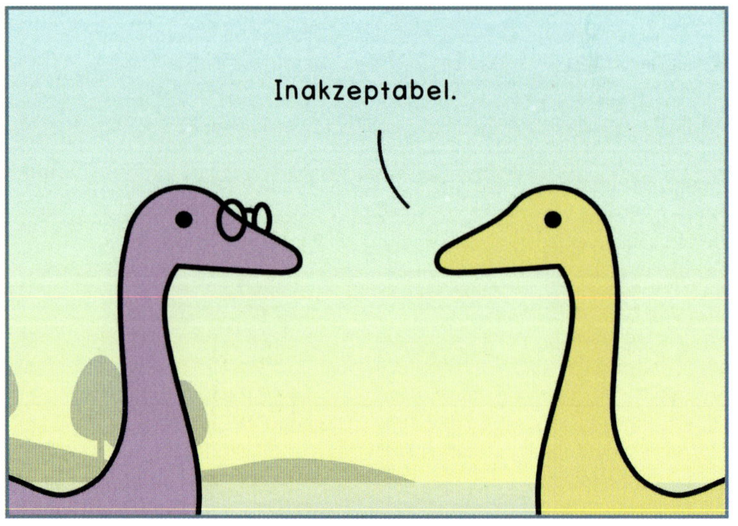
Inakzeptabel.

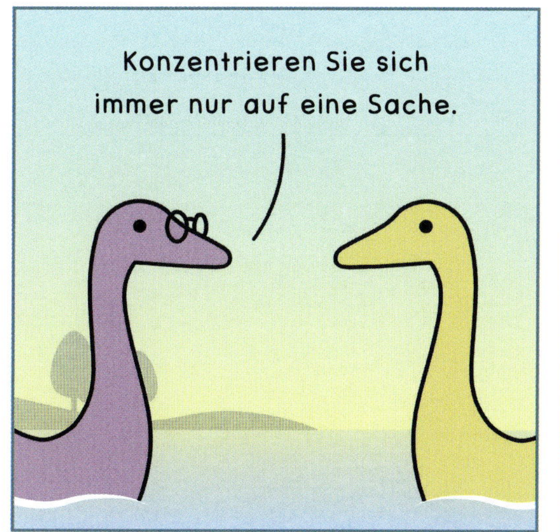
Konzentrieren Sie sich
immer nur auf eine Sache.

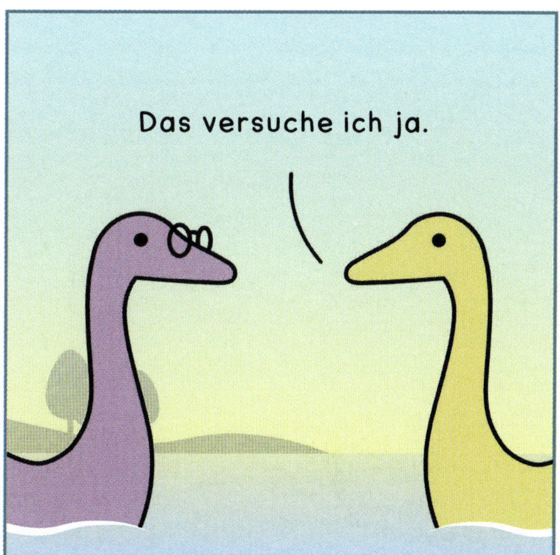
Das versuche ich ja.

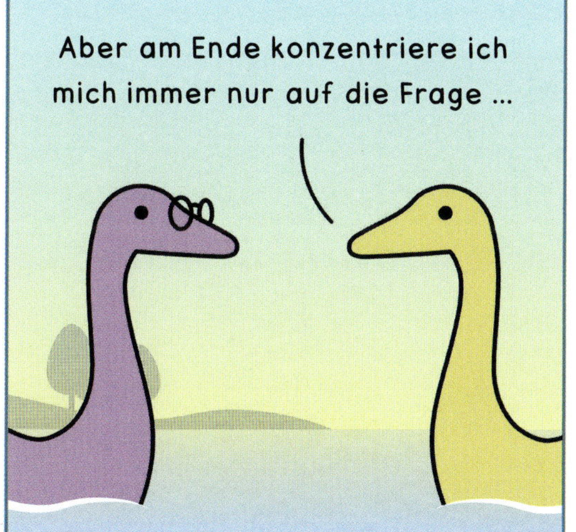
Aber am Ende konzentriere ich
mich immer nur auf die Frage ...

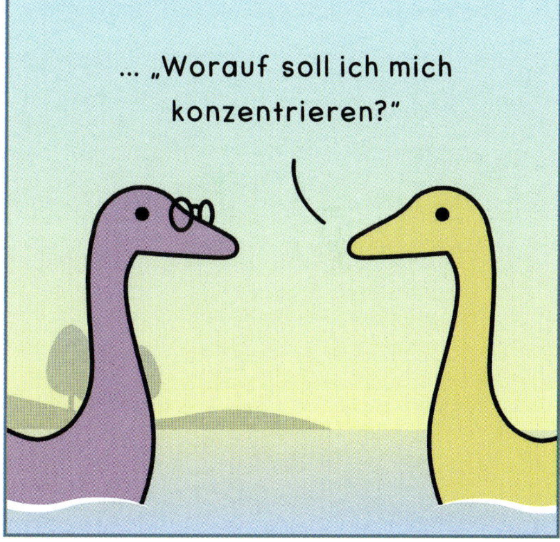
... „Worauf soll ich mich
konzentrieren?"

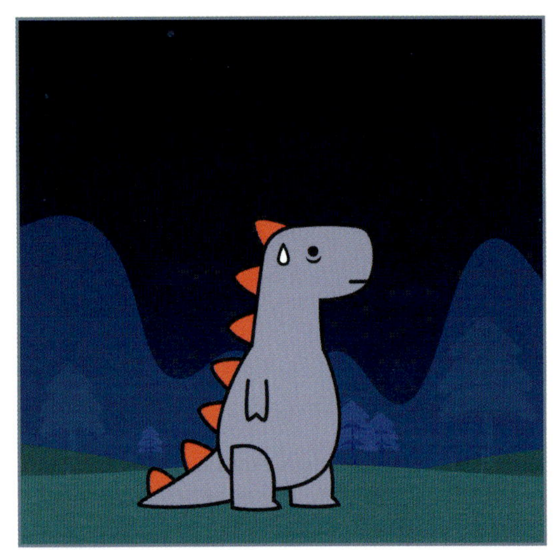

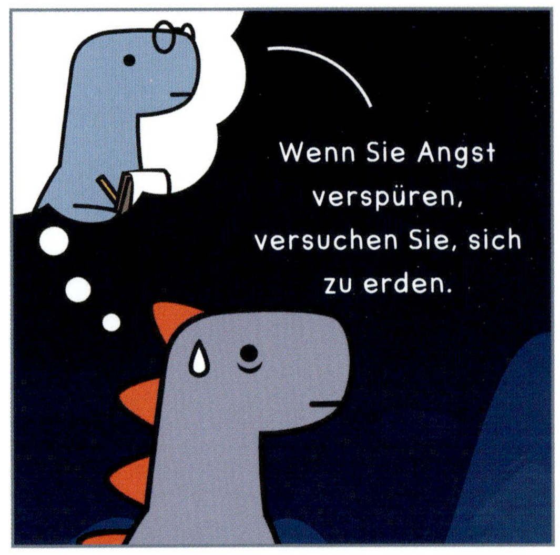
Wenn Sie Angst verspüren, versuchen Sie, sich zu erden.

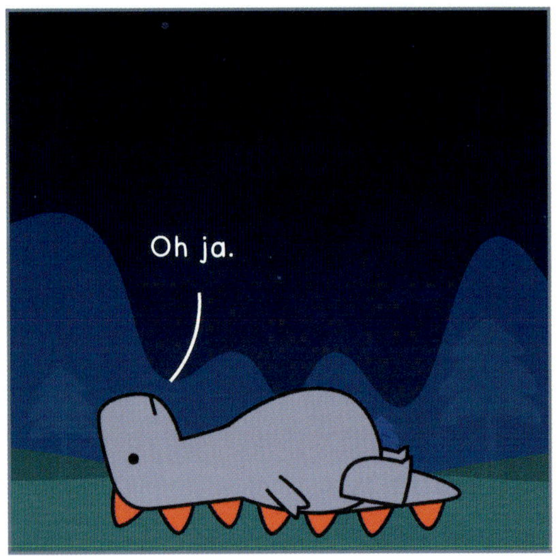
Oh ja.

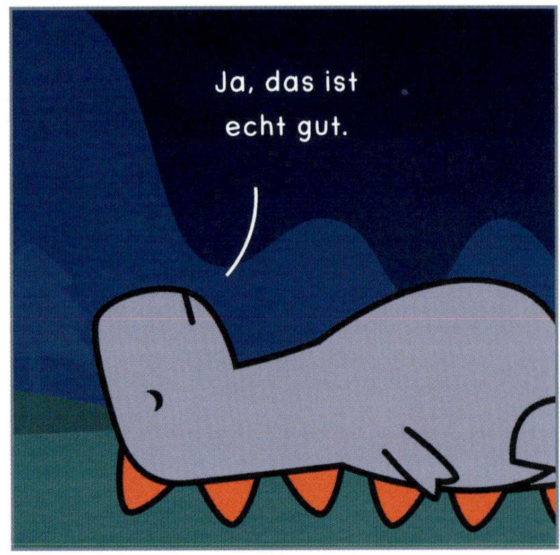
Ja, das ist echt gut.

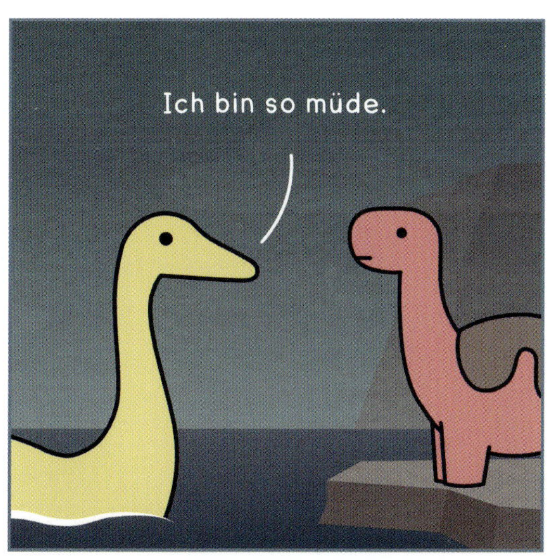
Ich bin so müde.

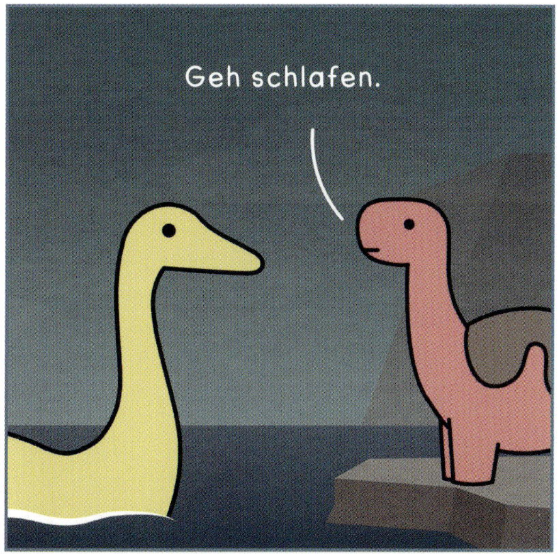
Geh schlafen.

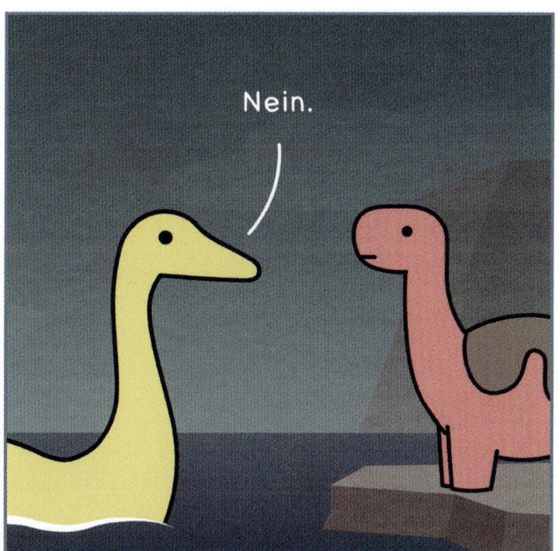
Nein.

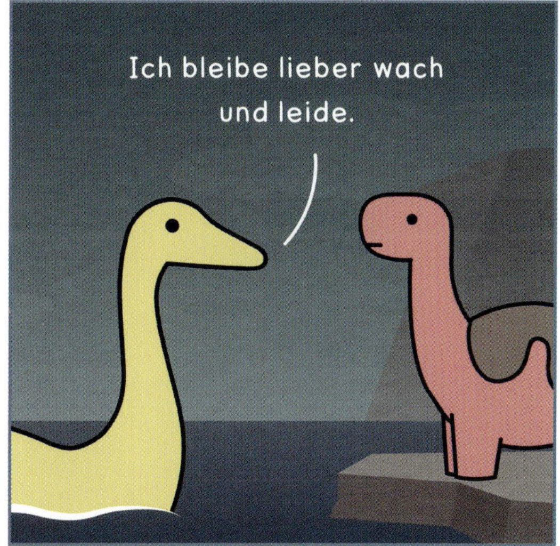
Ich bleibe lieber wach
und leide.

Ethik

Wie soll ich leben?

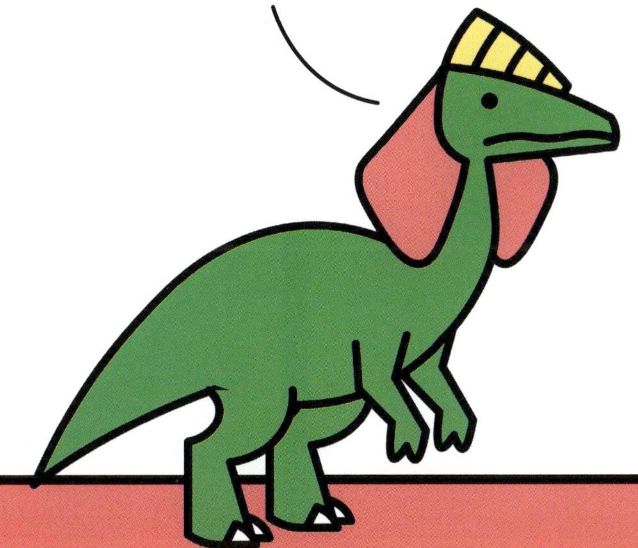

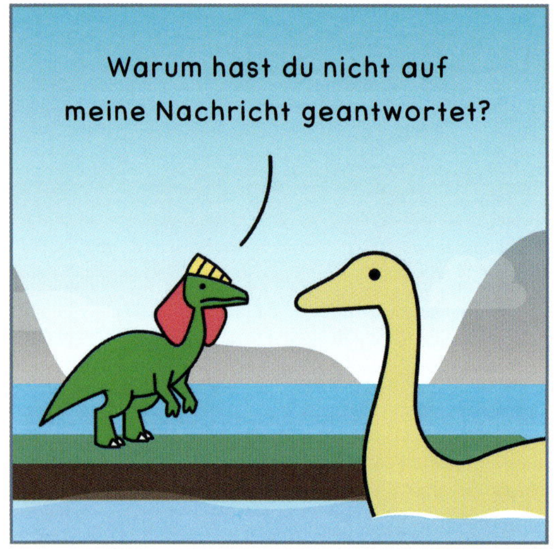
Warum hast du nicht auf
meine Nachricht geantwortet?

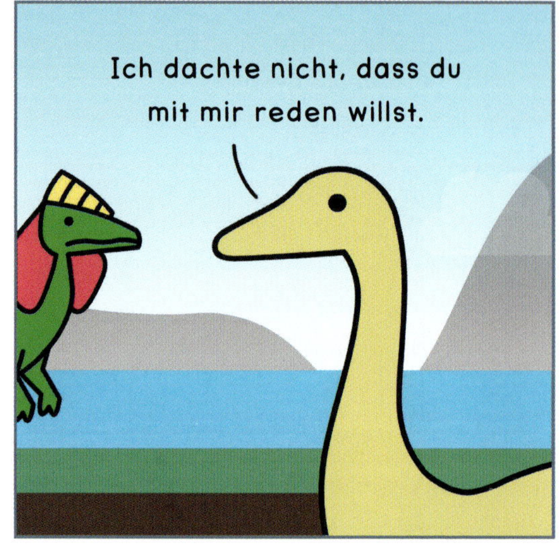
Ich dachte nicht, dass du
mit mir reden willst.

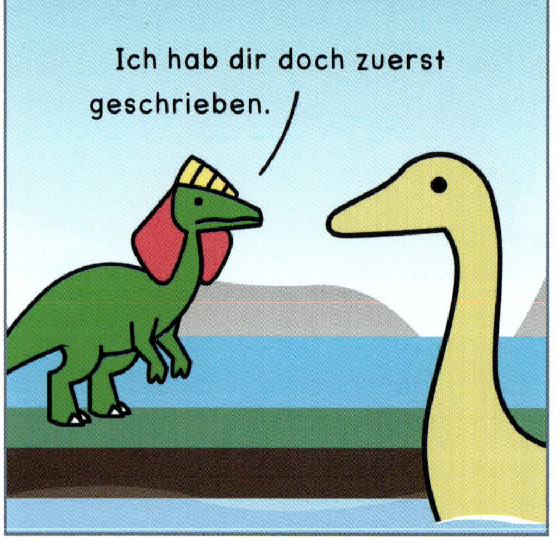
Ich hab dir doch zuerst
geschrieben.

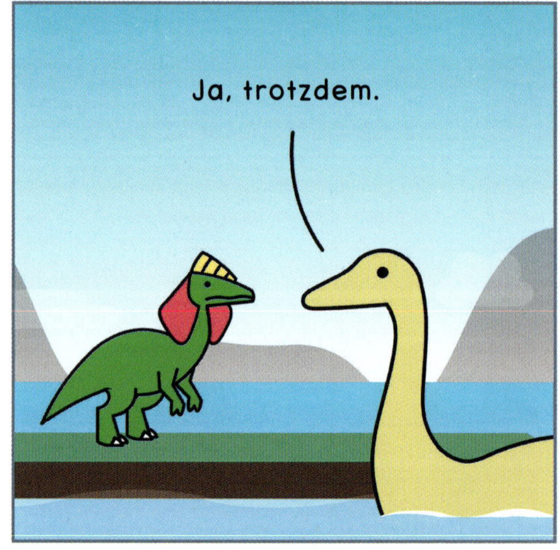
Ja, trotzdem.

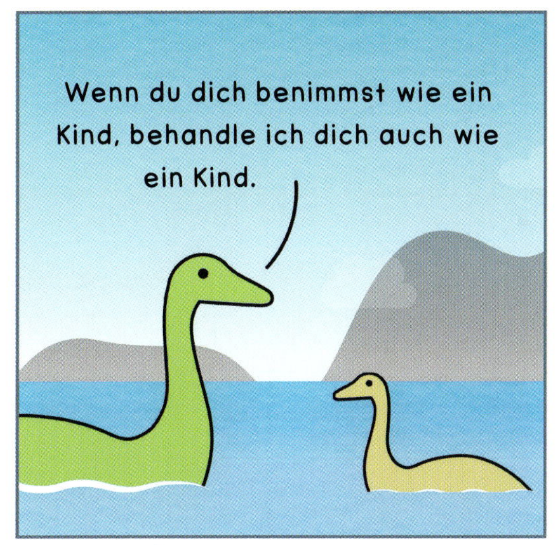
Wenn du dich benimmst wie ein
Kind, behandle ich dich auch wie
ein Kind.

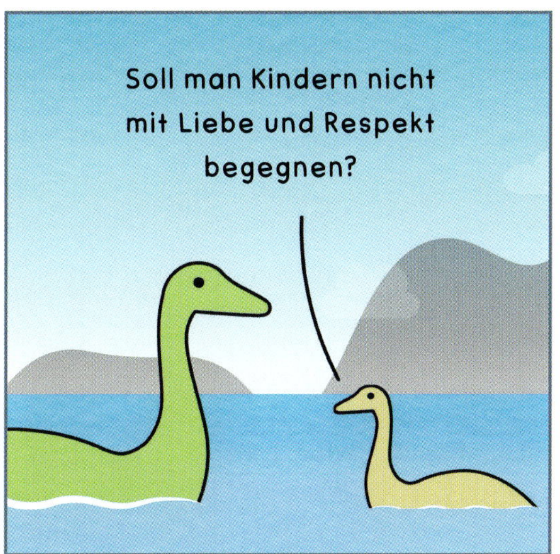
Soll man Kindern nicht
mit Liebe und Respekt
begegnen?

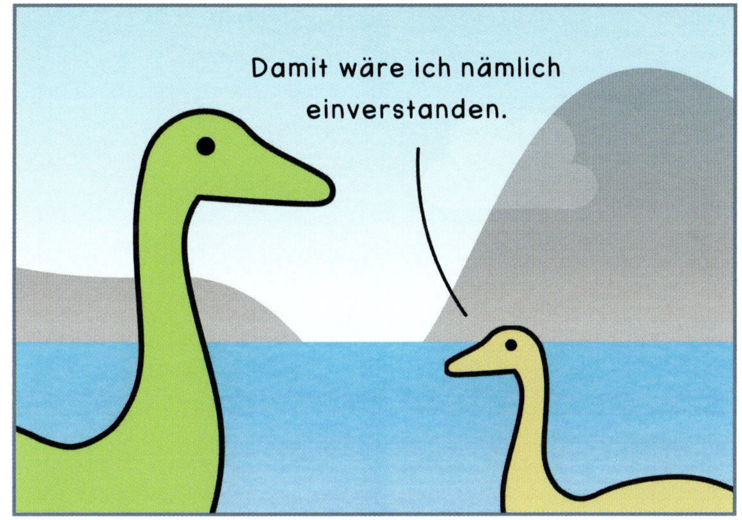
Damit wäre ich nämlich
einverstanden.

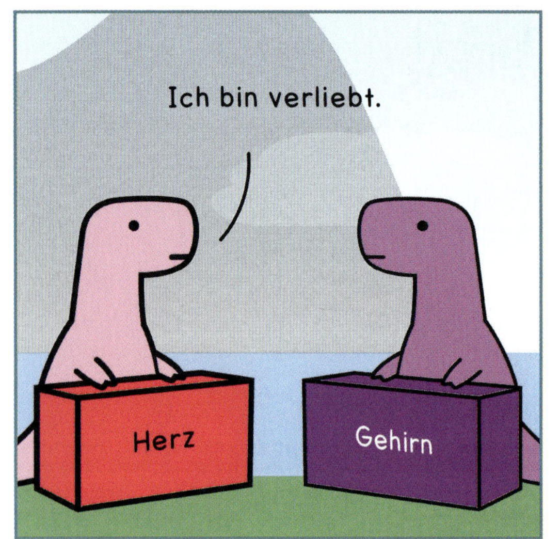
Ich bin verliebt.
Herz
Gehirn

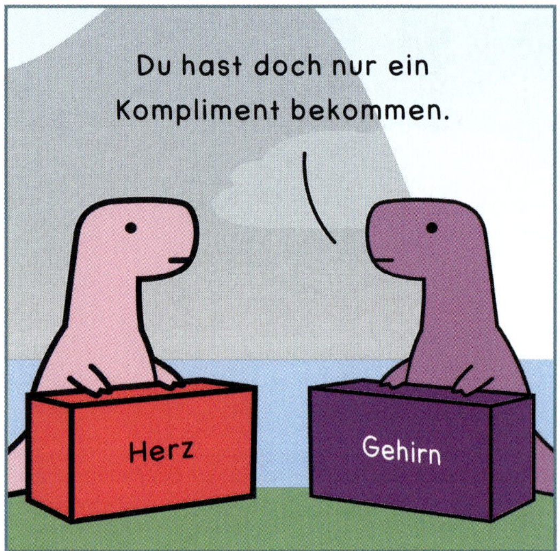
Du hast doch nur ein
Kompliment bekommen.
Herz
Gehirn

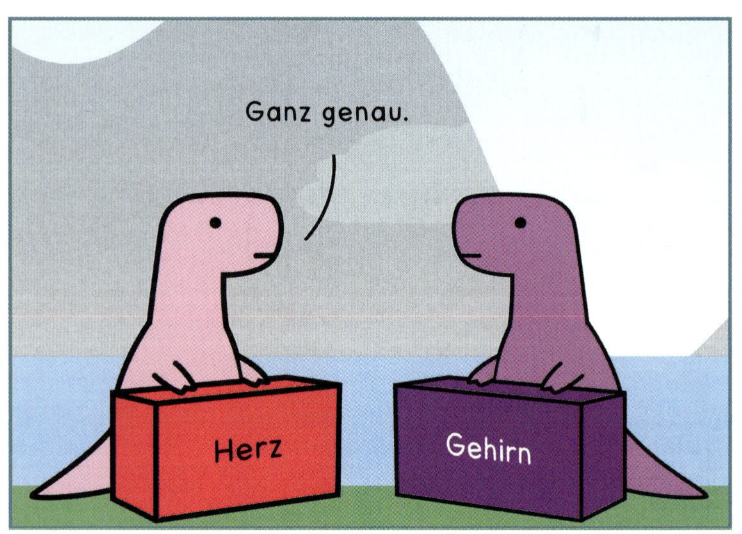
Ganz genau.
Herz
Gehirn

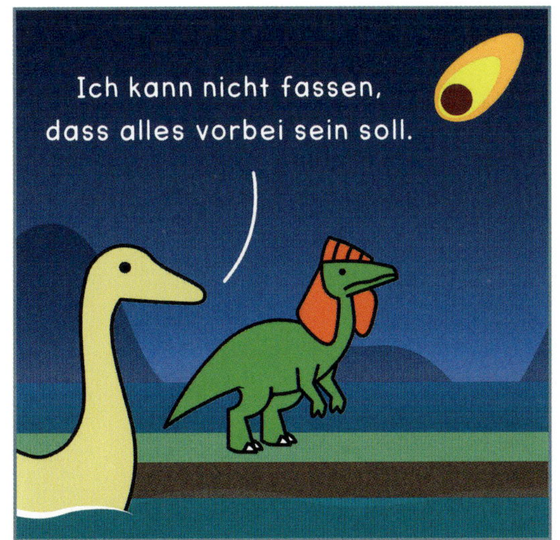
Ich kann nicht fassen,
dass alles vorbei sein soll.

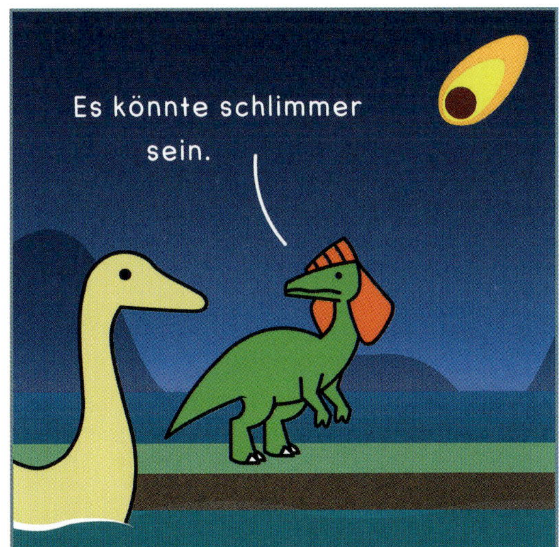
Es könnte schlimmer
sein.

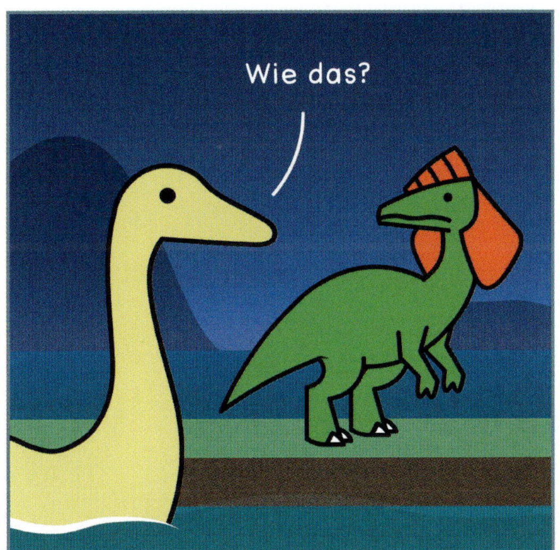
Wie das?

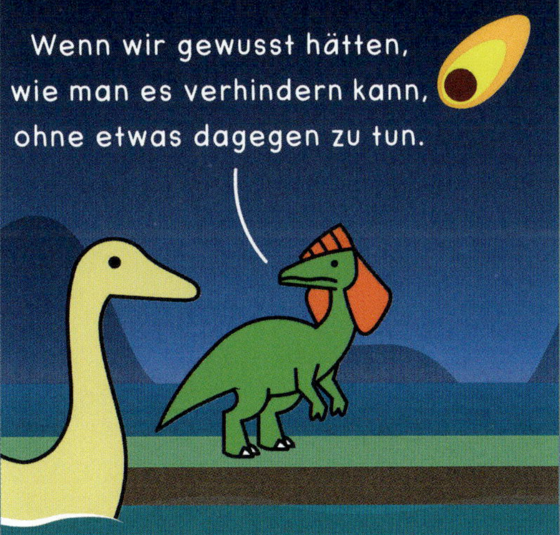
Wenn wir gewusst hätten,
wie man es verhindern kann,
ohne etwas dagegen zu tun.

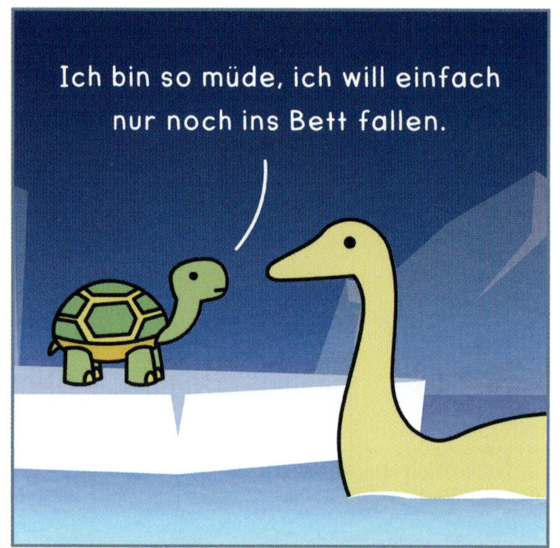
Ich bin so müde, ich will einfach nur noch ins Bett fallen.

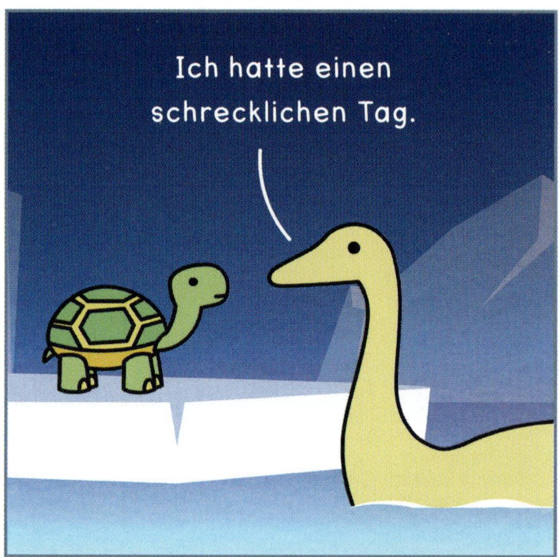
Ich hatte einen schrecklichen Tag.

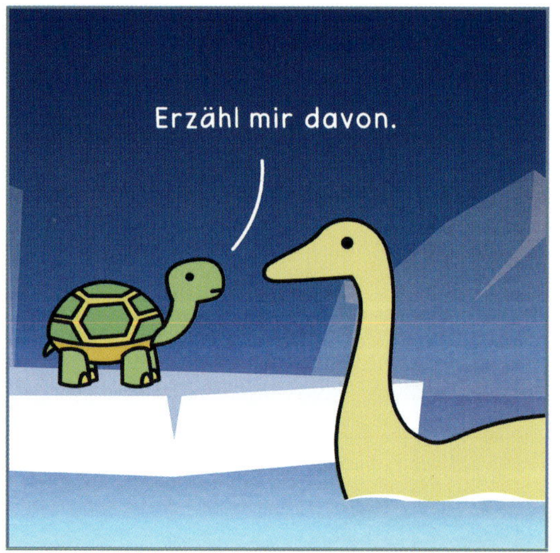
Erzähl mir davon.

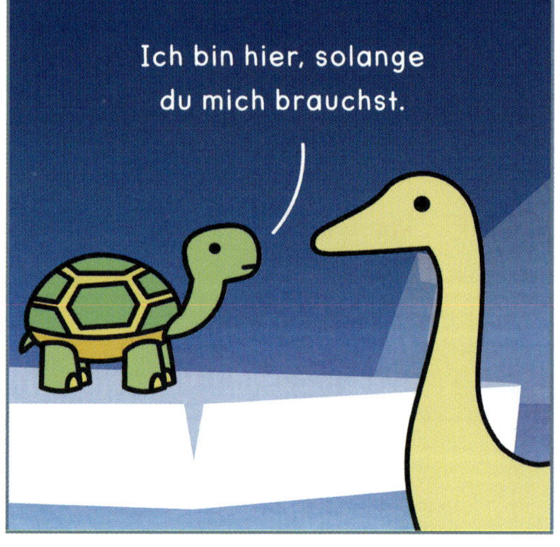
Ich bin hier, solange du mich brauchst.

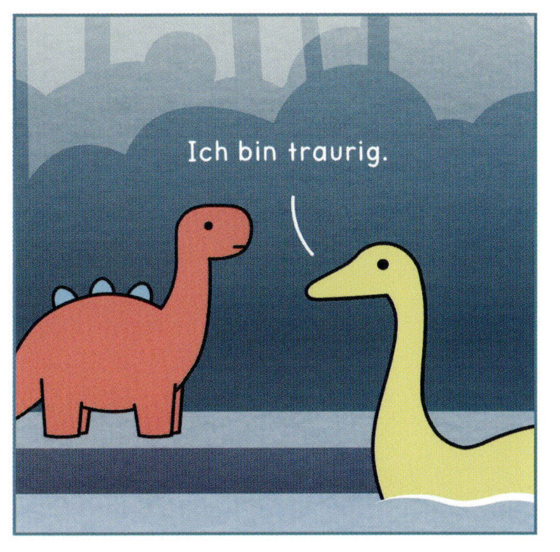
Ich bin traurig.

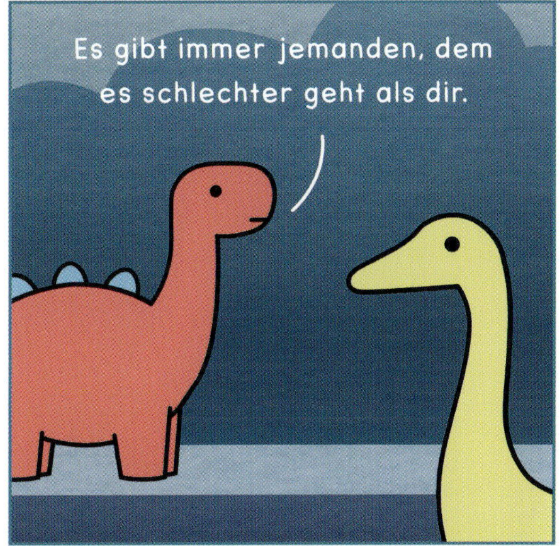
Es gibt immer jemanden, dem
es schlechter geht als dir.

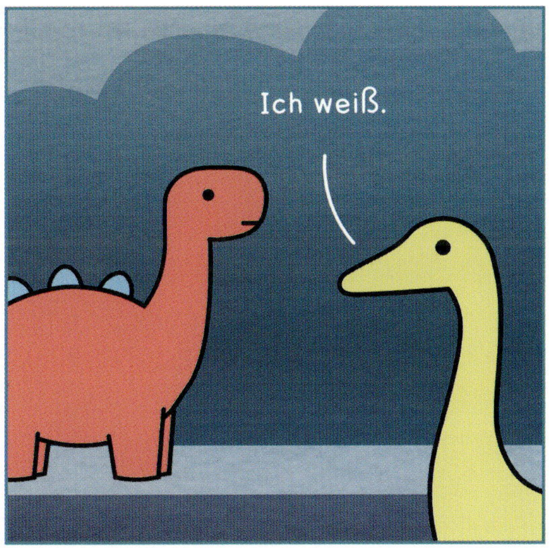
Ich weiß.

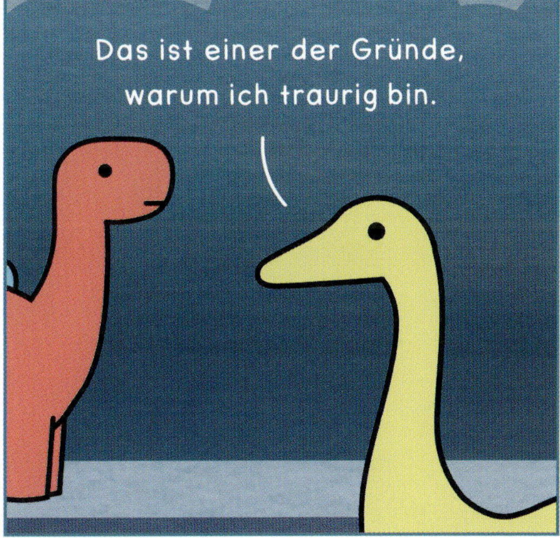
Das ist einer der Gründe,
warum ich traurig bin.

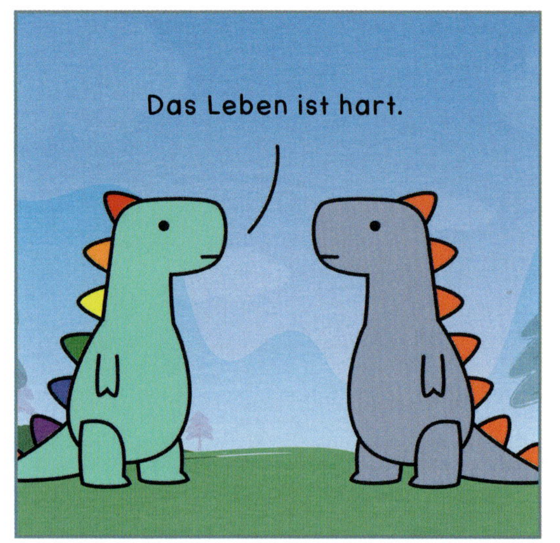
Das Leben ist hart.

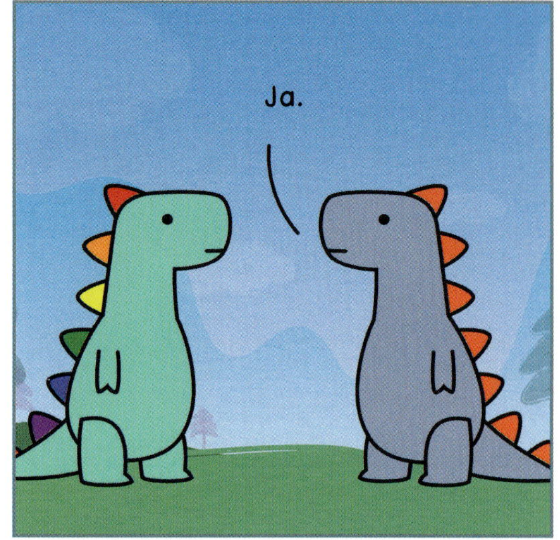
Ja.

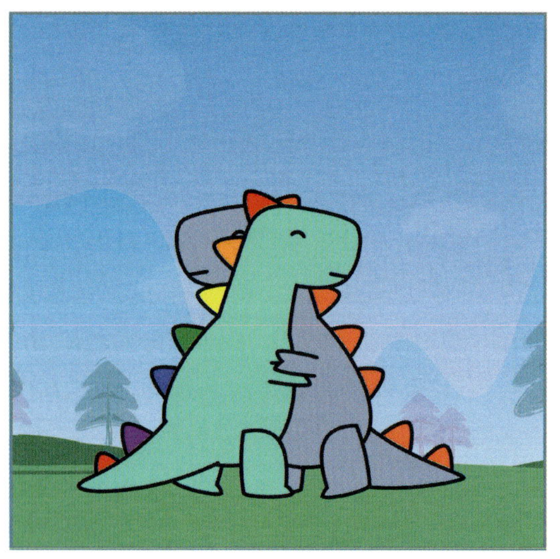

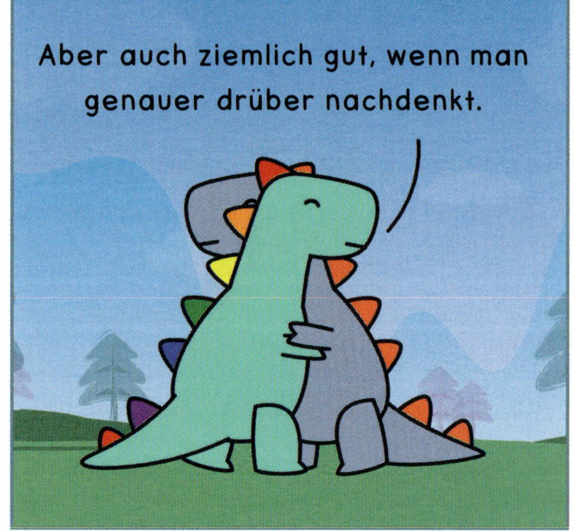
Aber auch ziemlich gut, wenn man genauer drüber nachdenkt.

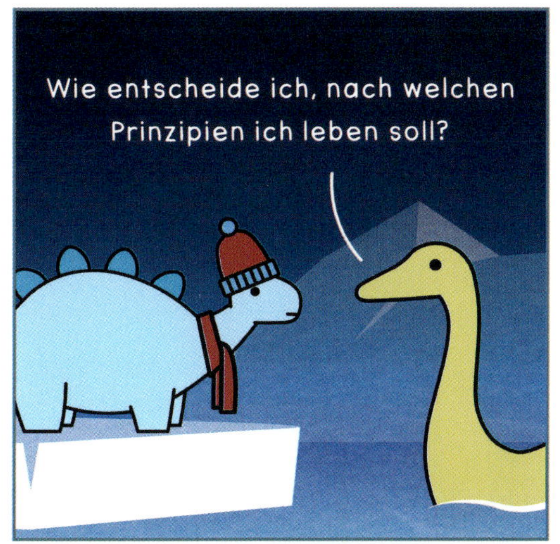
Wie entscheide ich, nach welchen
Prinzipien ich leben soll?

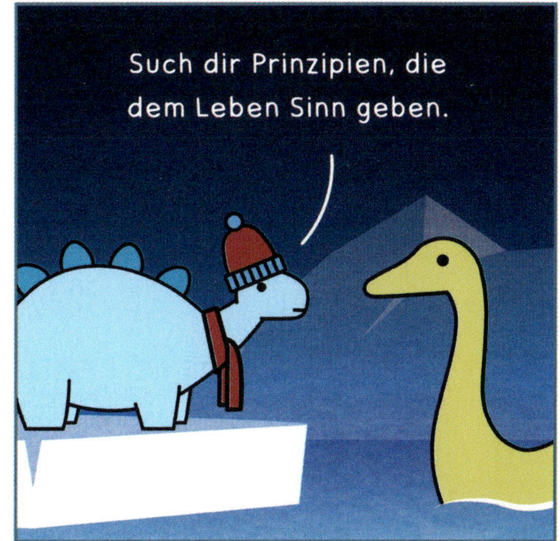
Such dir Prinzipien, die
dem Leben Sinn geben.

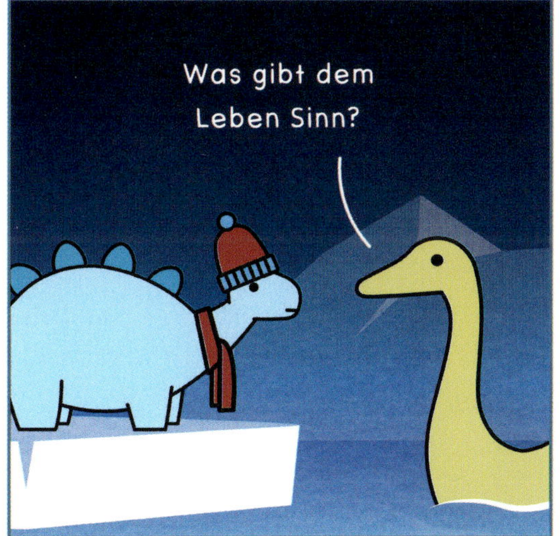
Was gibt dem
Leben Sinn?

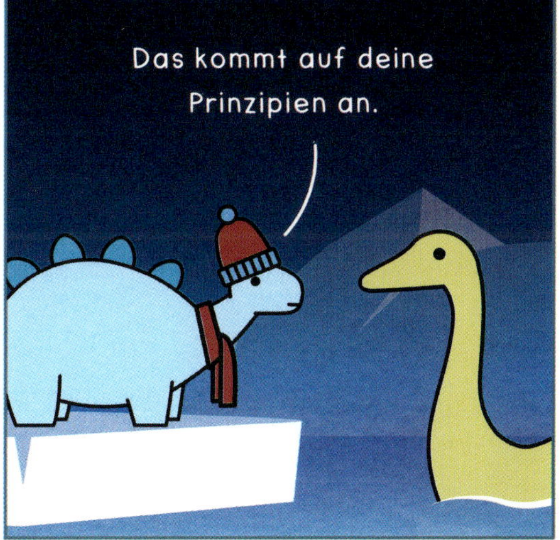
Das kommt auf deine
Prinzipien an.

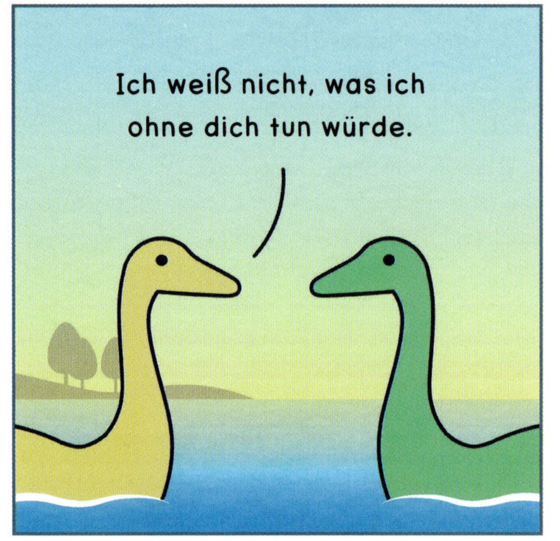
Ich weiß nicht, was ich
ohne dich tun würde.

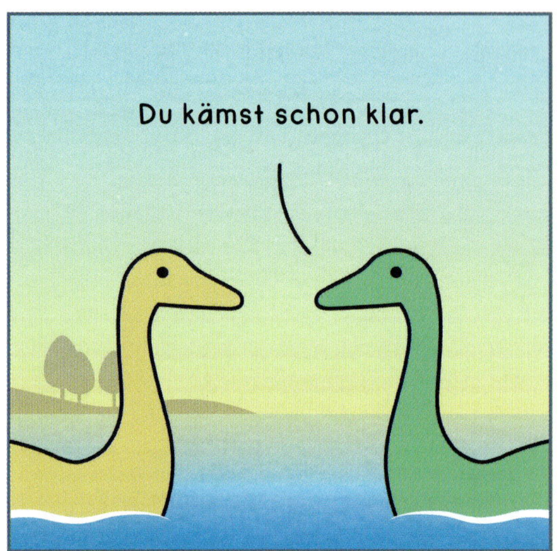
Du kämst schon klar.

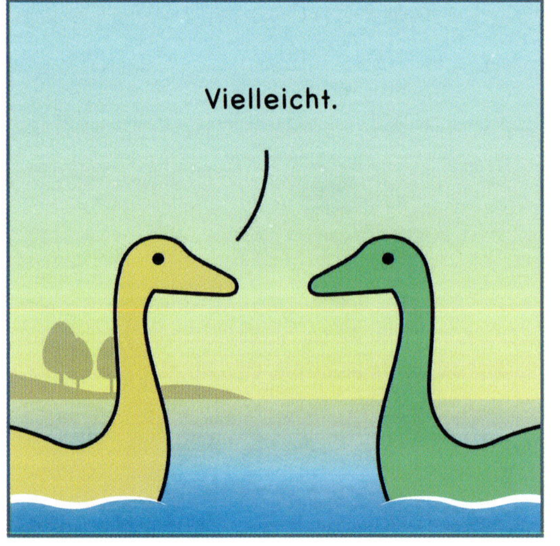
Vielleicht.

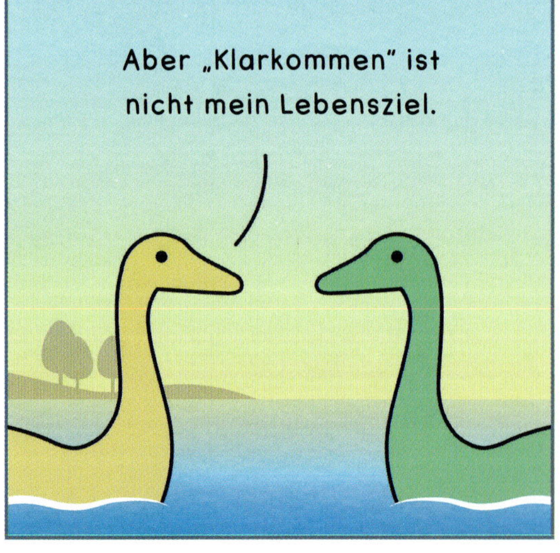
Aber „Klarkommen" ist
nicht mein Lebensziel.

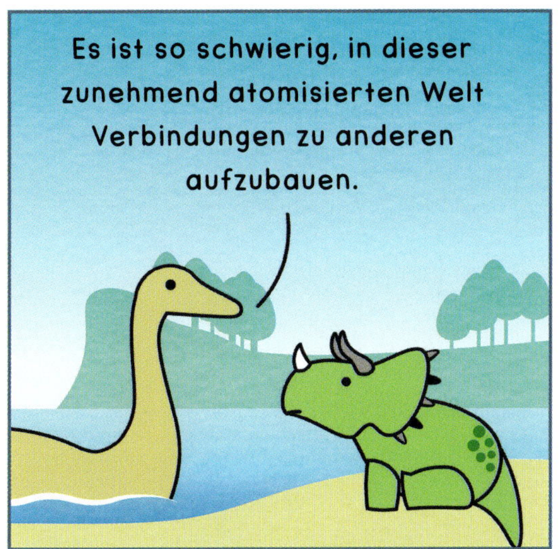
Es ist so schwierig, in dieser zunehmend atomisierten Welt Verbindungen zu anderen aufzubauen.

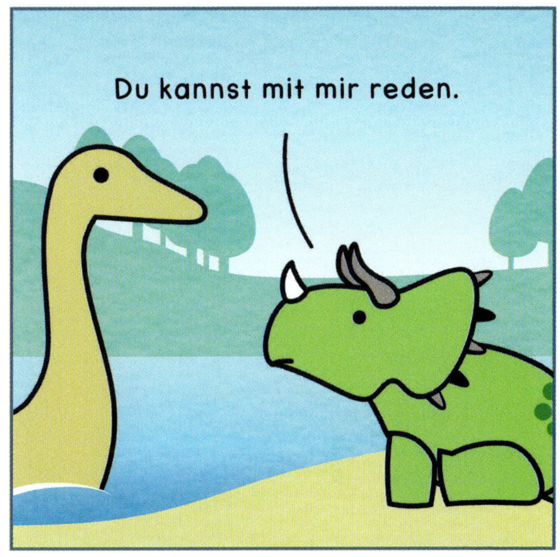
Du kannst mit mir reden.

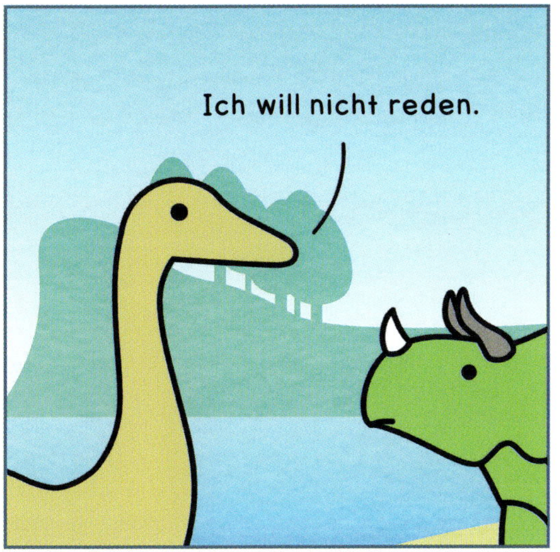
Ich will nicht reden.

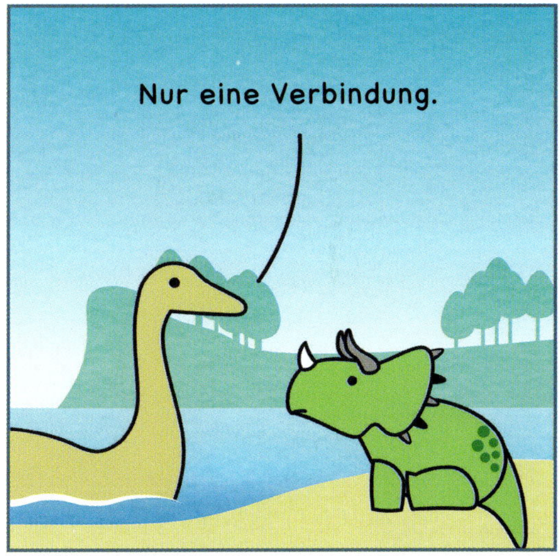
Nur eine Verbindung.

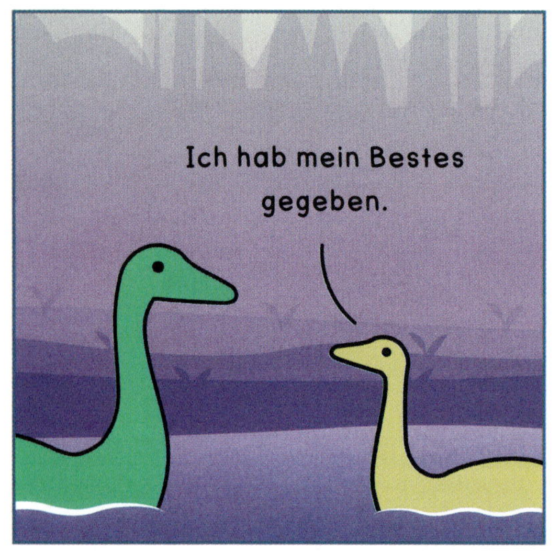
Ich hab mein Bestes
gegeben.

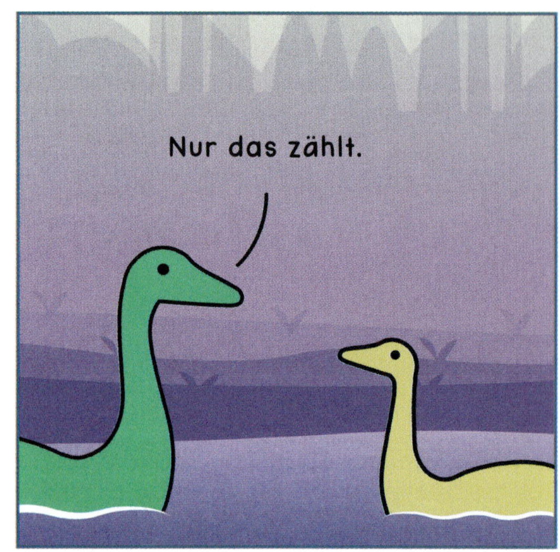
Nur das zählt.

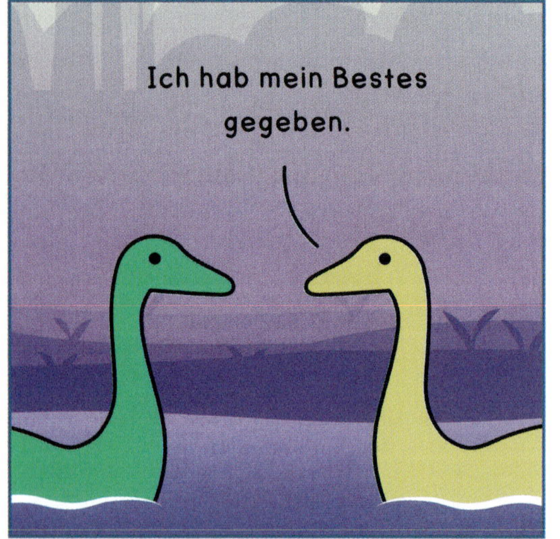
Ich hab mein Bestes
gegeben.

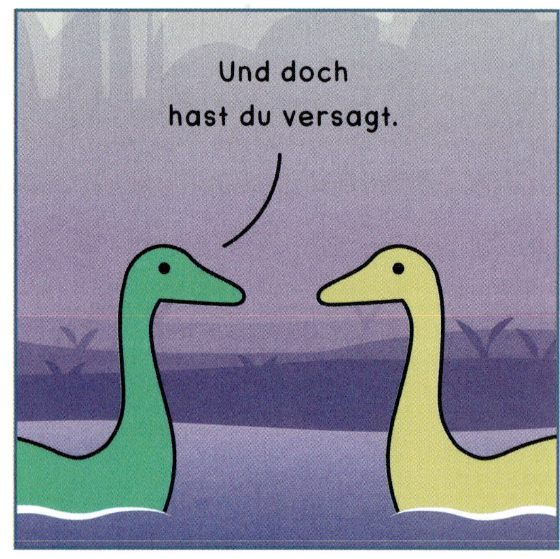
Und doch
hast du versagt.

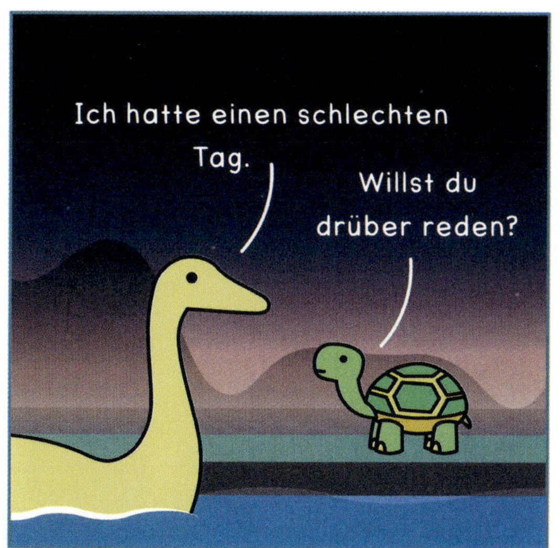
Ich hatte einen schlechten Tag.
Willst du drüber reden?

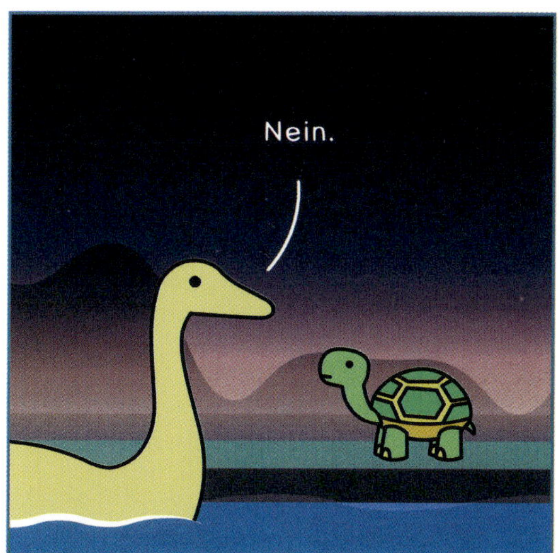
Nein.

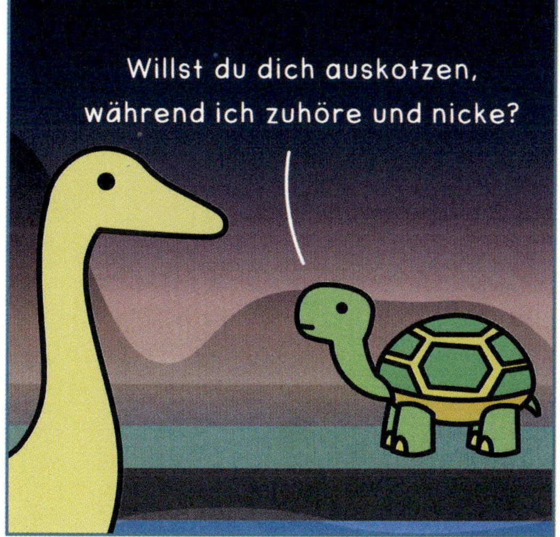
Willst du dich auskotzen, während ich zuhöre und nicke?

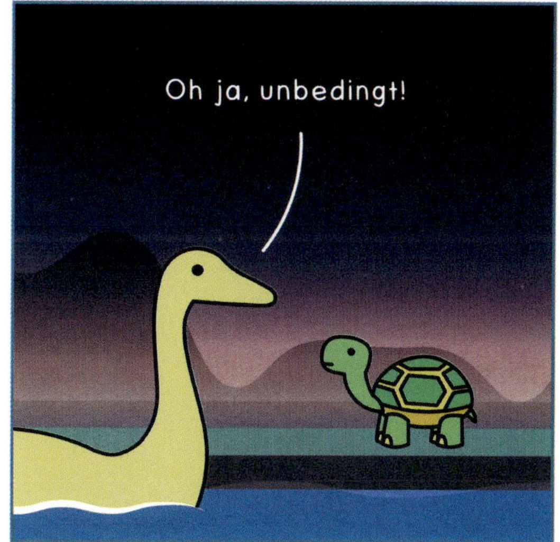
Oh ja, unbedingt!

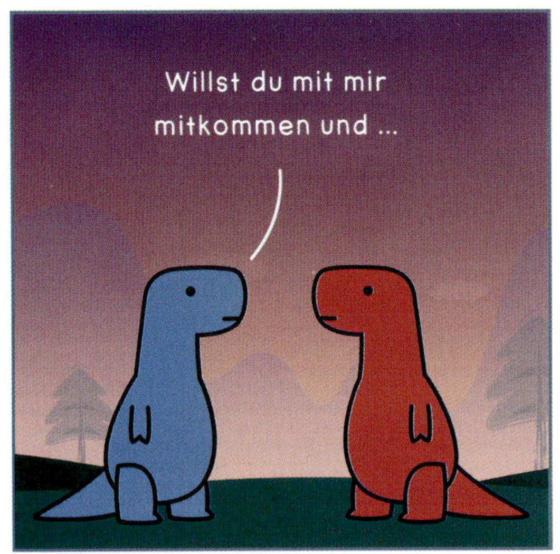
Willst du mit mir
mitkommen und ...

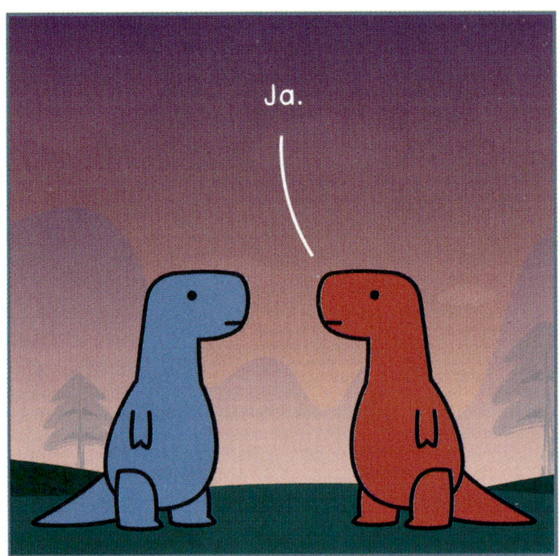
Ja.

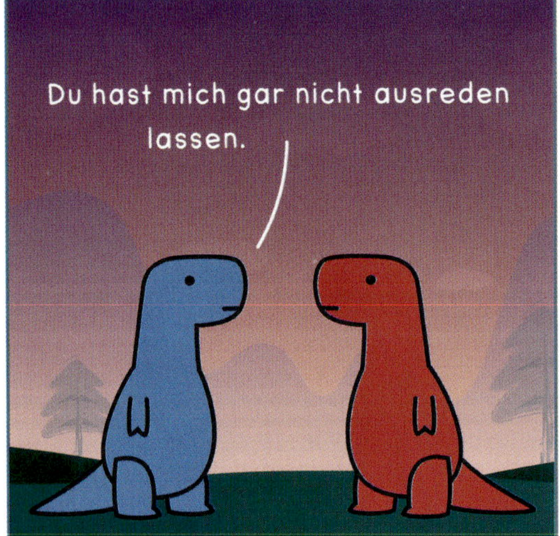
Du hast mich gar nicht ausreden
lassen.

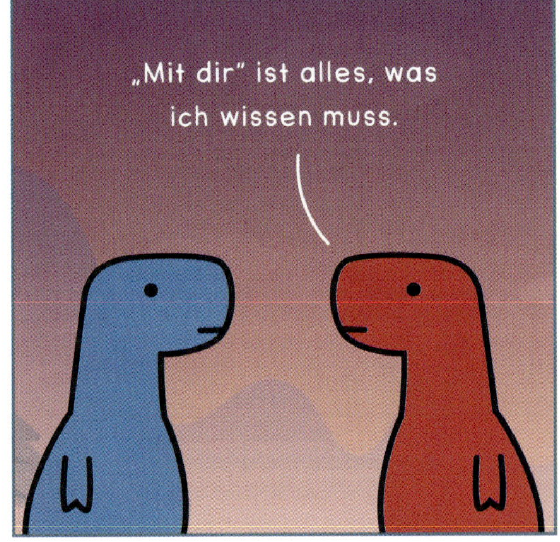
„Mit dir" ist alles, was
ich wissen muss.

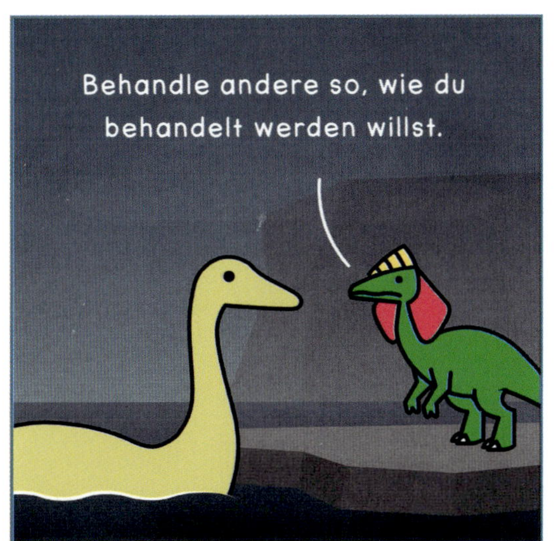
Behandle andere so, wie du
behandelt werden willst.

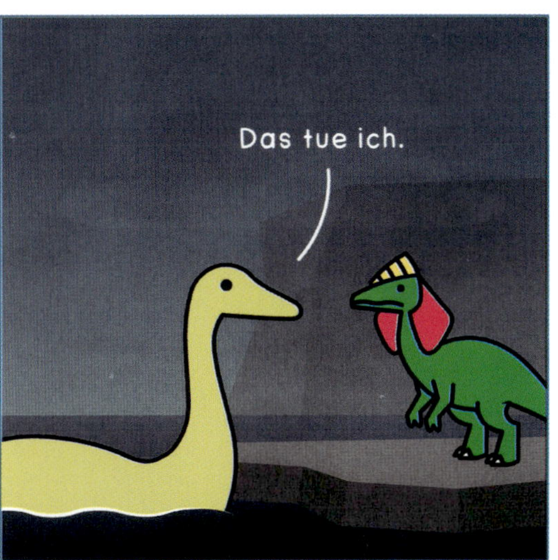
Das tue ich.

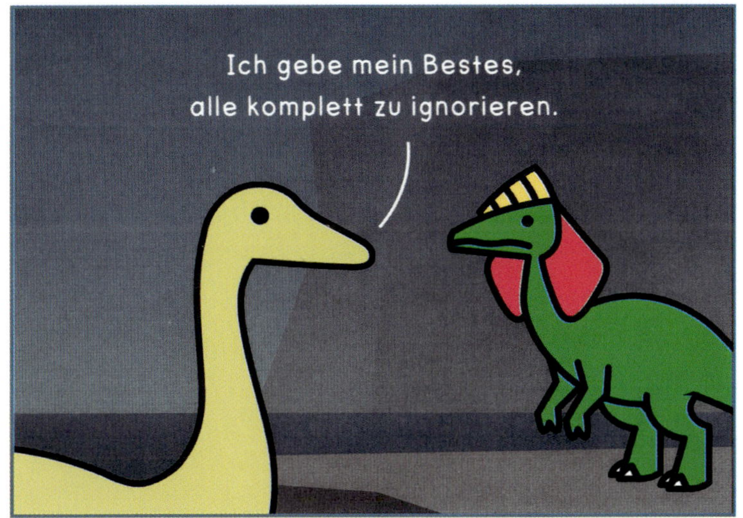
Ich gebe mein Bestes,
alle komplett zu ignorieren.

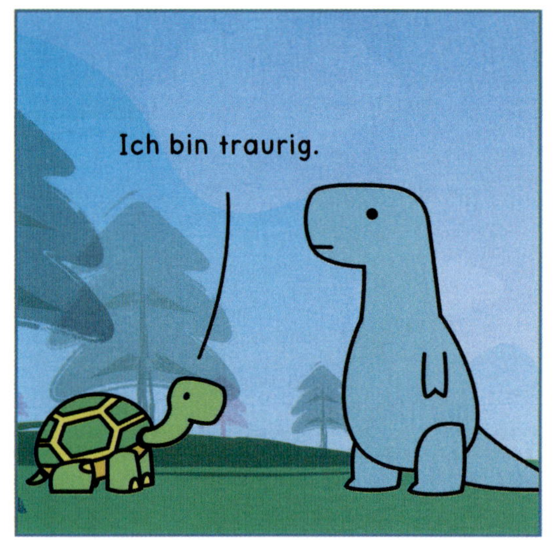
Ich bin traurig.

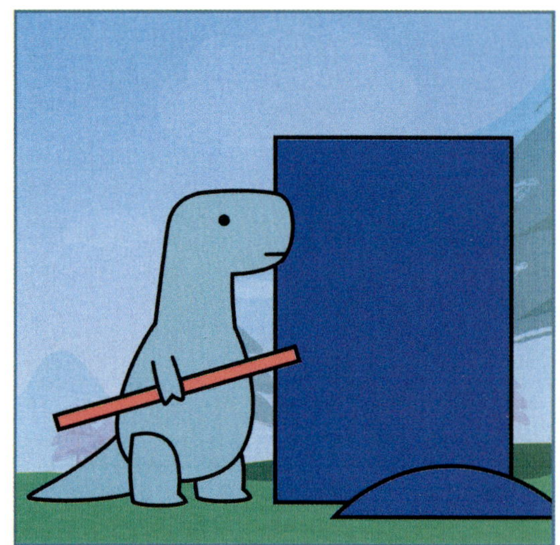

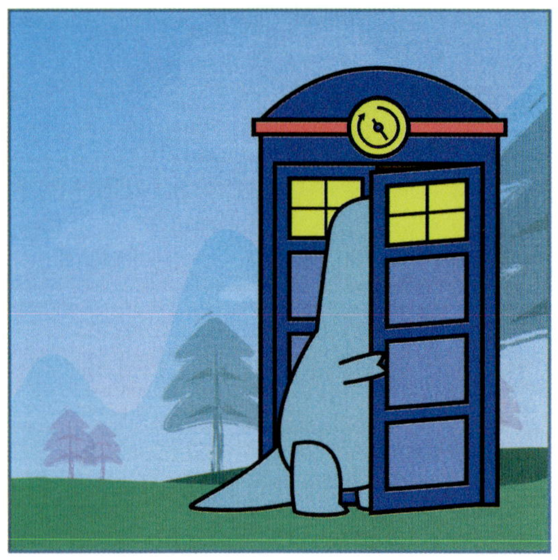

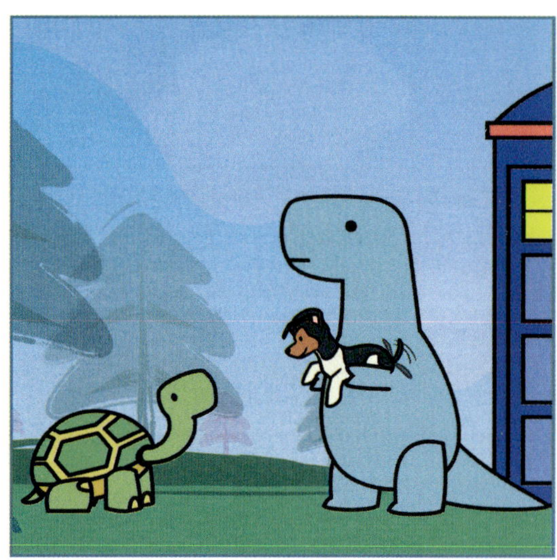

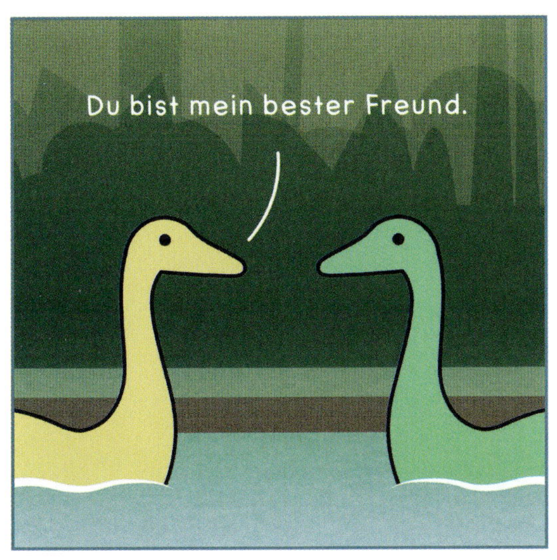
Du bist mein bester Freund.

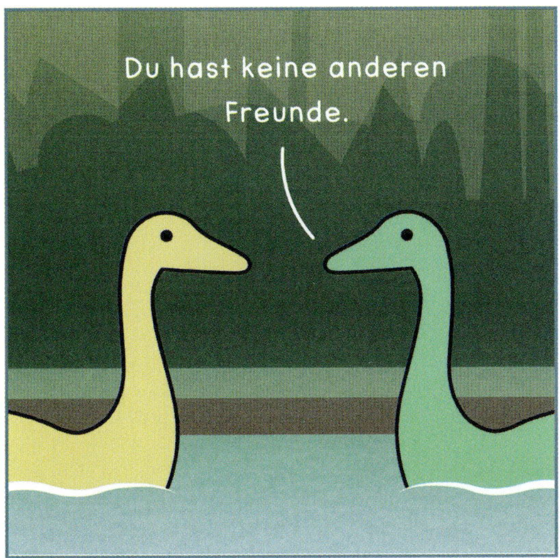
Du hast keine anderen Freunde.

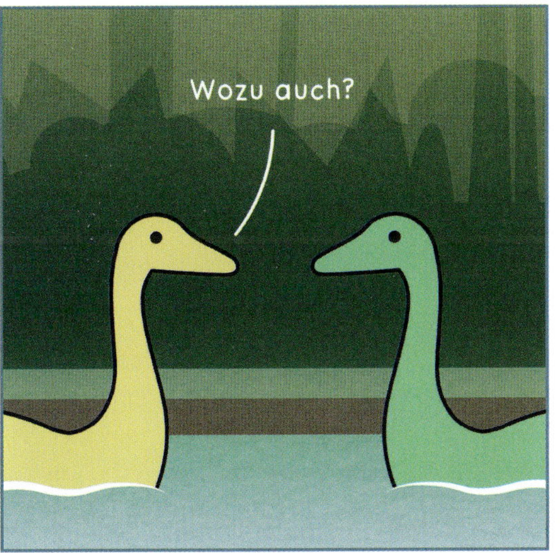
Wozu auch?

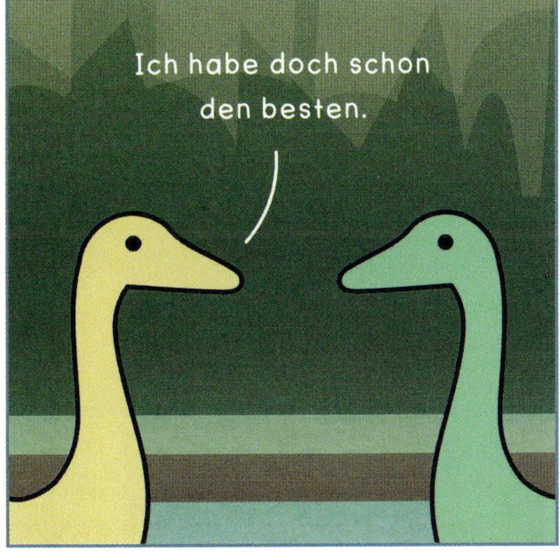
Ich habe doch schon den besten.

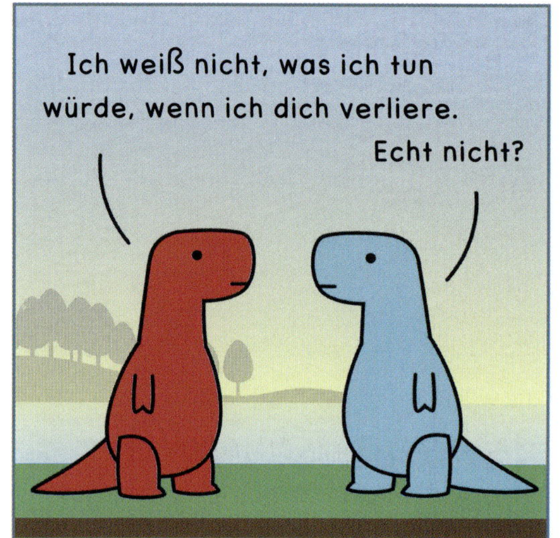
Ich weiß nicht, was ich tun würde, wenn ich dich verliere.
Echt nicht?

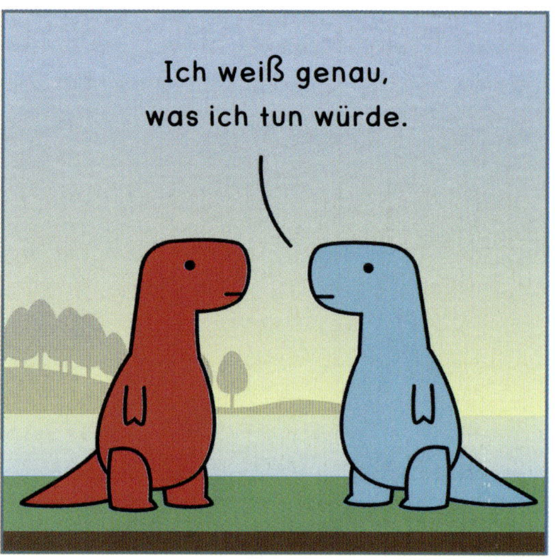
Ich weiß genau, was ich tun würde.

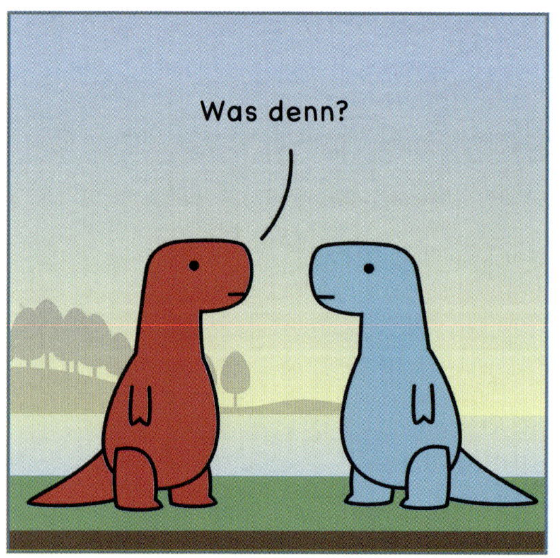
Was denn?

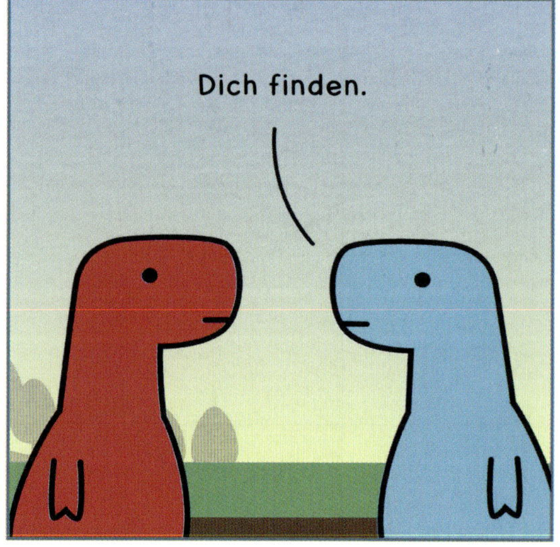
Dich finden.

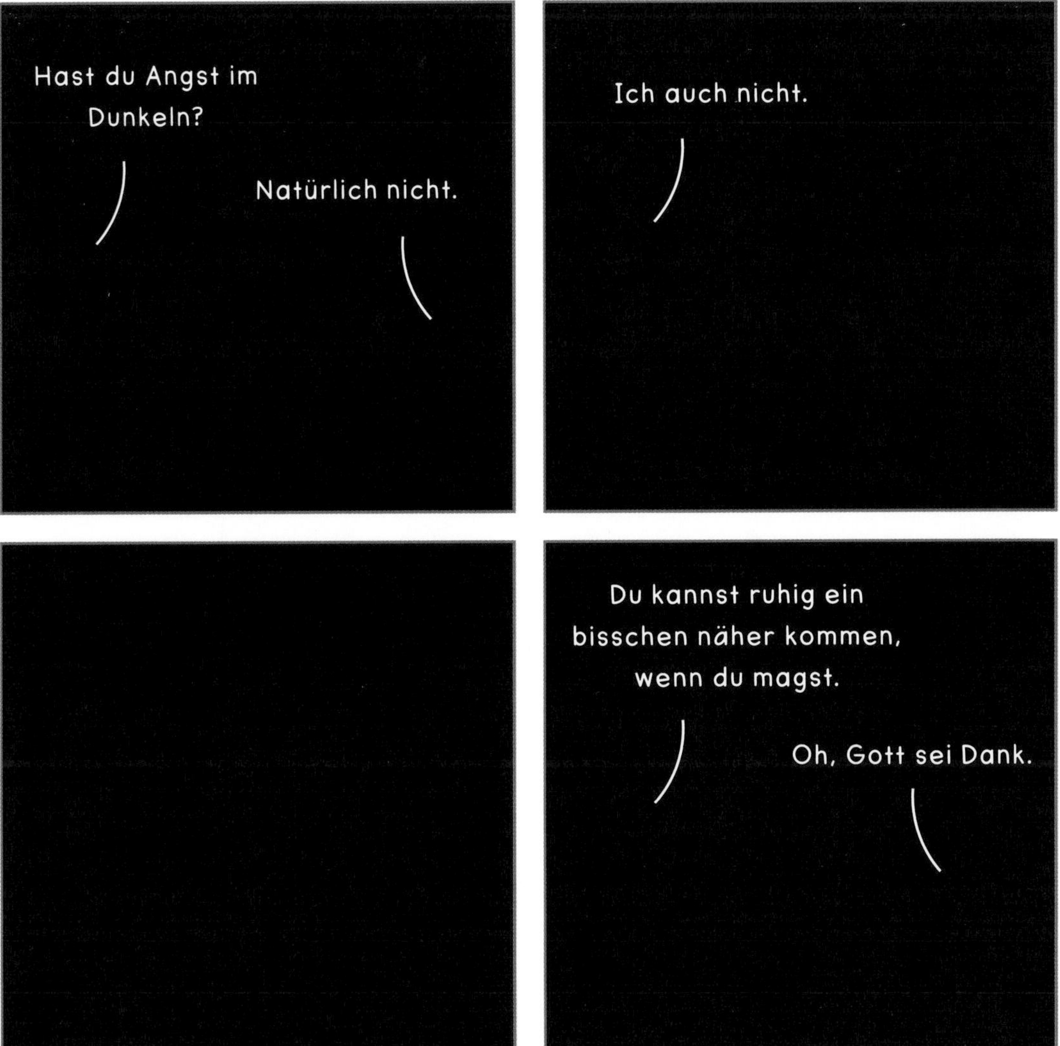
Hast du Angst im Dunkeln?
Natürlich nicht.
Ich auch nicht.
Du kannst ruhig ein bisschen näher kommen, wenn du magst.
Oh, Gott sei Dank.

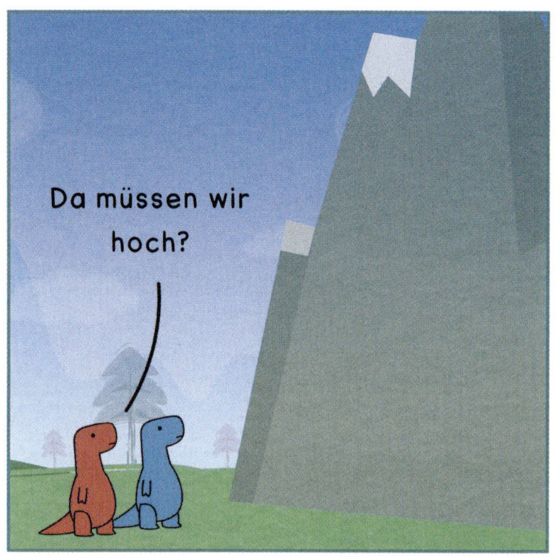
Da müssen wir
hoch?

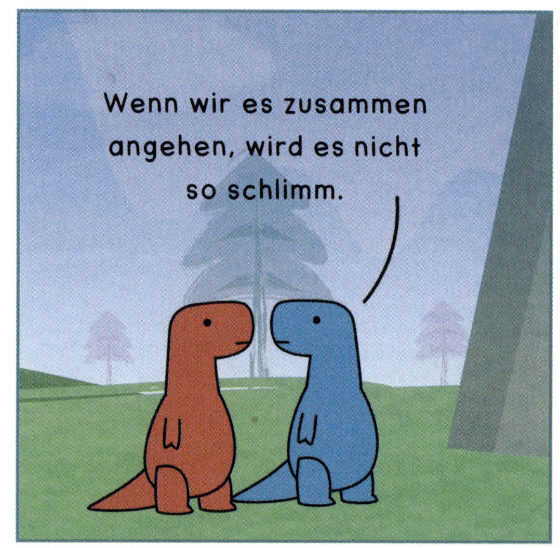
Wenn wir es zusammen
angehen, wird es nicht
so schlimm.

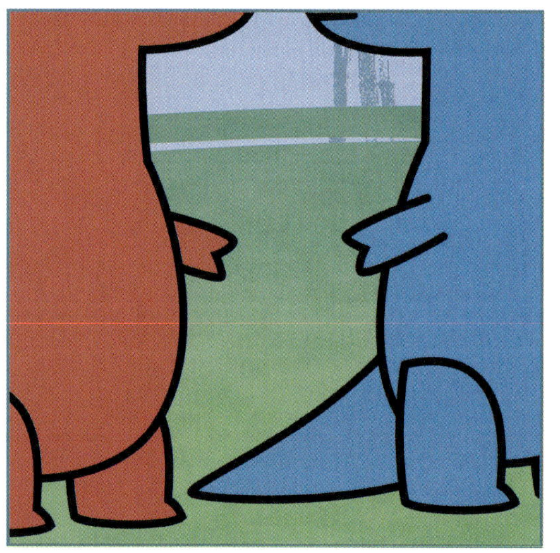

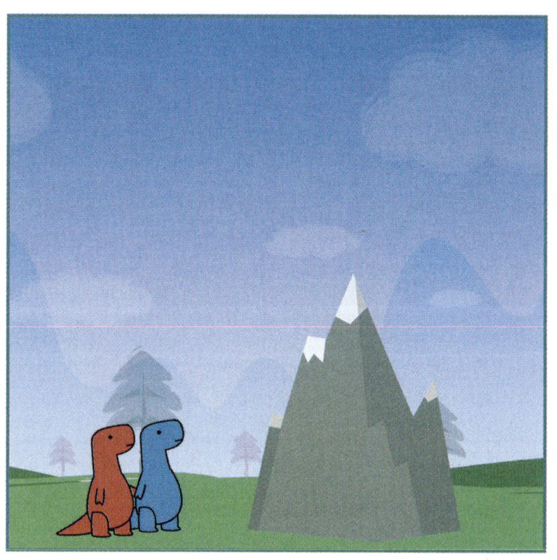

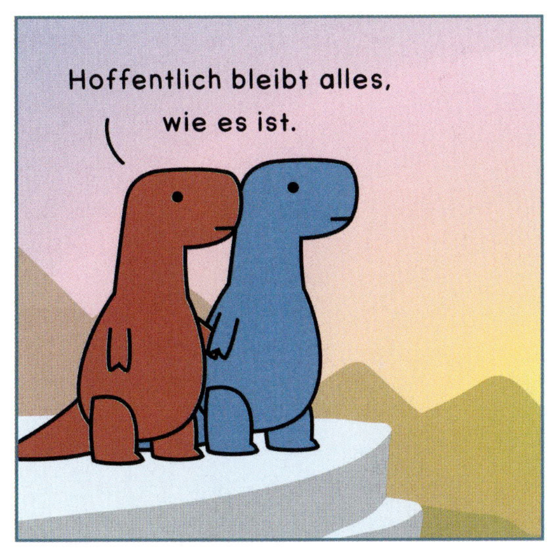
Hoffentlich bleibt alles,
wie es ist.

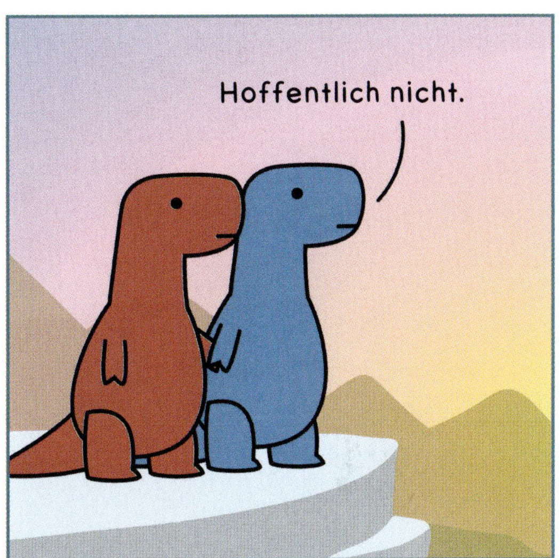
Hoffentlich nicht.

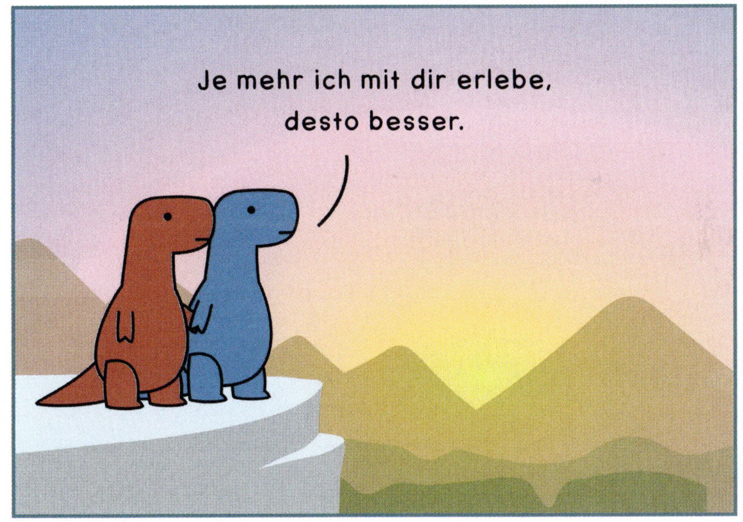
Je mehr ich mit dir erlebe,
desto besser.

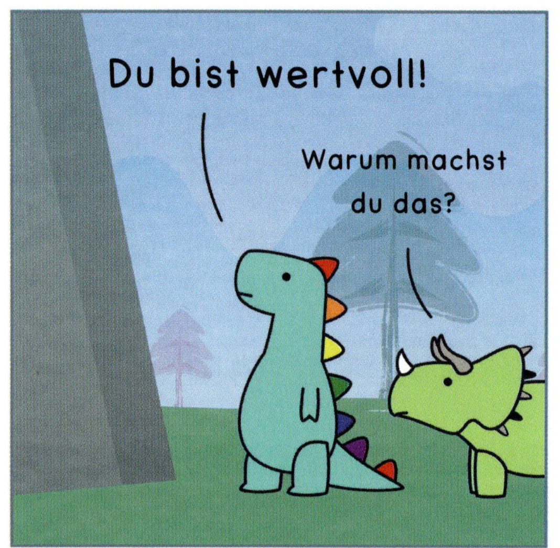
Du bist wertvoll!
Warum machst du das?

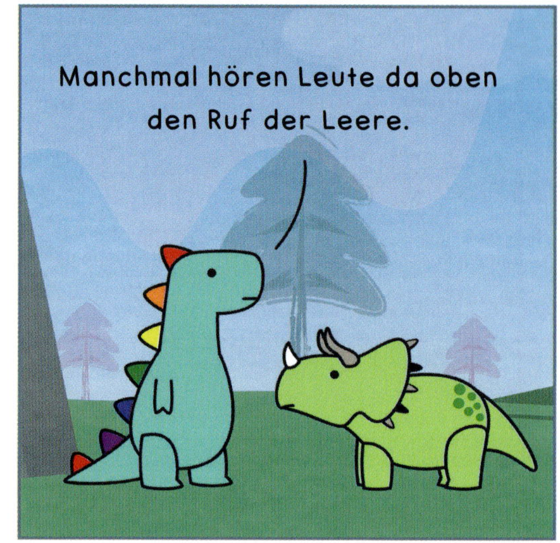
Manchmal hören Leute da oben den Ruf der Leere.

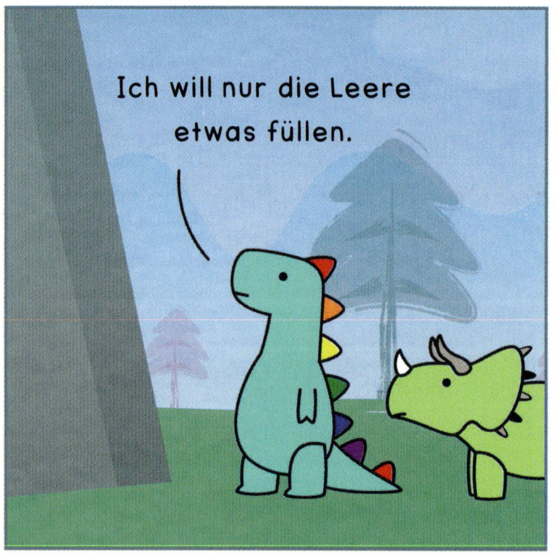
Ich will nur die Leere etwas füllen.

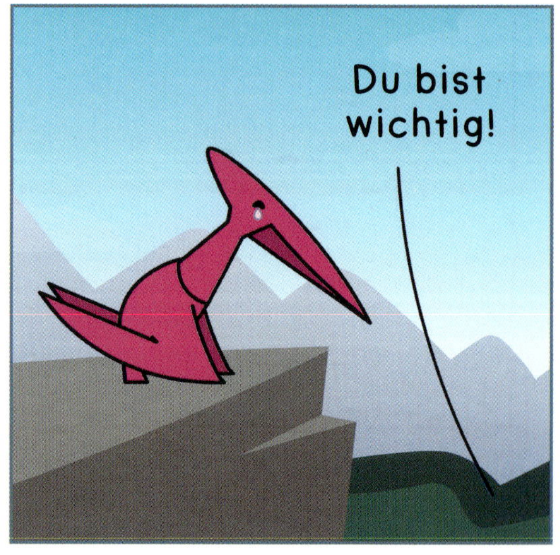
Du bist wichtig!

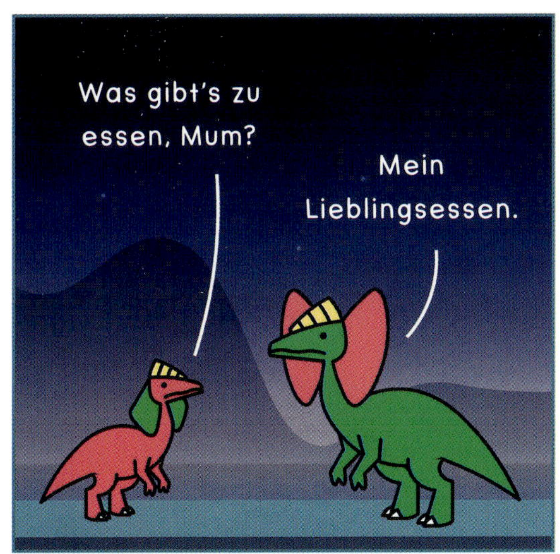
Was gibt's zu
essen, Mum?
Mein
Lieblingsessen.

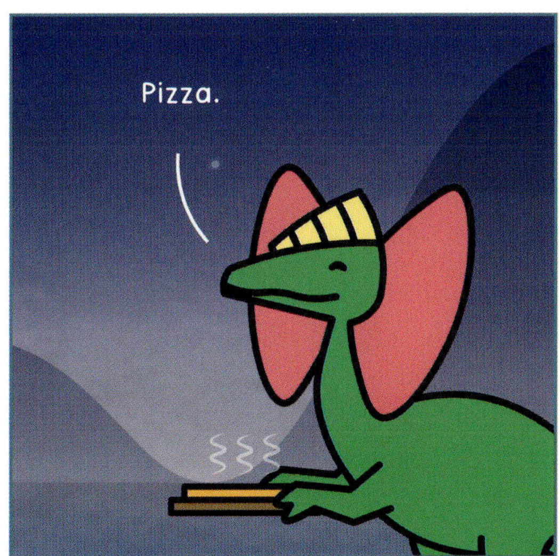
Pizza.

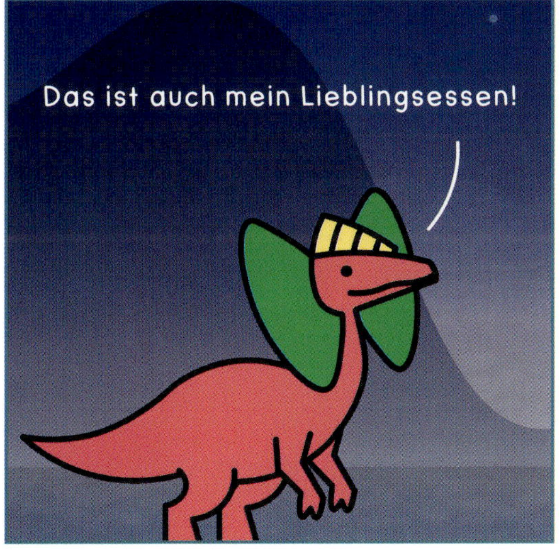
Das ist auch mein Lieblingsessen!

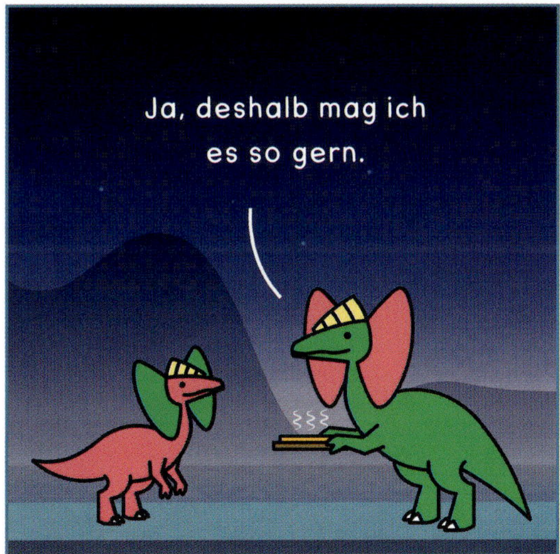
Ja, deshalb mag ich
es so gern.

Politische Philosophie

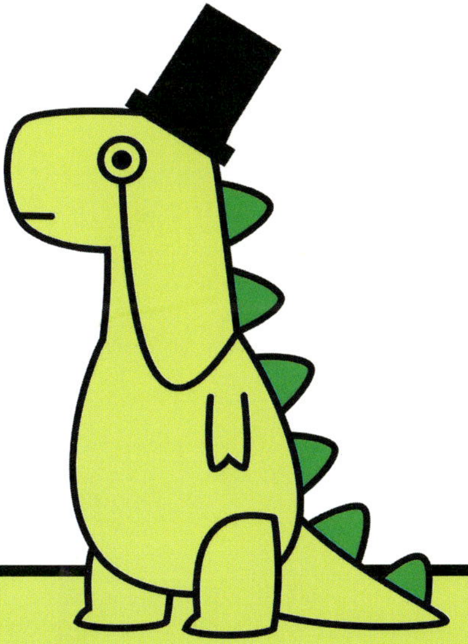

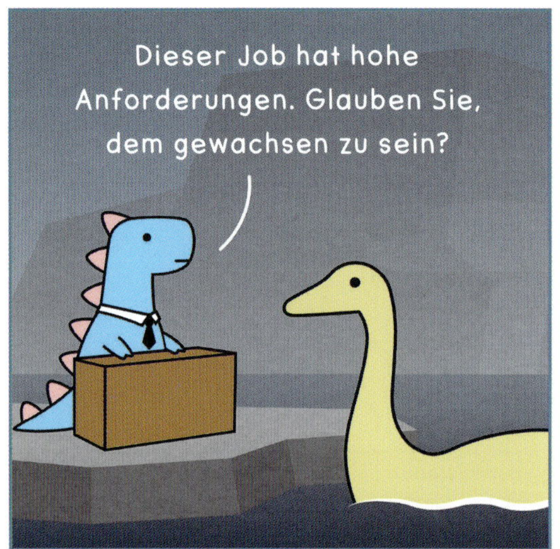
Dieser Job hat hohe Anforderungen. Glauben Sie, dem gewachsen zu sein?

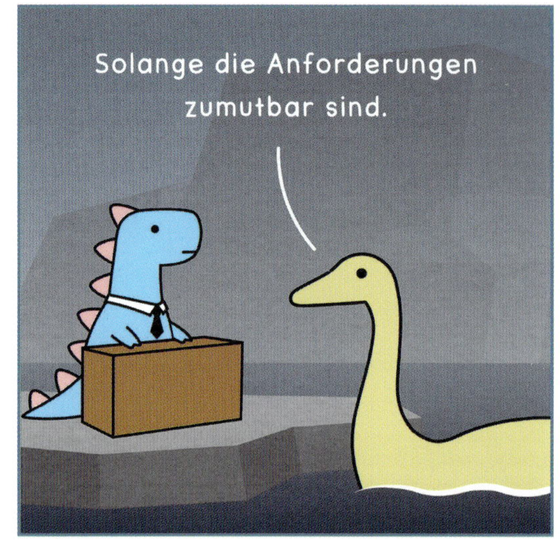
Solange die Anforderungen zumutbar sind.

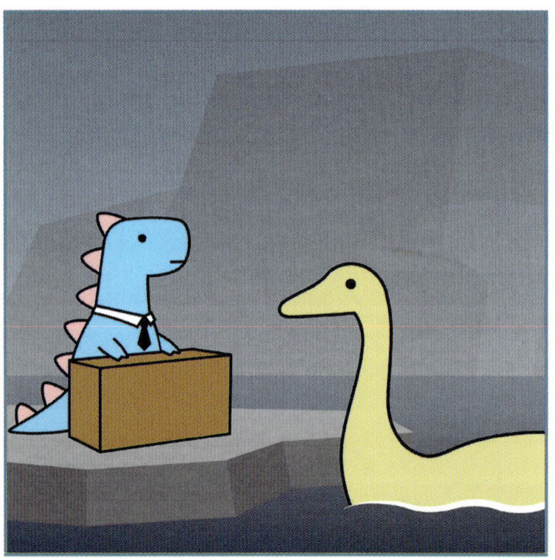

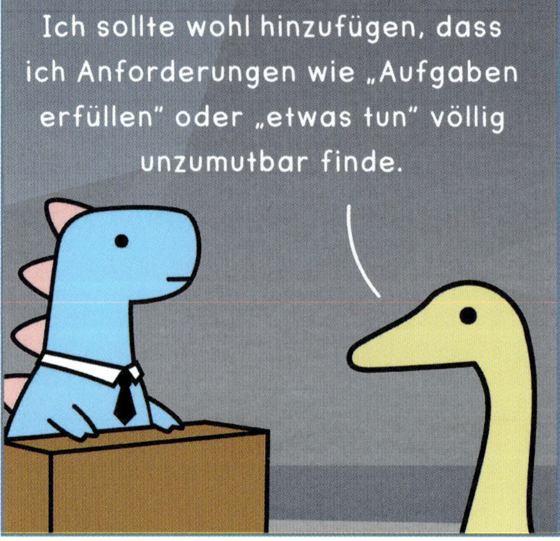
Ich sollte wohl hinzufügen, dass ich Anforderungen wie „Aufgaben erfüllen" oder „etwas tun" völlig unzumutbar finde.

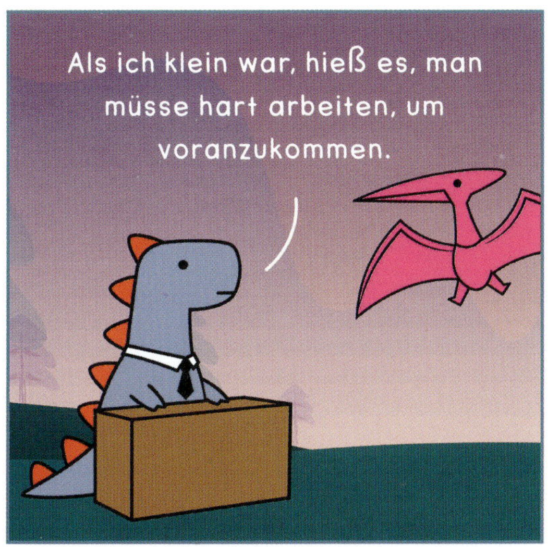
Als ich klein war, hieß es, man müsse hart arbeiten, um voranzukommen.

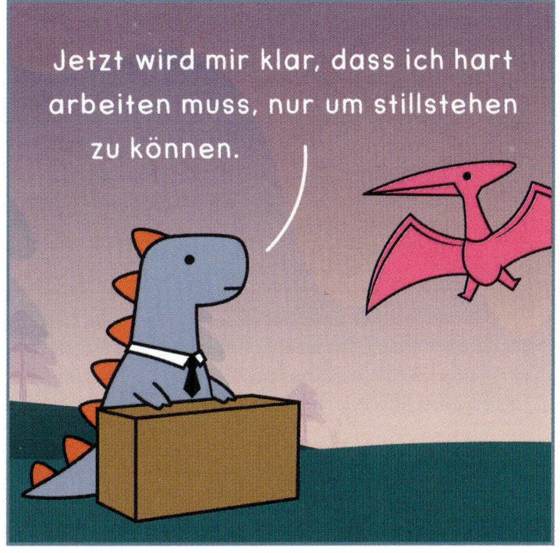
Jetzt wird mir klar, dass ich hart arbeiten muss, nur um stillstehen zu können.

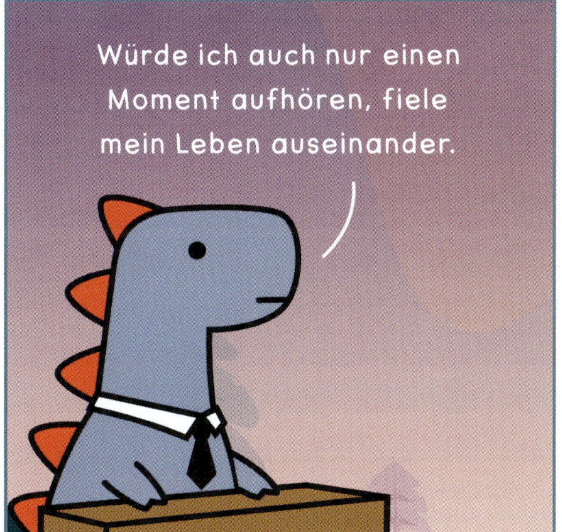
Würde ich auch nur einen Moment aufhören, fiele mein Leben auseinander.

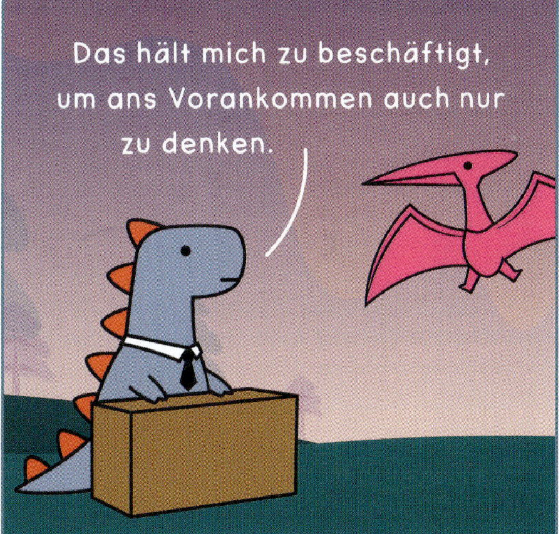
Das hält mich zu beschäftigt, um ans Vorankommen auch nur zu denken.

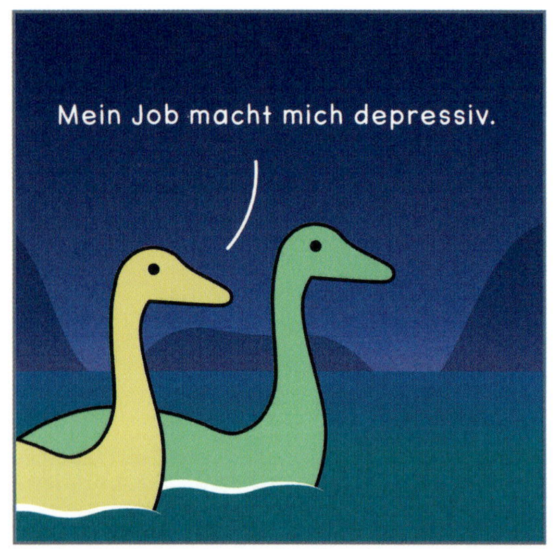
Mein Job macht mich depressiv.

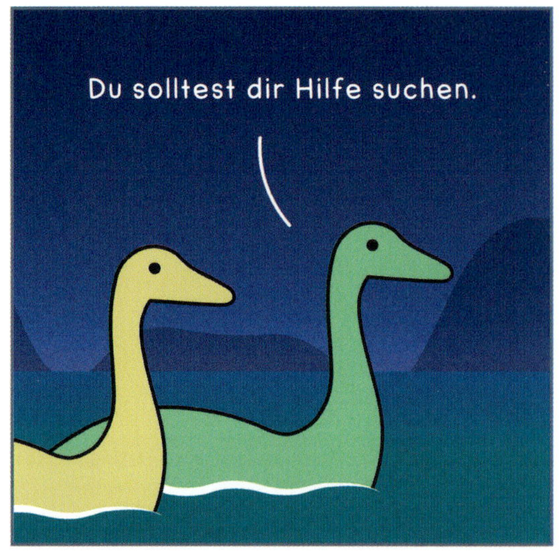
Du solltest dir Hilfe suchen.

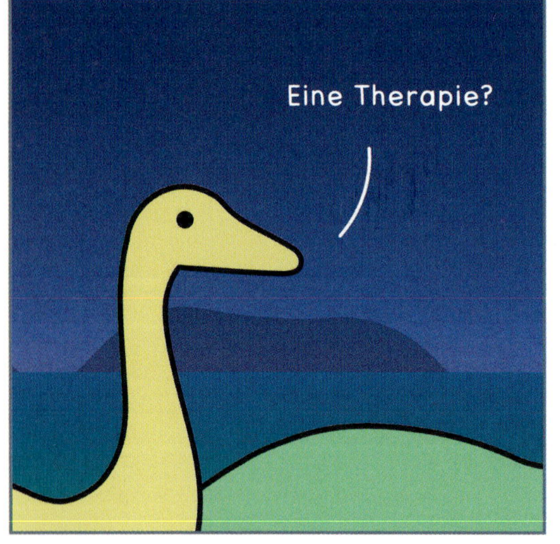
Eine Therapie?

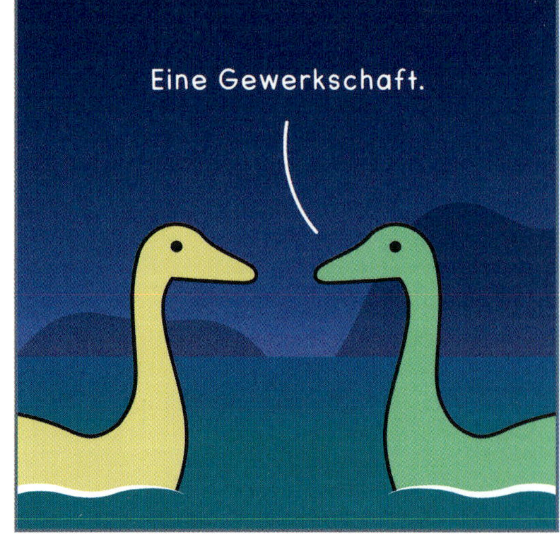
Eine Gewerkschaft.

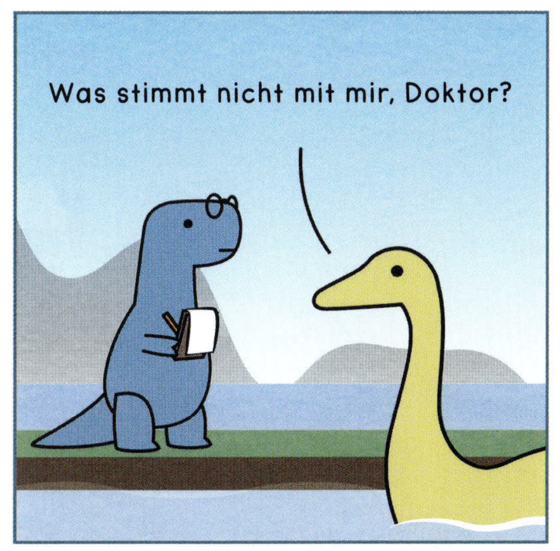
Was stimmt nicht mit mir, Doktor?

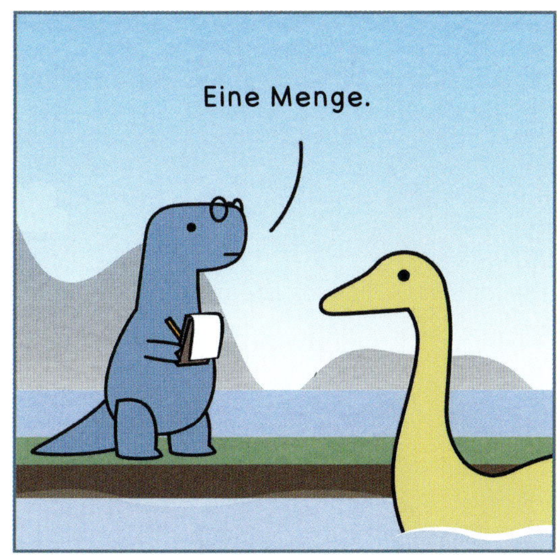
Eine Menge.

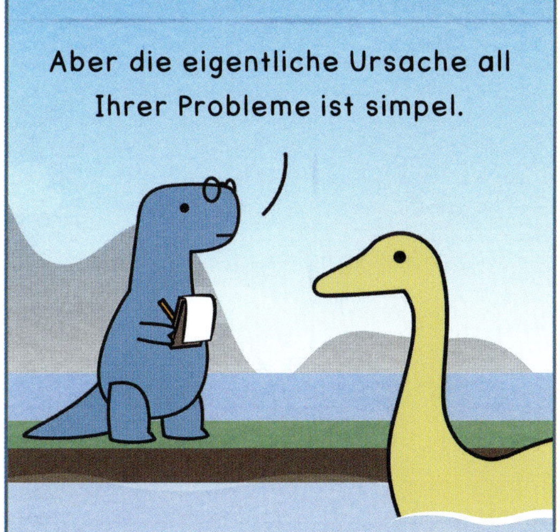
Aber die eigentliche Ursache all
Ihrer Probleme ist simpel.

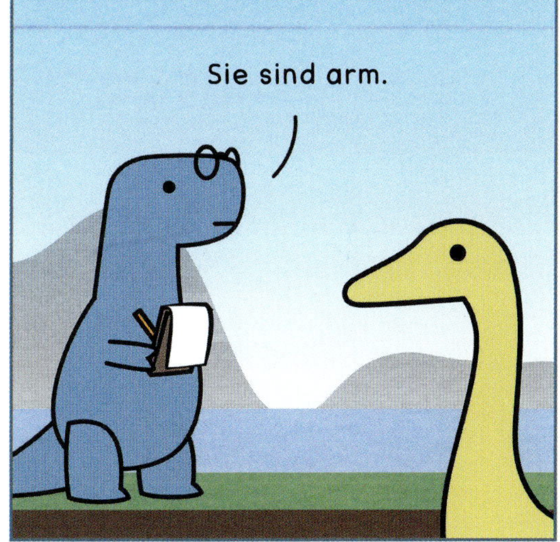
Sie sind arm.

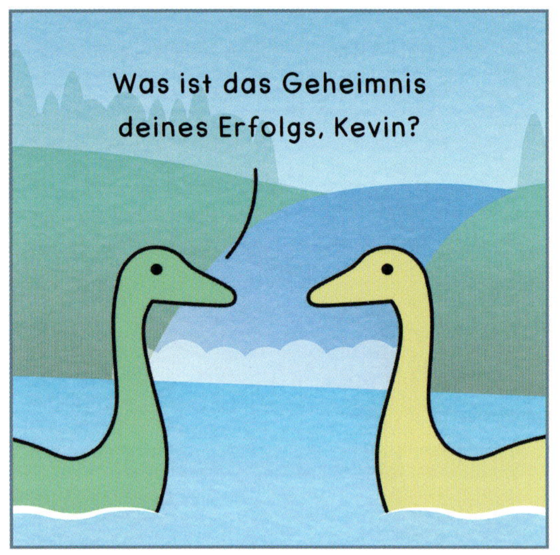
Was ist das Geheimnis
deines Erfolgs, Kevin?

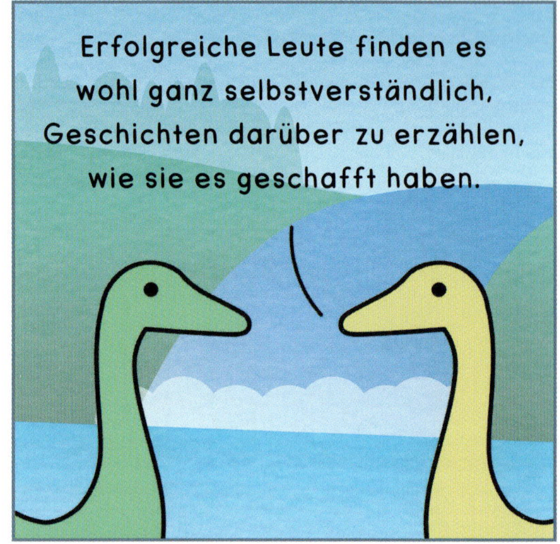
Erfolgreiche Leute finden es
wohl ganz selbstverständlich,
Geschichten darüber zu erzählen,
wie sie es geschafft haben.

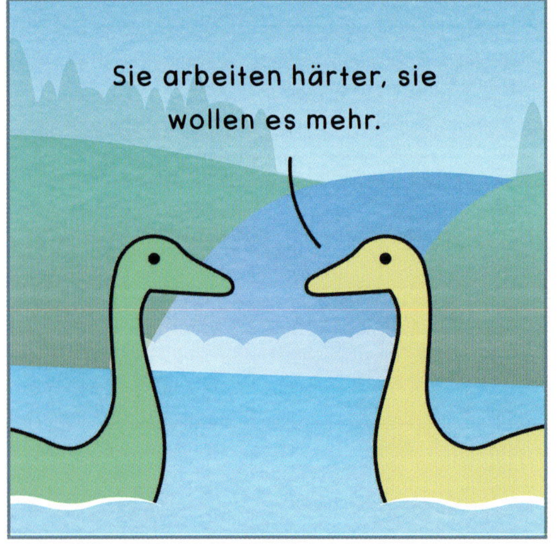
Sie arbeiten härter, sie
wollen es mehr.

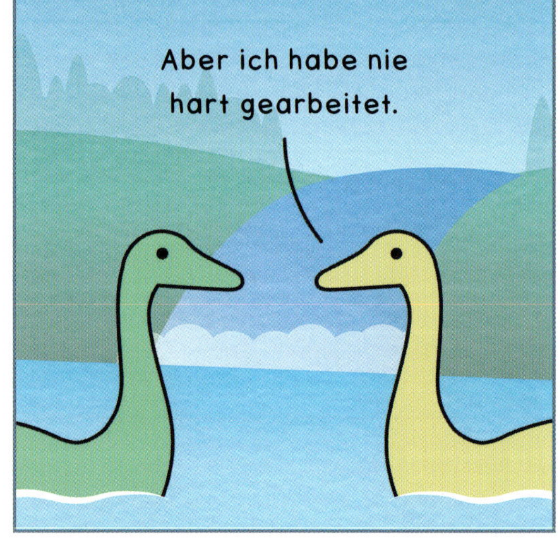
Aber ich habe nie
hart gearbeitet.

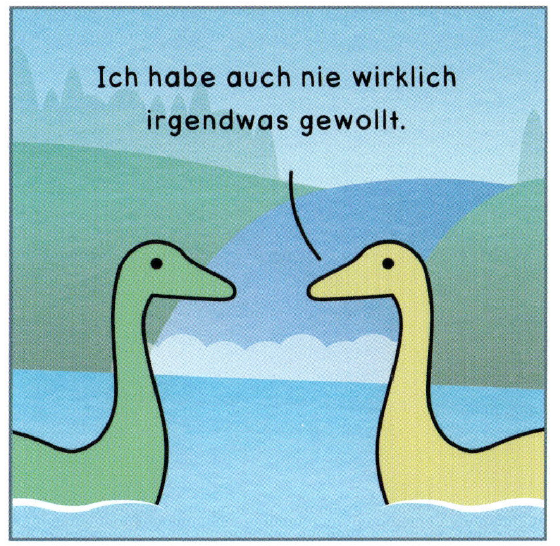
Ich habe auch nie wirklich irgendwas gewollt.

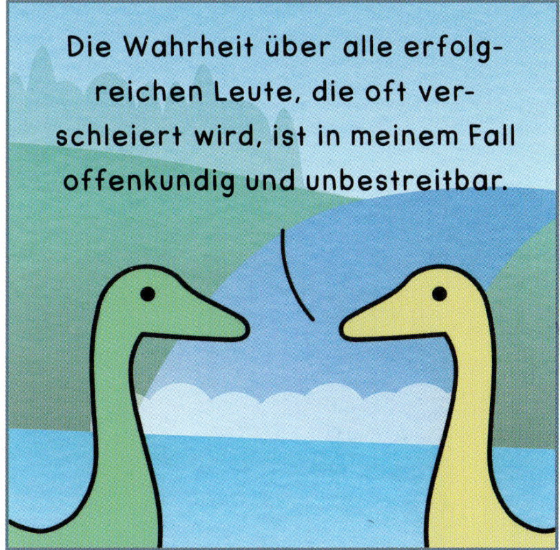
Die Wahrheit über alle erfolg-
reichen Leute, die oft ver-
schleiert wird, ist in meinem Fall
offenkundig und unbestreitbar.

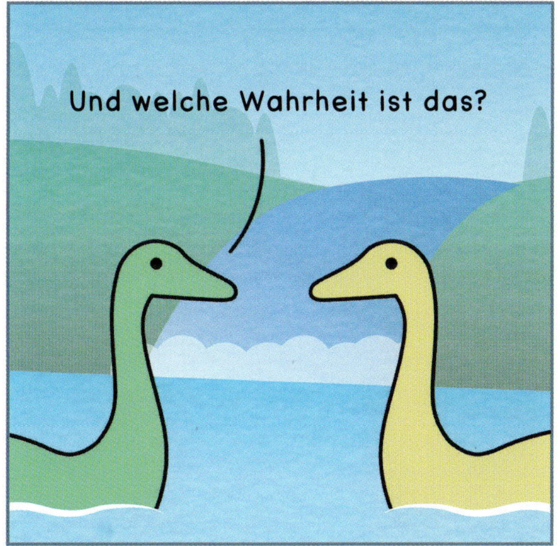
Und welche Wahrheit ist das?

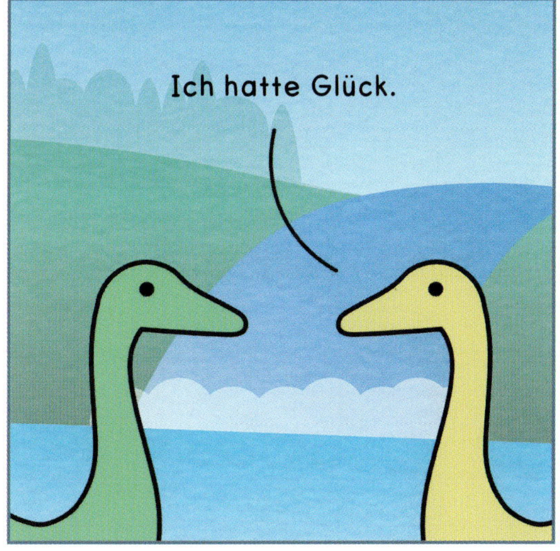
Ich hatte Glück.

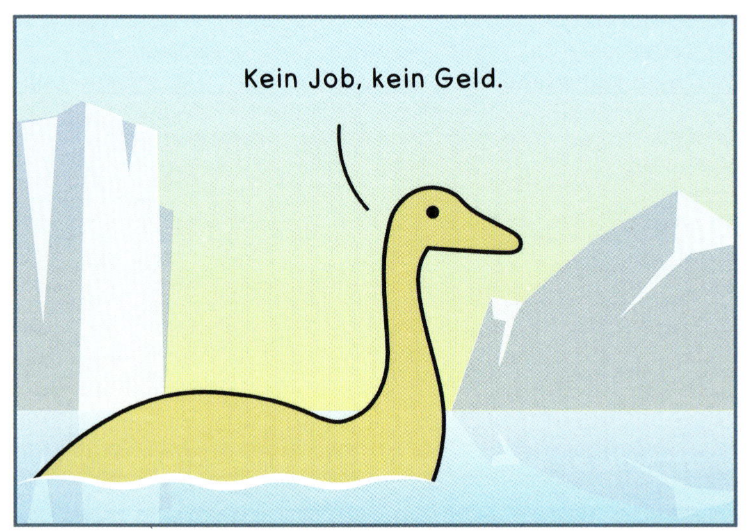
Kein Job, kein Geld.

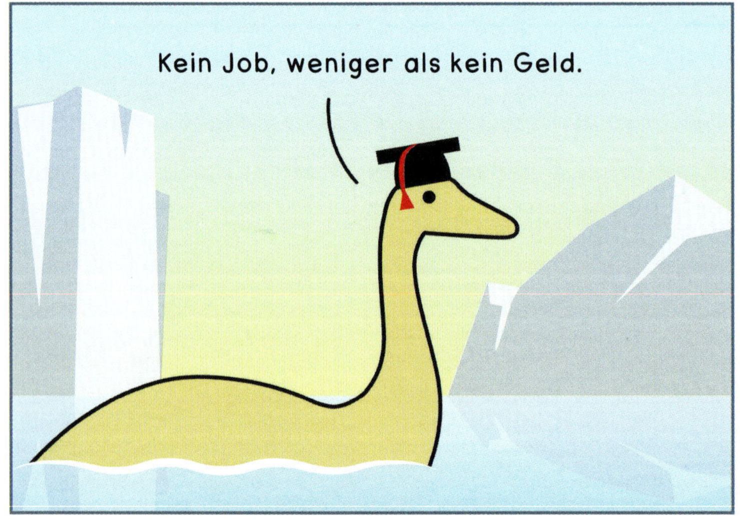
Kein Job, weniger als kein Geld.

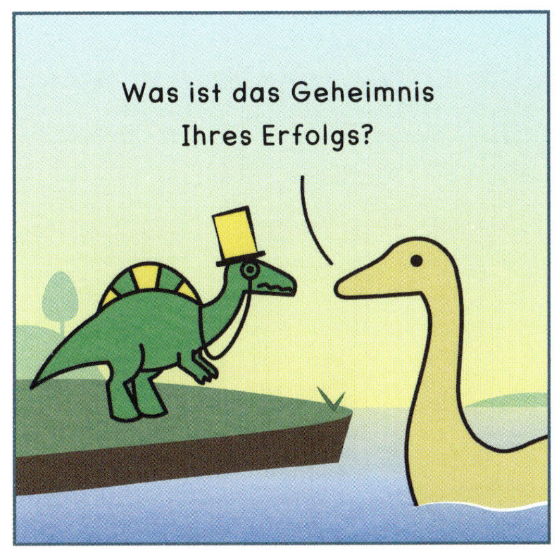
Was ist das Geheimnis
Ihres Erfolgs?

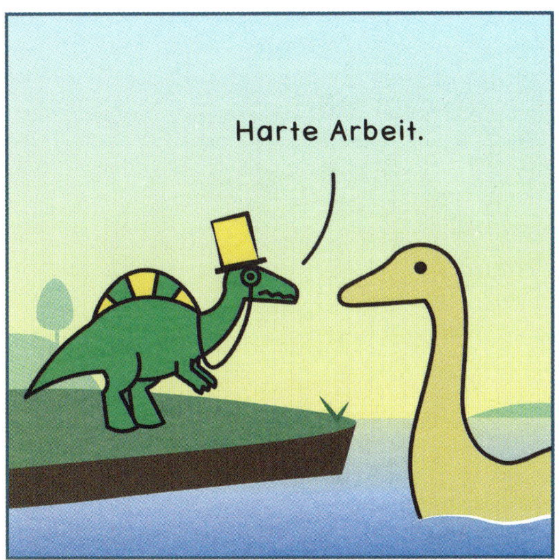
Harte Arbeit.

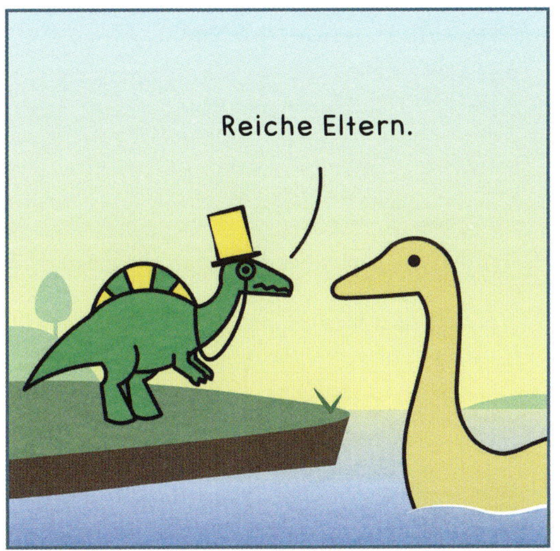
Reiche Eltern.

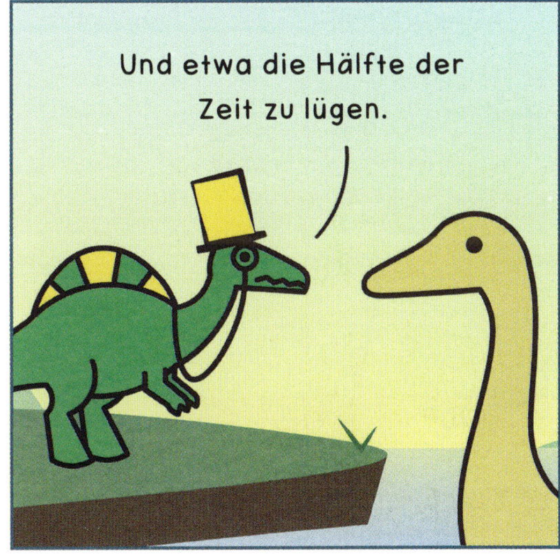
Und etwa die Hälfte der
Zeit zu lügen.

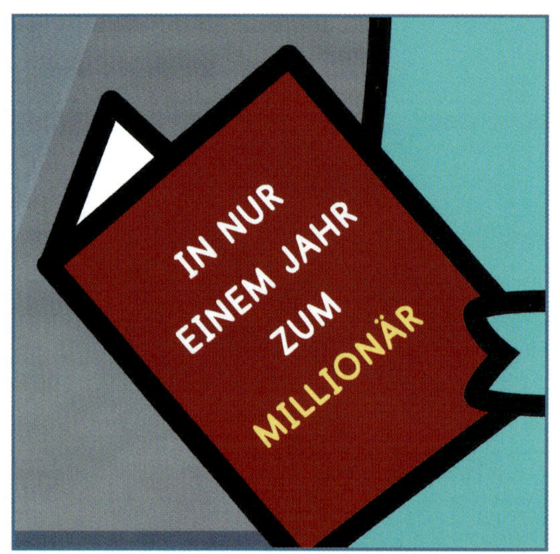
IN NUR
EINEM JAHR
ZUM
MILLIONÄR

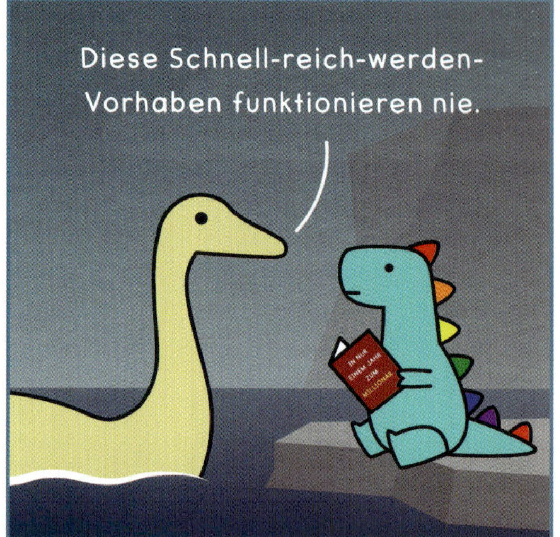
Diese Schnell-reich-werden-
Vorhaben funktionieren nie.

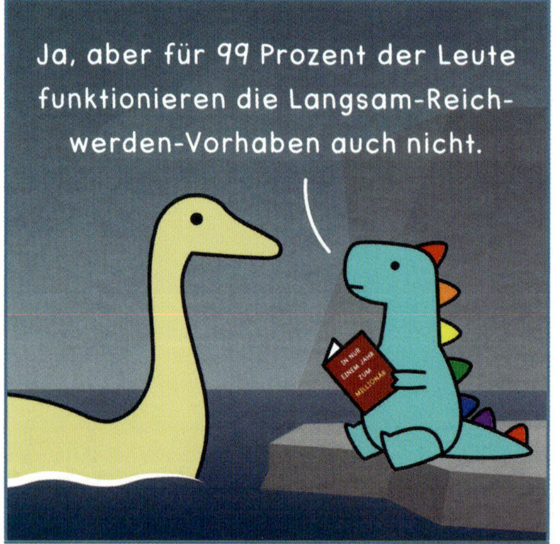
Ja, aber für 99 Prozent der Leute
funktionieren die Langsam-Reich-
werden-Vorhaben auch nicht.

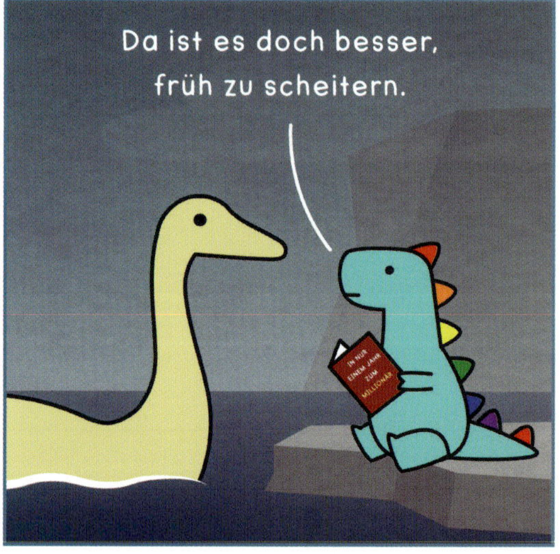
Da ist es doch besser,
früh zu scheitern.

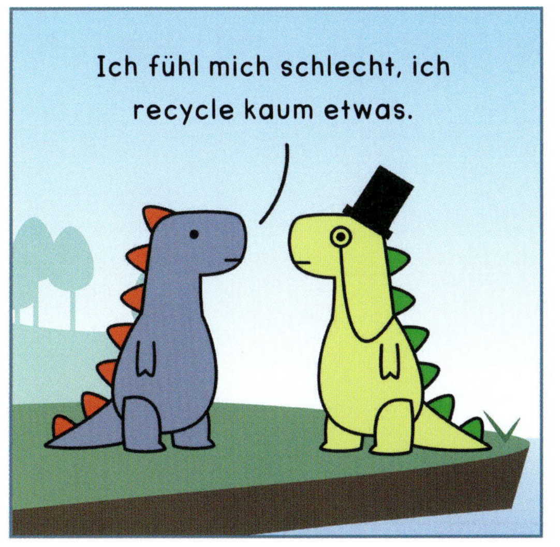
Ich fühl mich schlecht, ich
recycle kaum etwas.

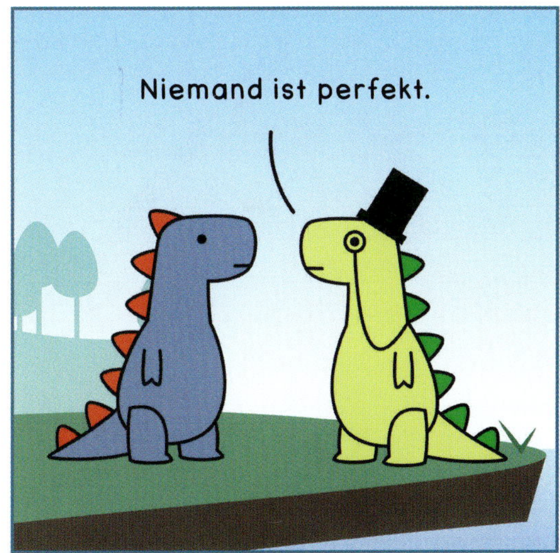
Niemand ist perfekt.

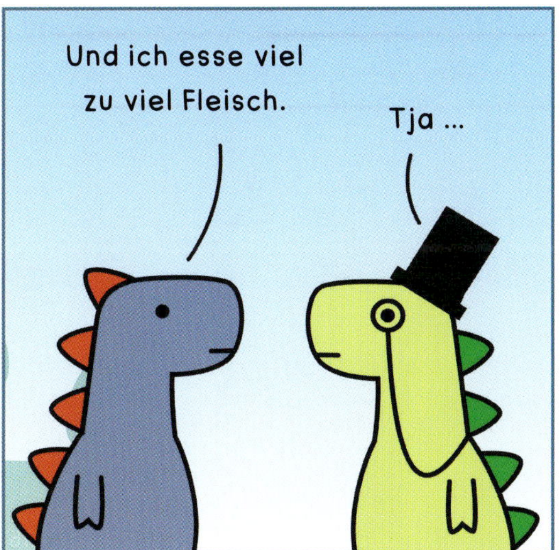
Und ich esse viel
zu viel Fleisch.
Tja ...

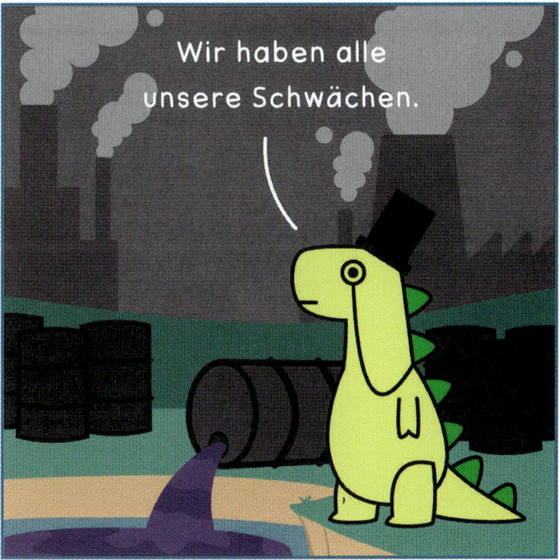
Wir haben alle
unsere Schwächen.

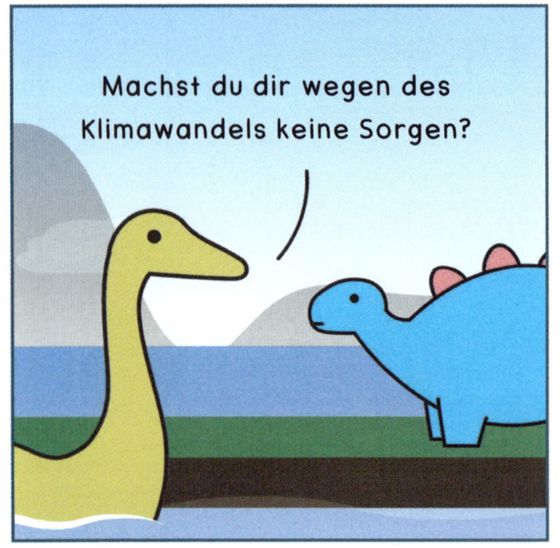
Machst du dir wegen des
Klimawandels keine Sorgen?

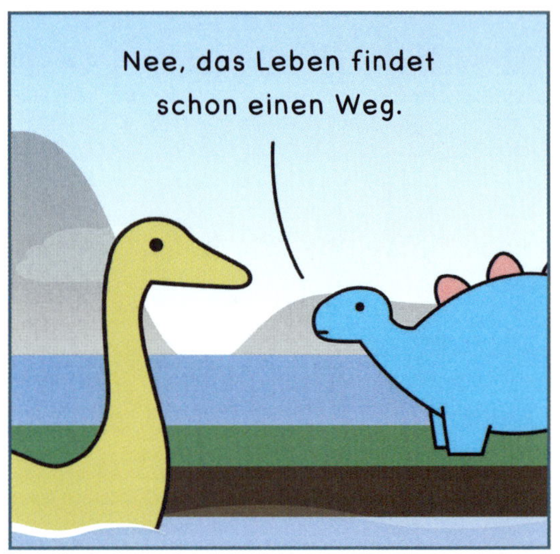
Nee, das Leben findet
schon einen Weg.

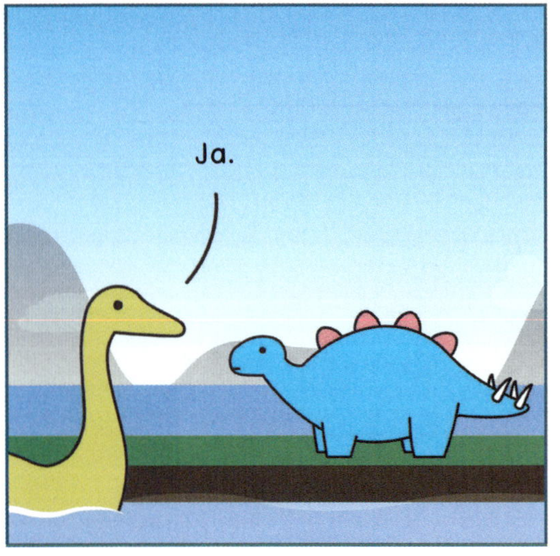
Ja.

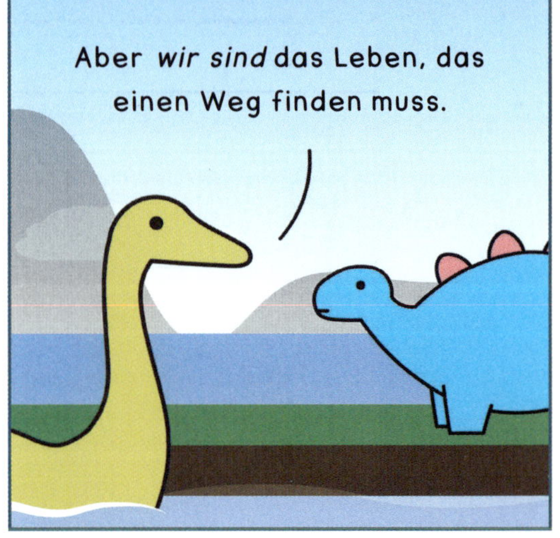
Aber *wir sind* das Leben, das
das einen Weg finden muss.

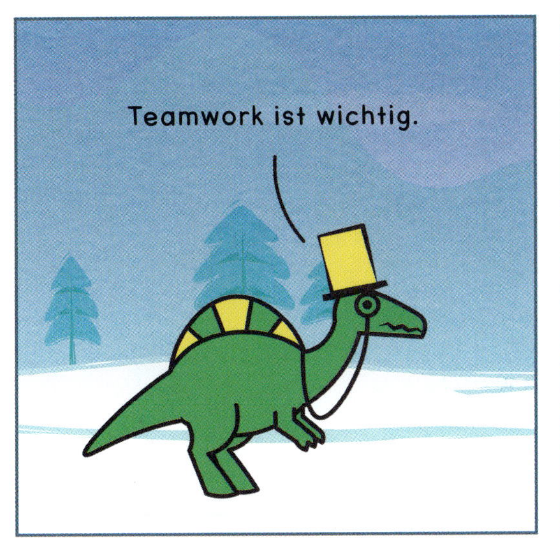
Teamwork ist wichtig.

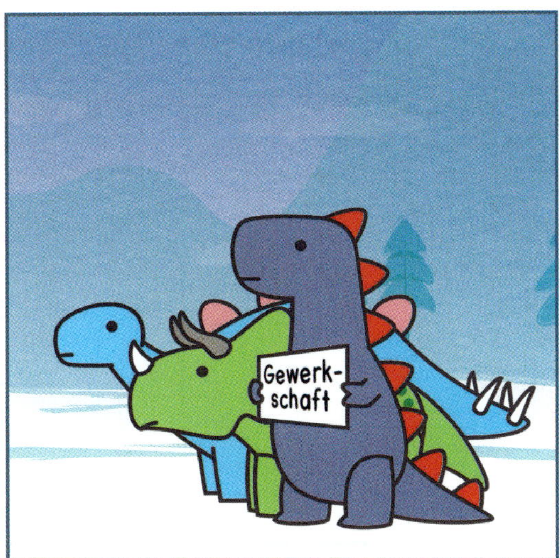
Gewerk-
schaft

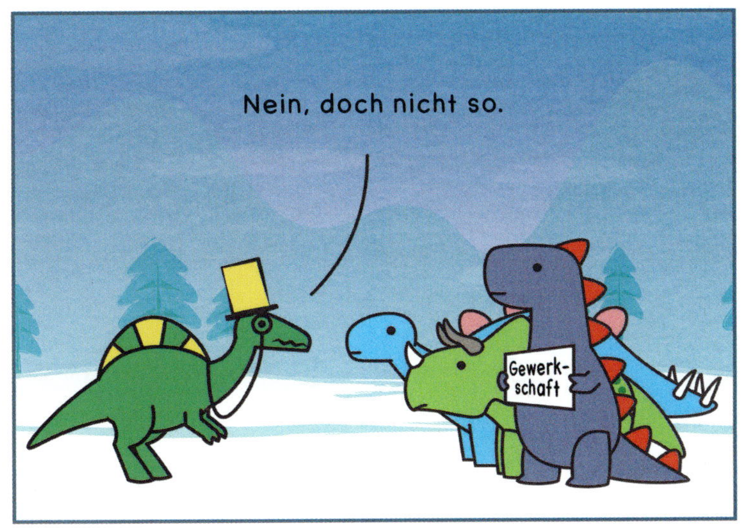
Nein, doch nicht so.
Gewerk-
schaft

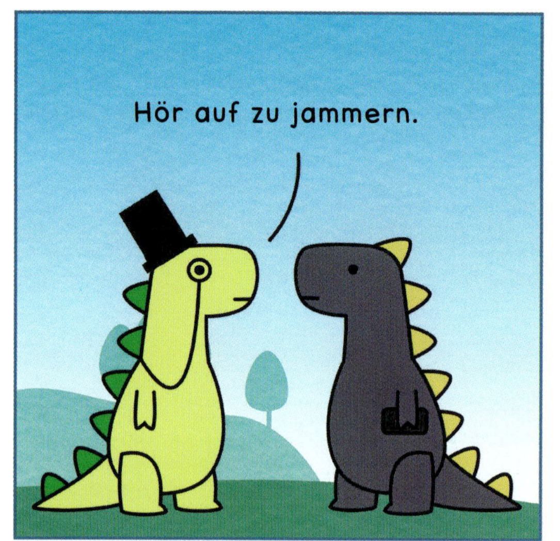
Hör auf zu jammern.

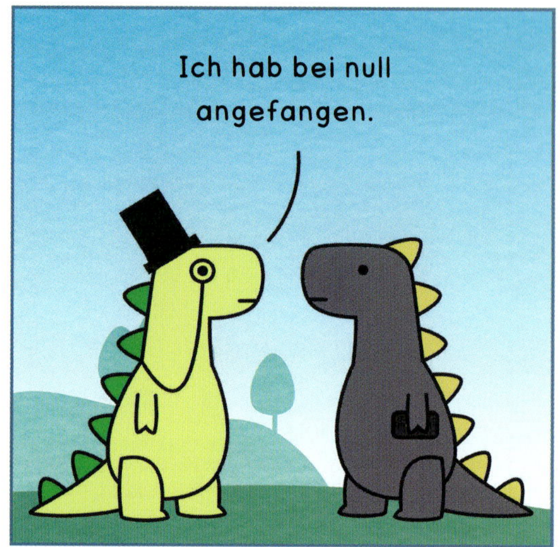
Ich hab bei null angefangen.

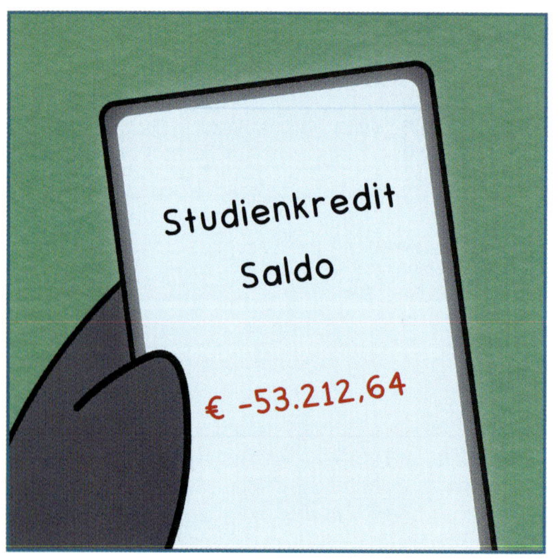
Studienkredit
Saldo
€ -53.212,64

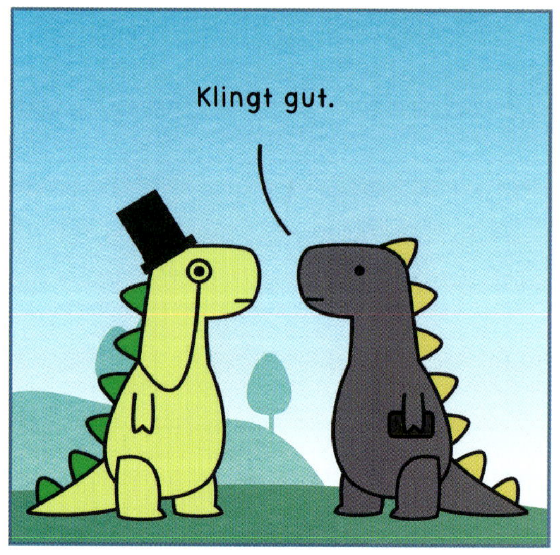
Klingt gut.

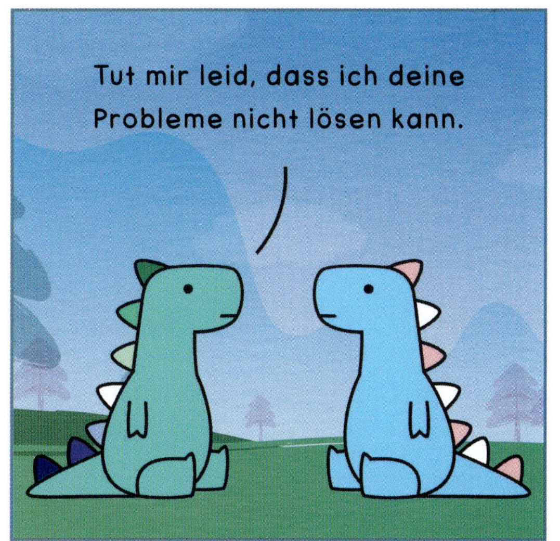
Tut mir leid, dass ich deine
Probleme nicht lösen kann.

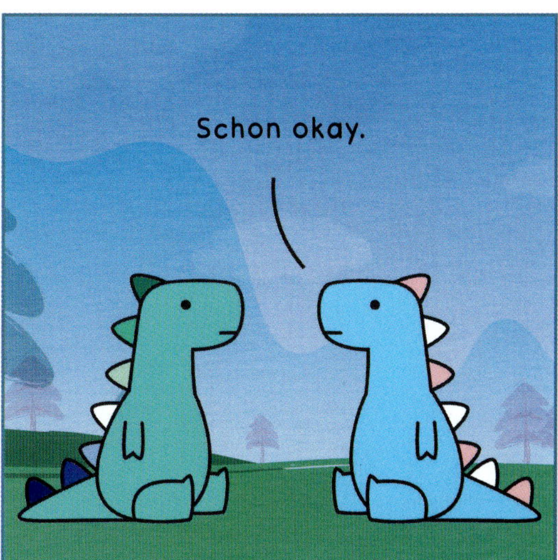
Schon okay.

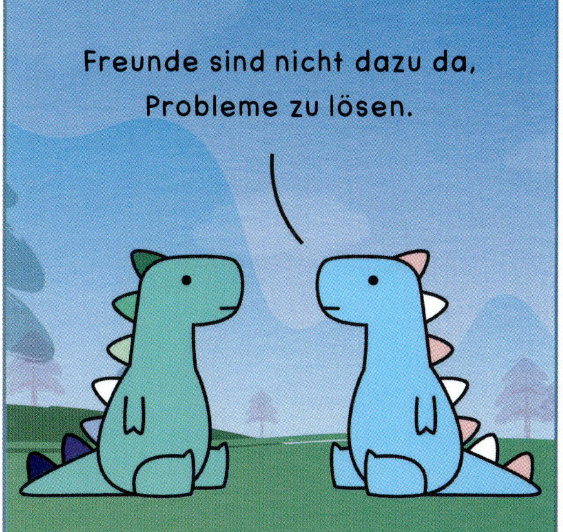
Freunde sind nicht dazu da,
Probleme zu lösen.

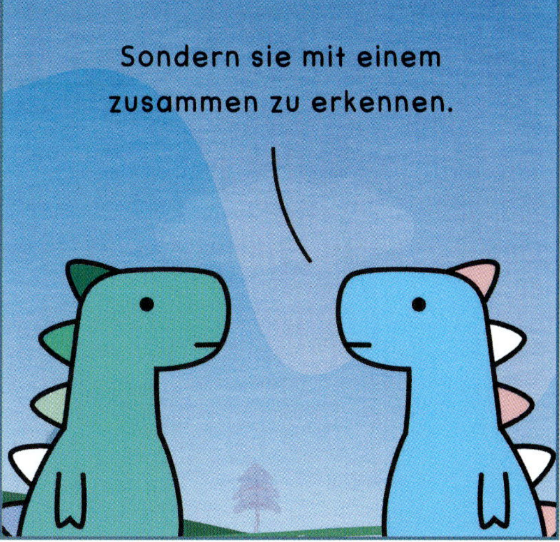
Sondern sie mit einem
zusammen zu erkennen.

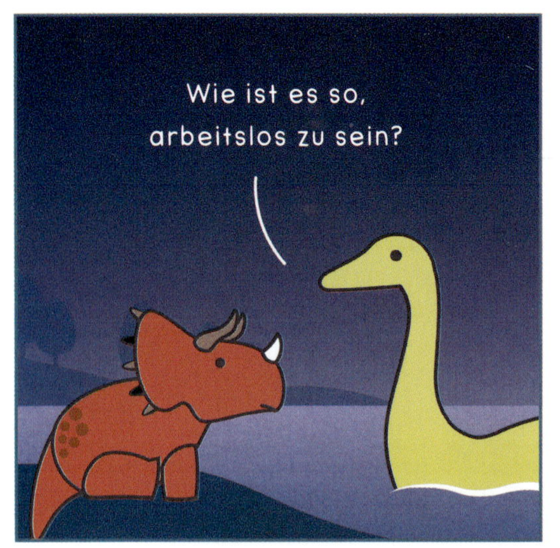
Wie ist es so,
arbeitslos zu sein?

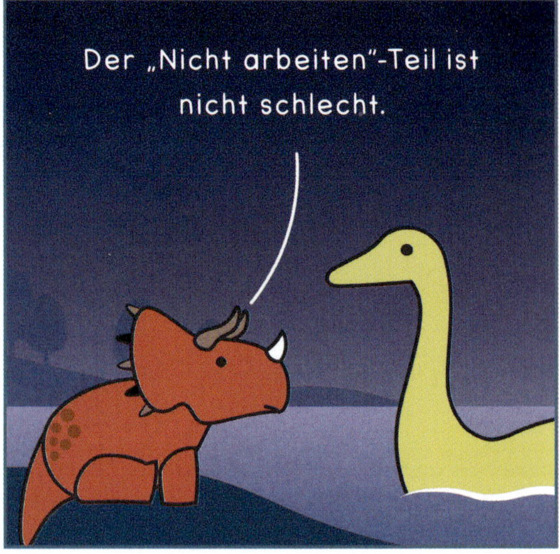
Der „Nicht arbeiten"-Teil ist
nicht schlecht.

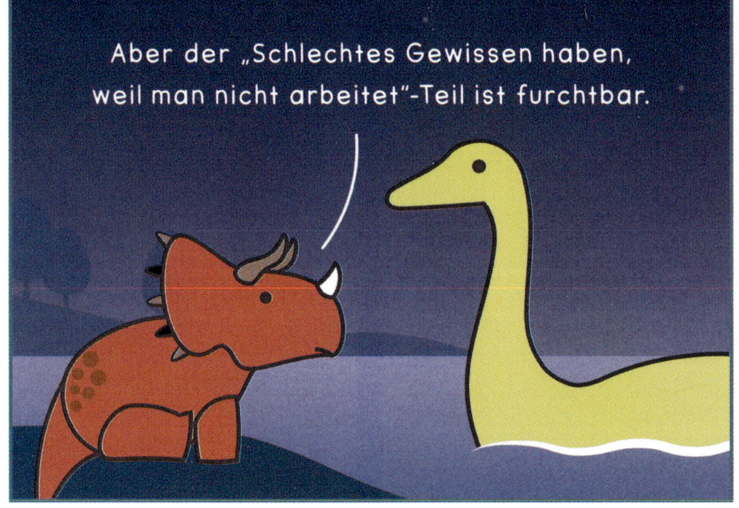
Aber der „Schlechtes Gewissen haben,
weil man nicht arbeitet"-Teil ist furchtbar.

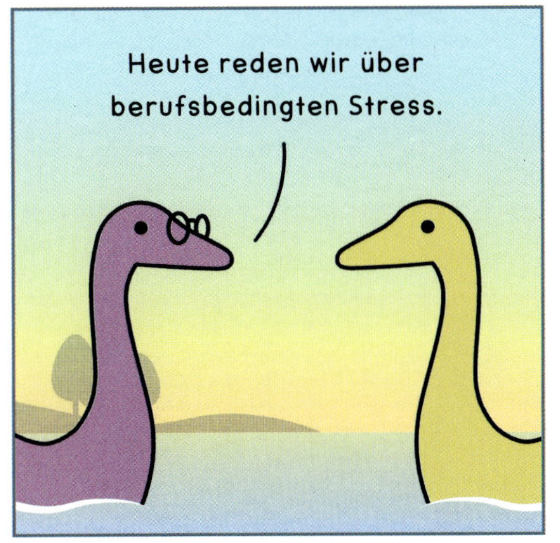
Heute reden wir über
berufsbedingten Stress.

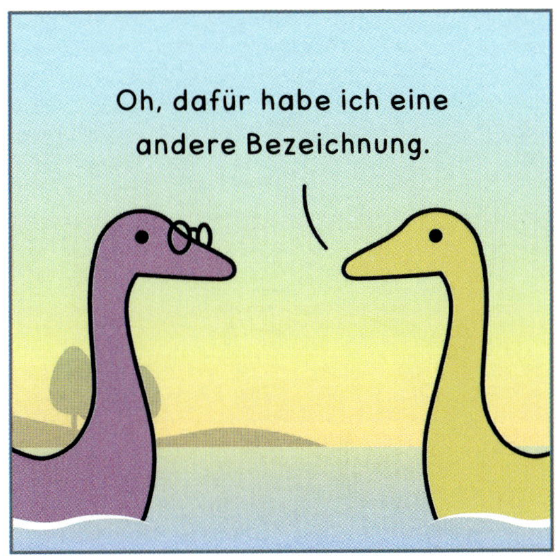
Oh, dafür habe ich eine
andere Bezeichnung.

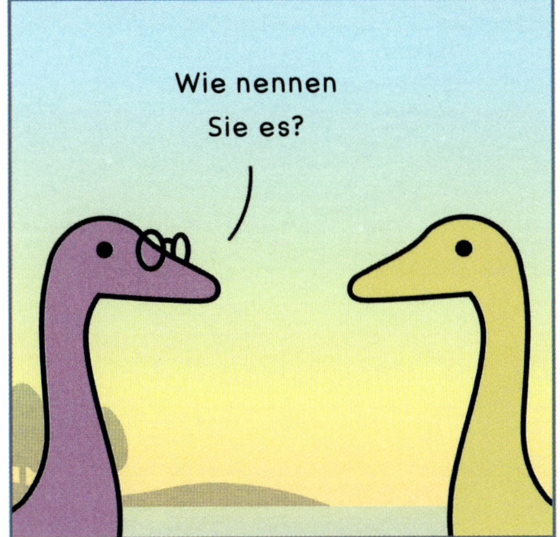
Wie nennen
Sie es?

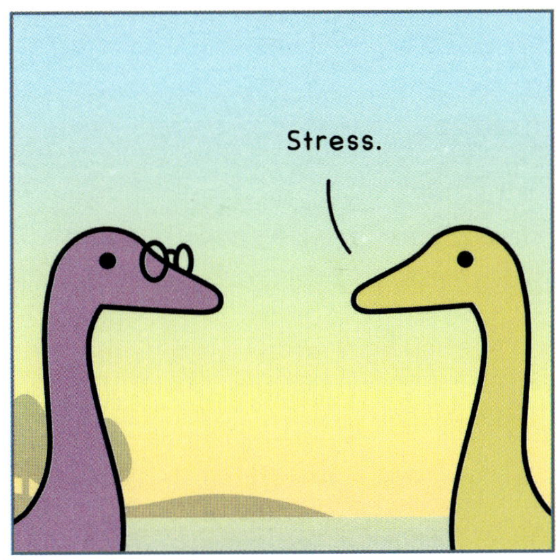
Stress.

Ästhetik

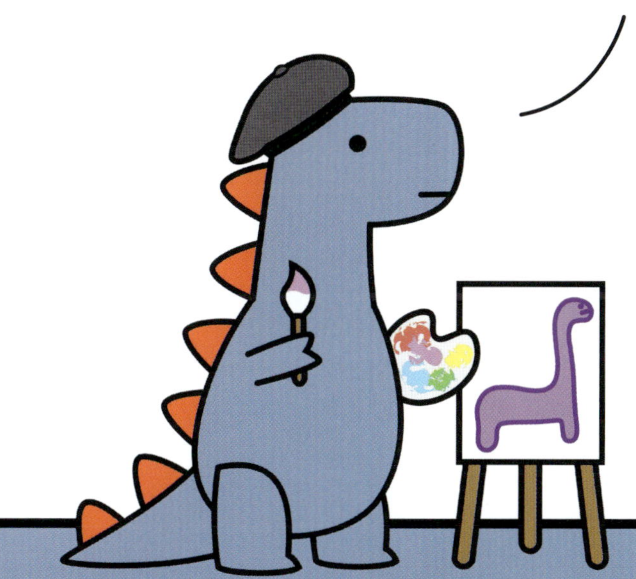

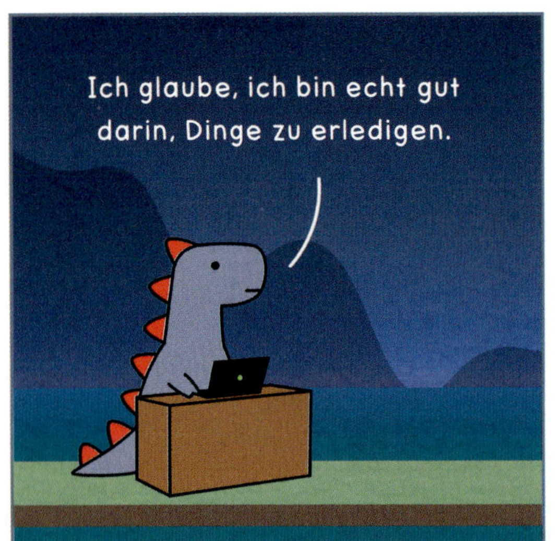
Ich glaube, ich bin echt gut
darin, Dinge zu erledigen.

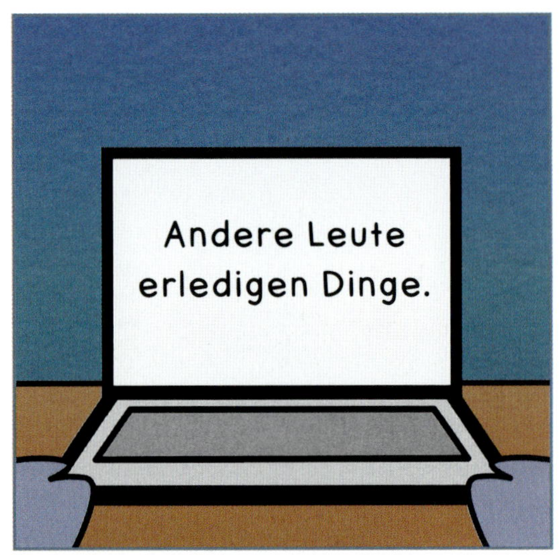
Andere Leute
erledigen Dinge.

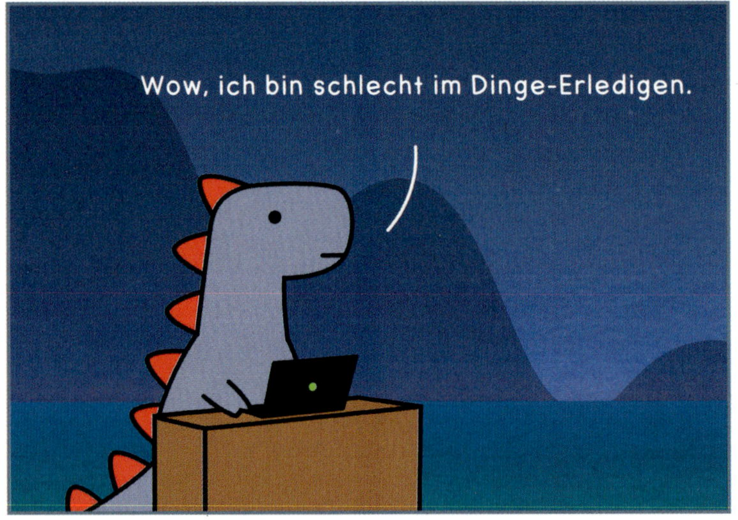
Wow, ich bin schlecht im Dinge-Erledigen.

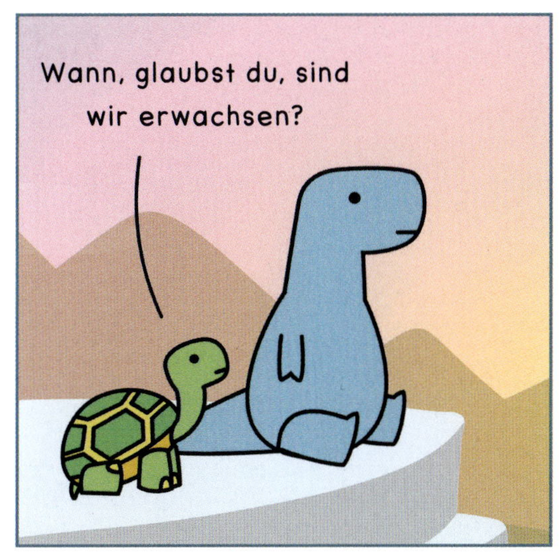
Wann, glaubst du, sind
wir erwachsen?

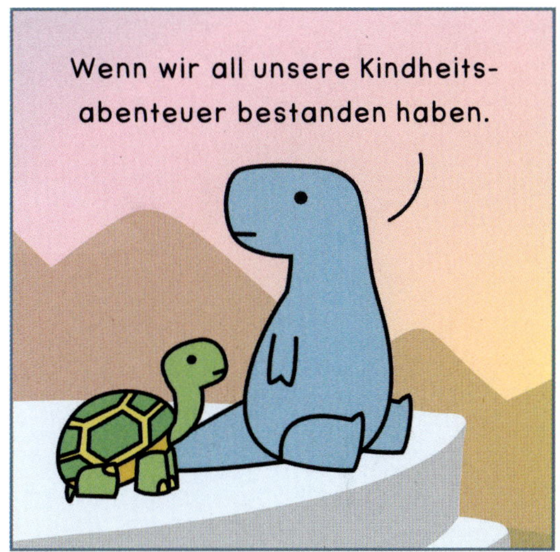
Wenn wir all unsere Kindheits-
abenteuer bestanden haben.

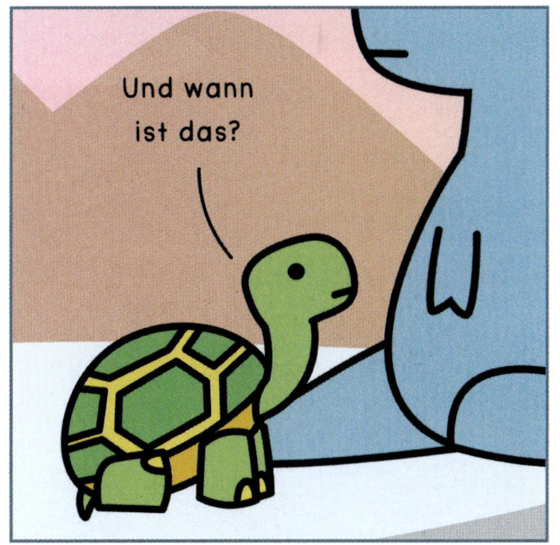
Und wann
ist das?

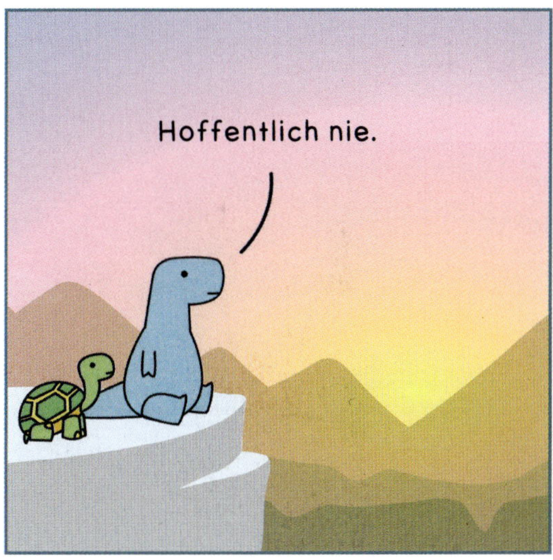
Hoffentlich nie.

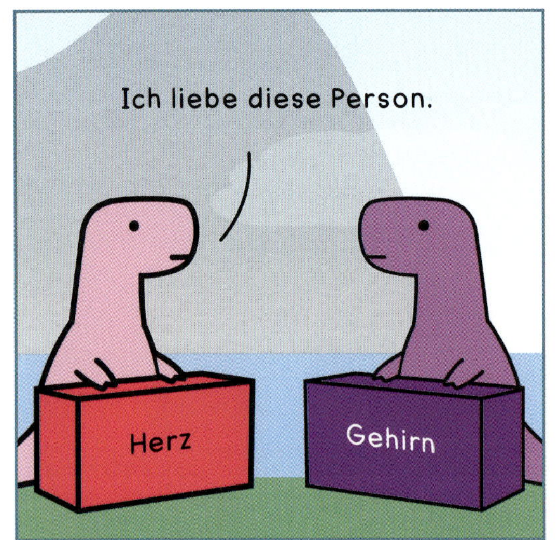
Ich liebe diese Person.
Herz
Gehirn

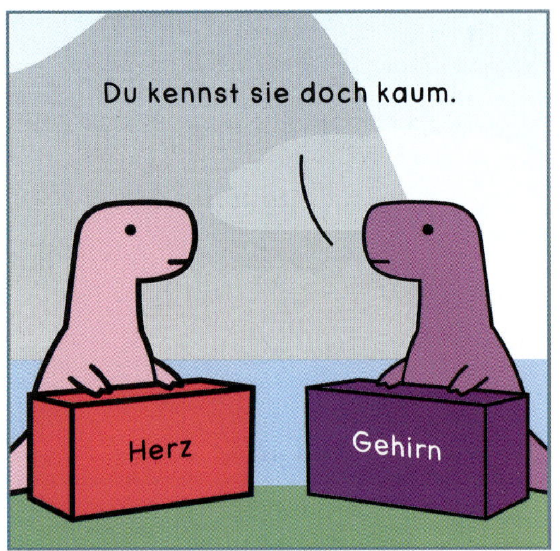
Du kennst sie doch kaum.
Herz
Gehirn

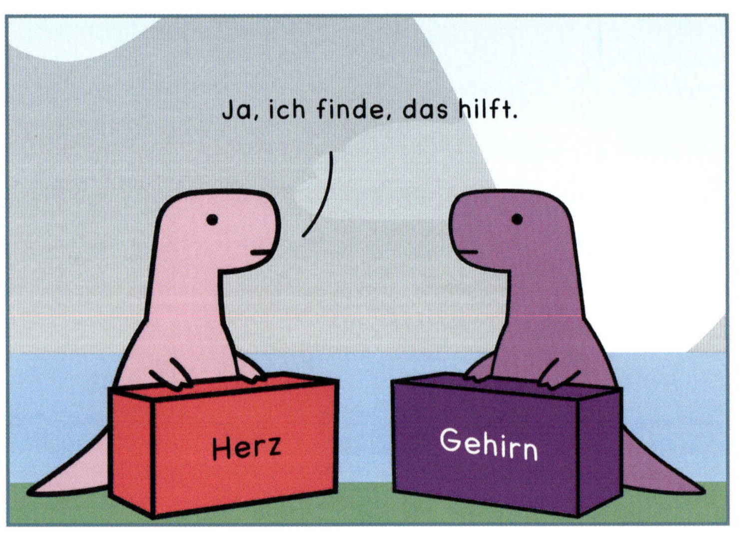
Ja, ich finde, das hilft.
Herz
Gehirn

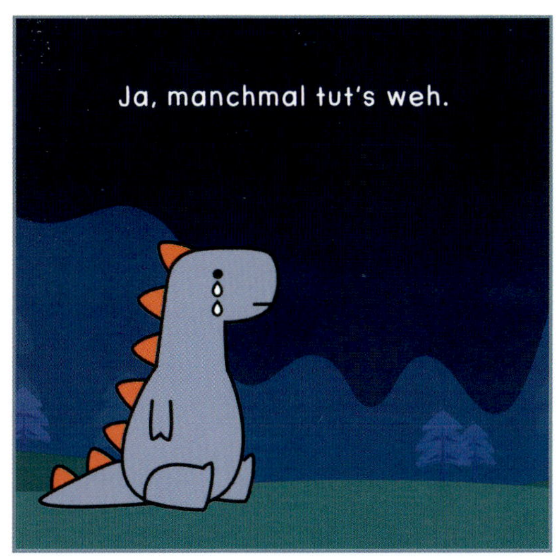
Ja, manchmal tut's weh.

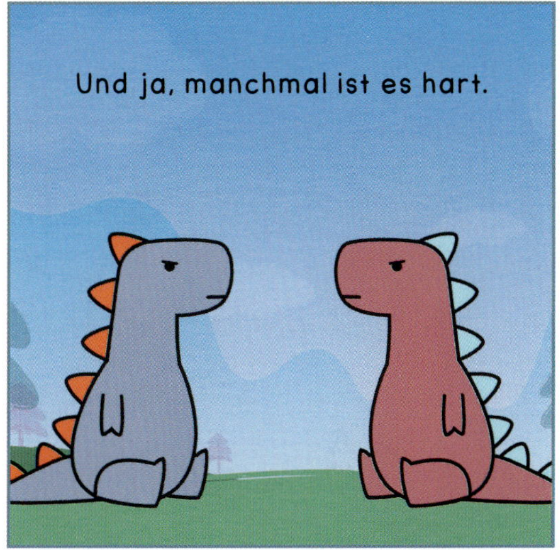
Und ja, manchmal ist es hart.

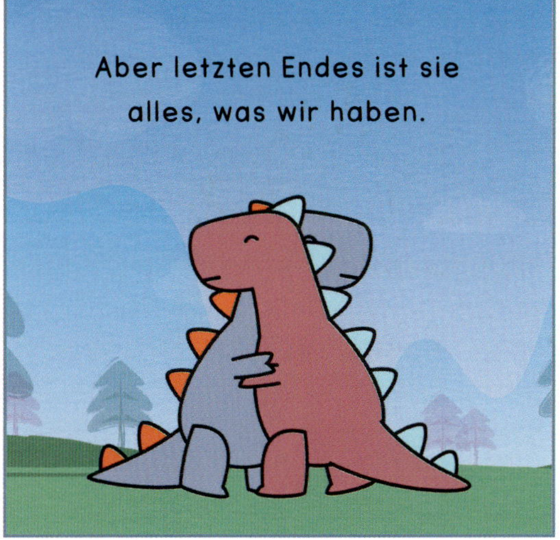
Aber letzten Endes ist sie
alles, was wir haben.

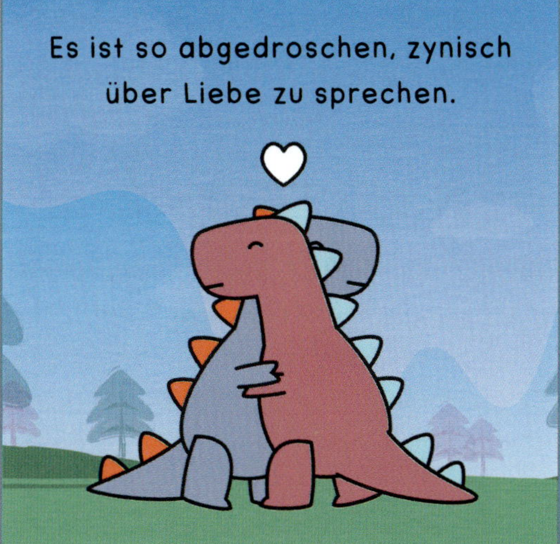
Es ist so abgedroschen, zynisch
über Liebe zu sprechen.

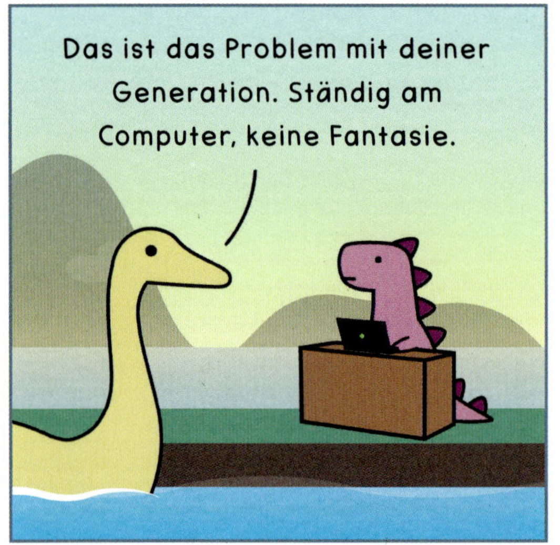
Das ist das Problem mit deiner Generation. Ständig am Computer, keine Fantasie.

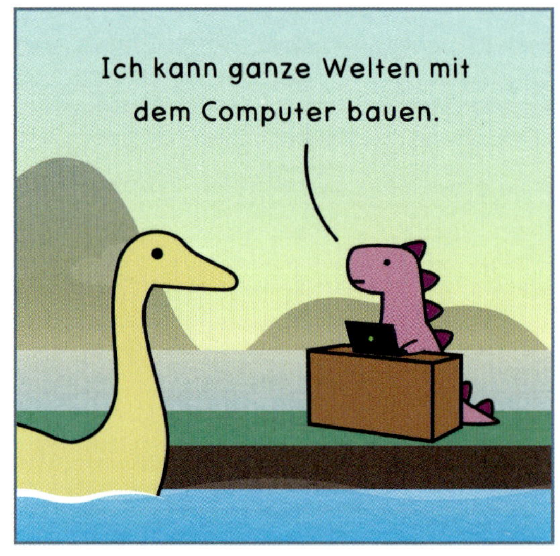
Ich kann ganze Welten mit dem Computer bauen.

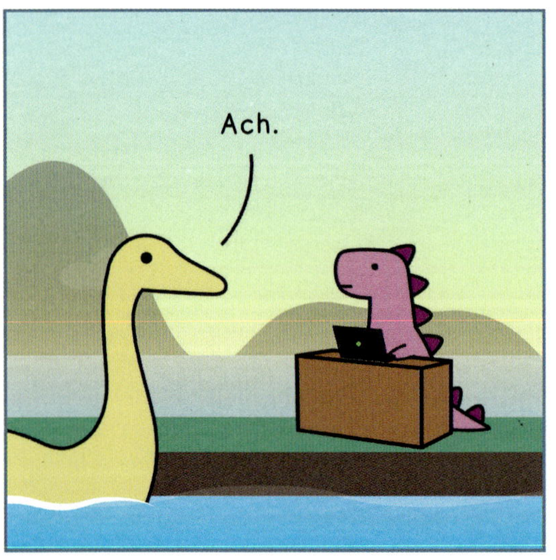
Ach.

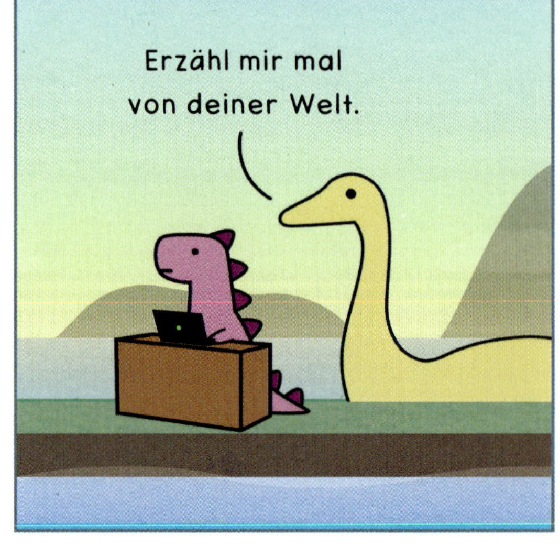
Erzähl mir mal von deiner Welt.

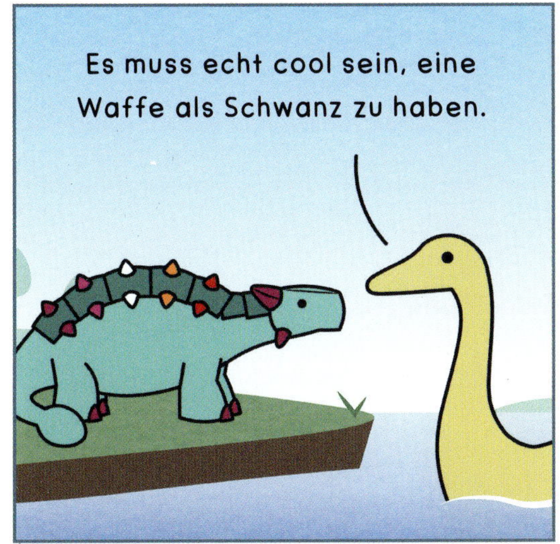
Es muss echt cool sein, eine
Waffe als Schwanz zu haben.

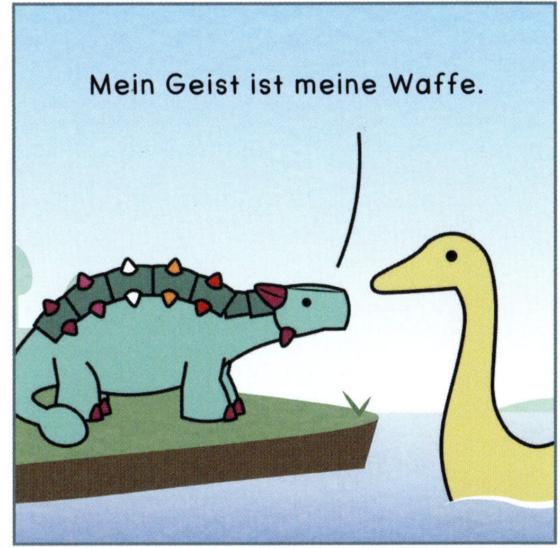
Mein Geist ist meine Waffe.

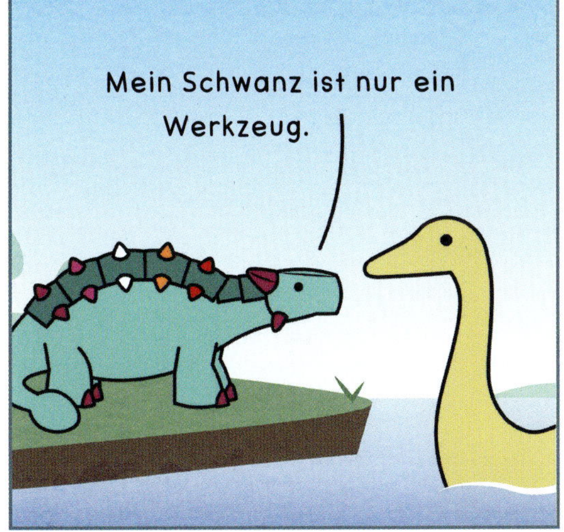
Mein Schwanz ist nur ein
Werkzeug.

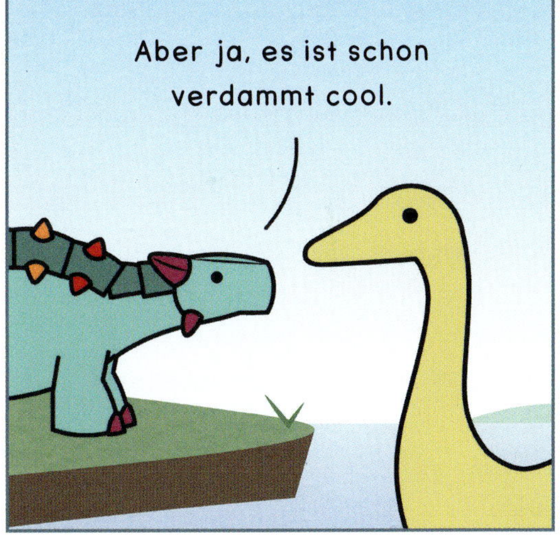
Aber ja, es ist schon
verdammt cool.

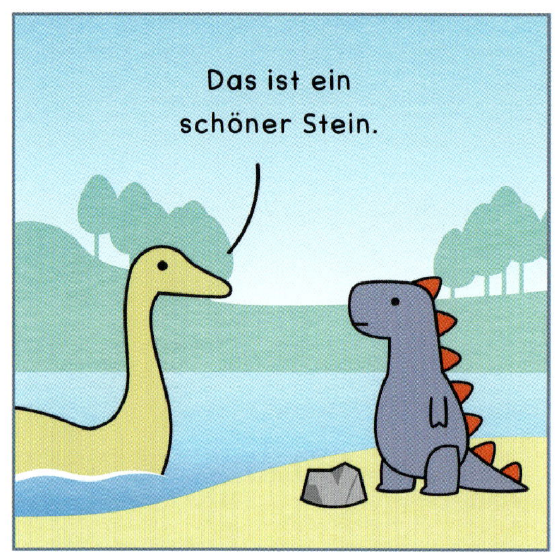
Das ist ein
schöner Stein.

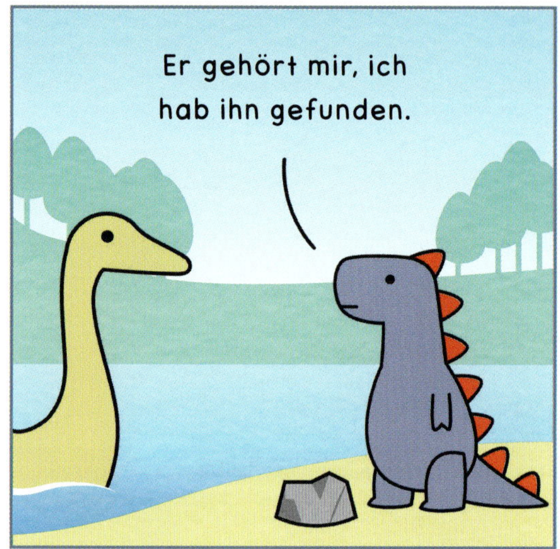
Er gehört mir, ich
hab ihn gefunden.

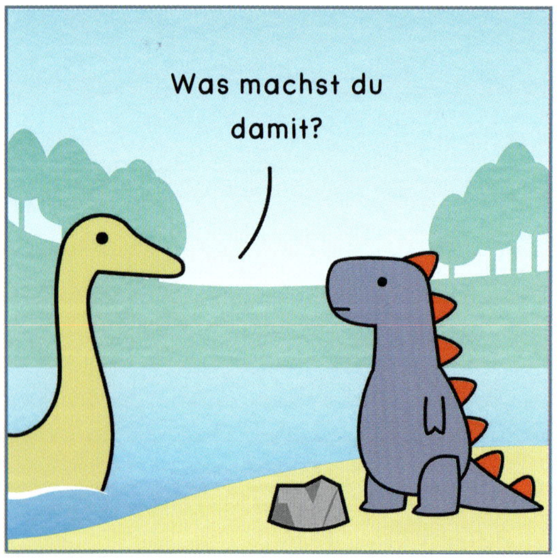
Was machst du
damit?

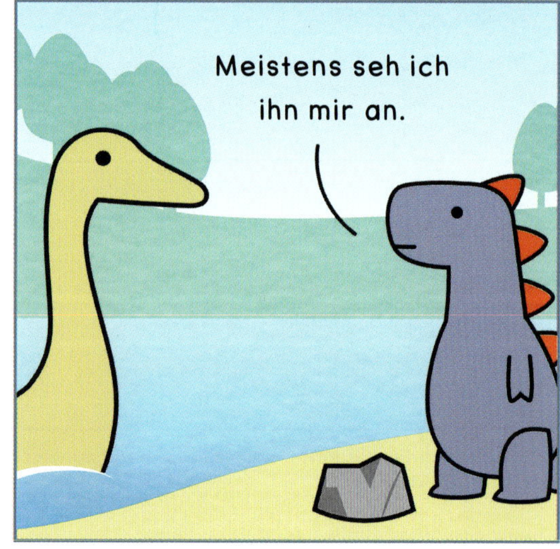
Meistens seh ich
ihn mir an.

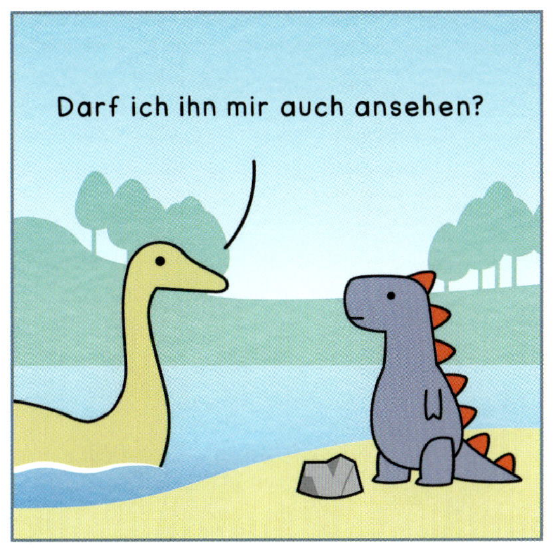
Darf ich ihn mir auch ansehen?

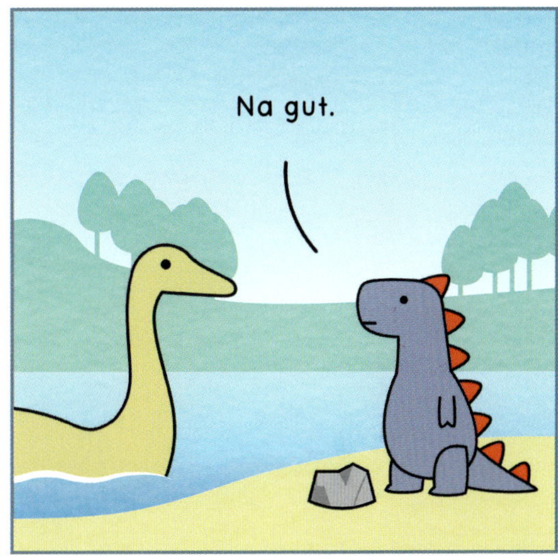
Na gut.

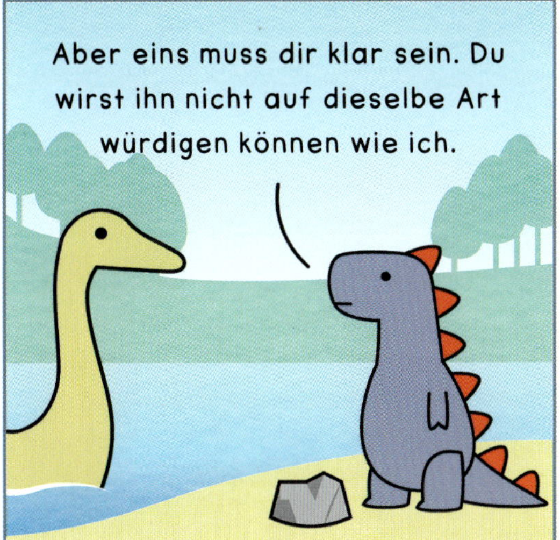
Aber eins muss dir klar sein. Du wirst ihn nicht auf dieselbe Art würdigen können wie ich.

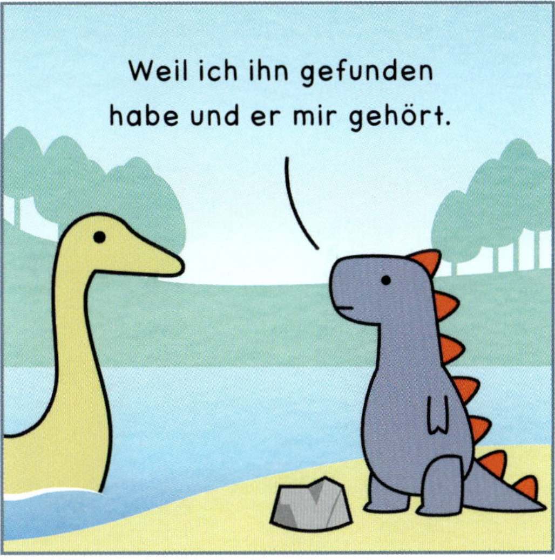
Weil ich ihn gefunden habe und er mir gehört.

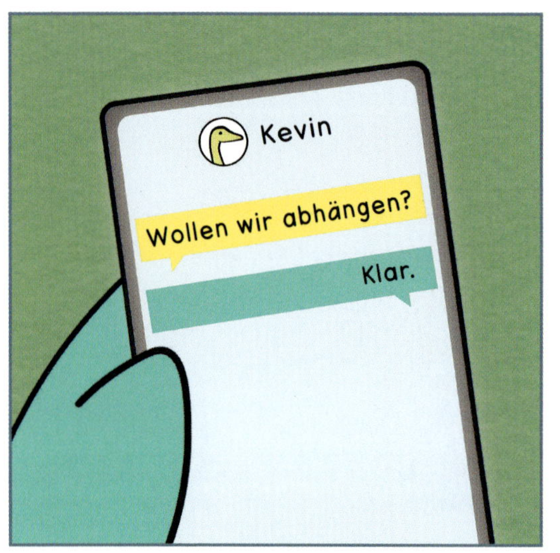
Kevin
Wollen wir abhängen?
Klar.

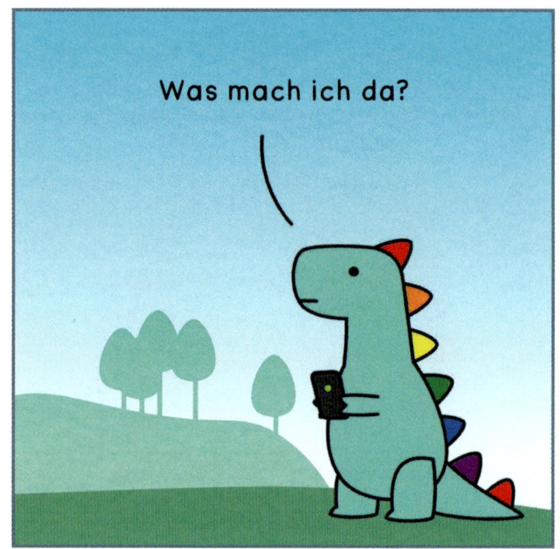
Was mach ich da?

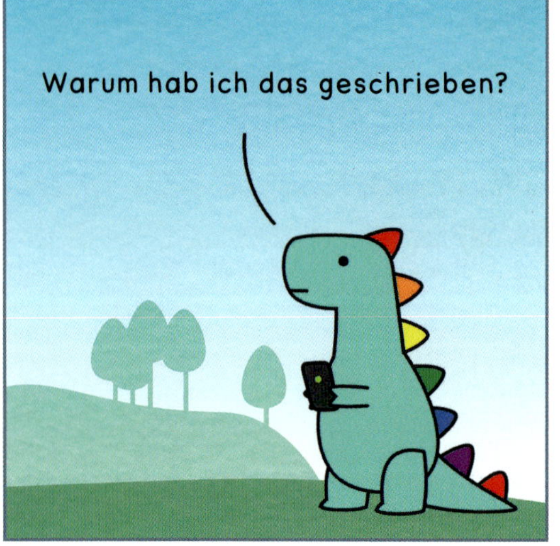
Warum hab ich das geschrieben?

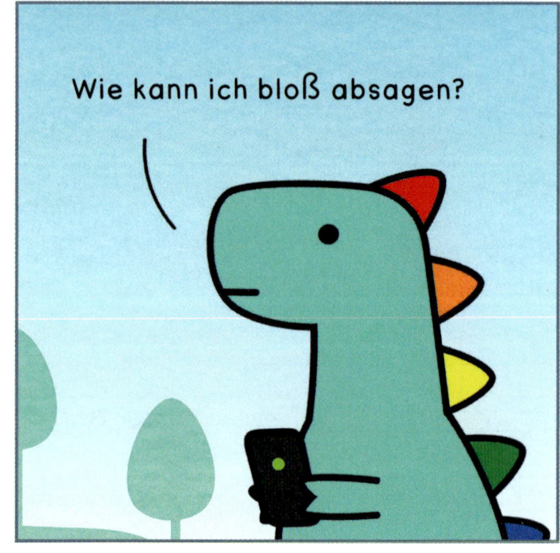
Wie kann ich bloß absagen?

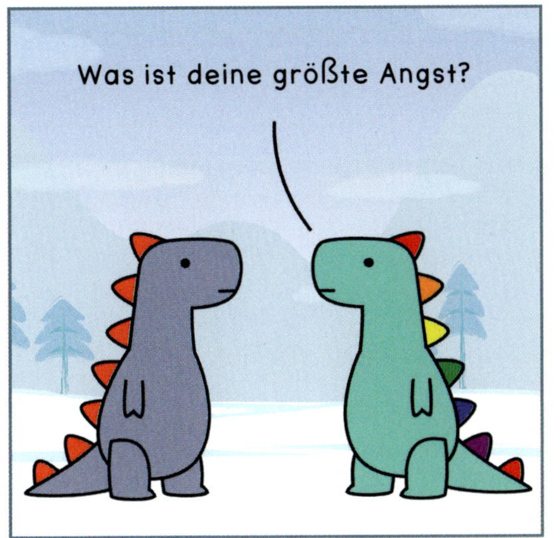
Was ist deine größte Angst?

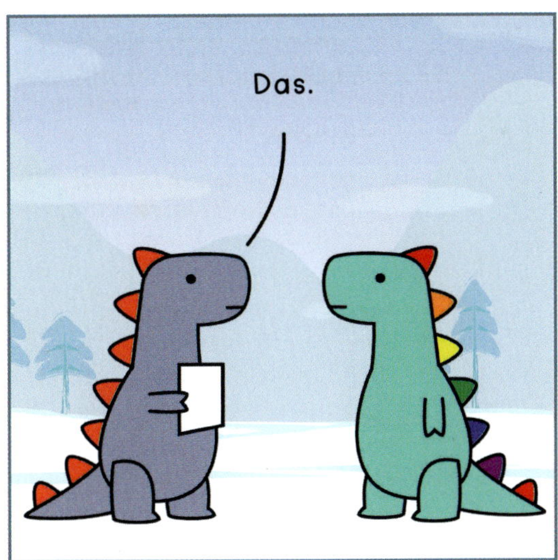
Das.

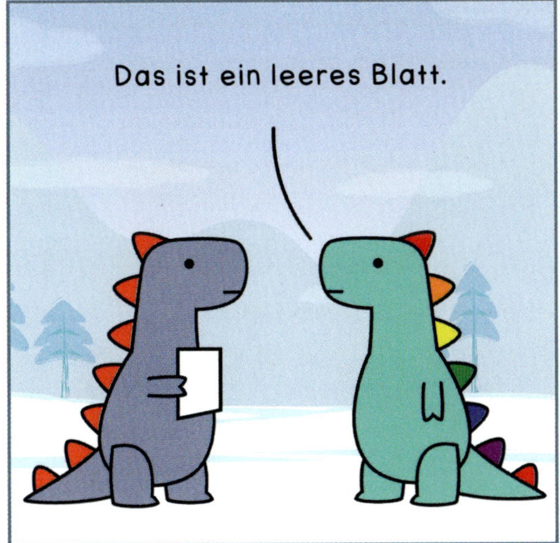
Das ist ein leeres Blatt.

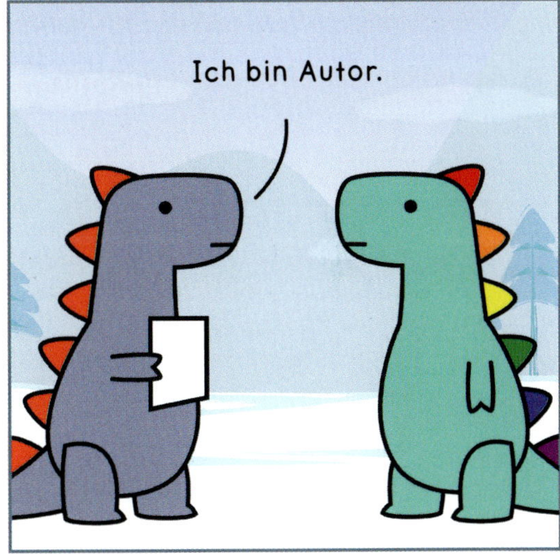
Ich bin Autor.

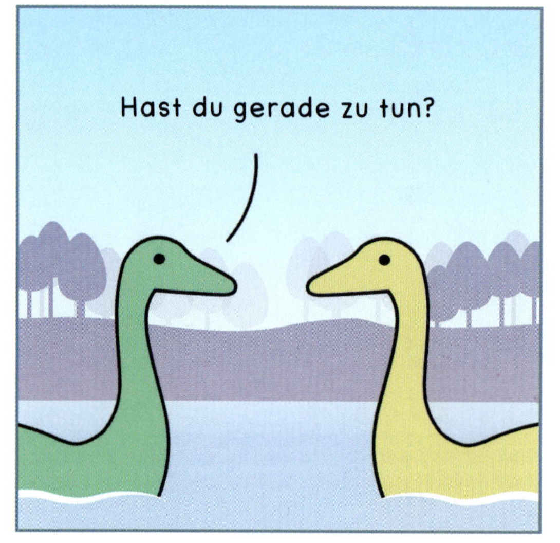
Hast du gerade zu tun?

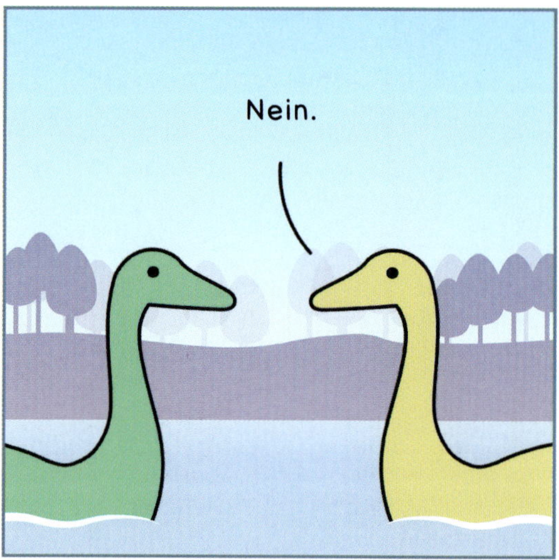
Nein.

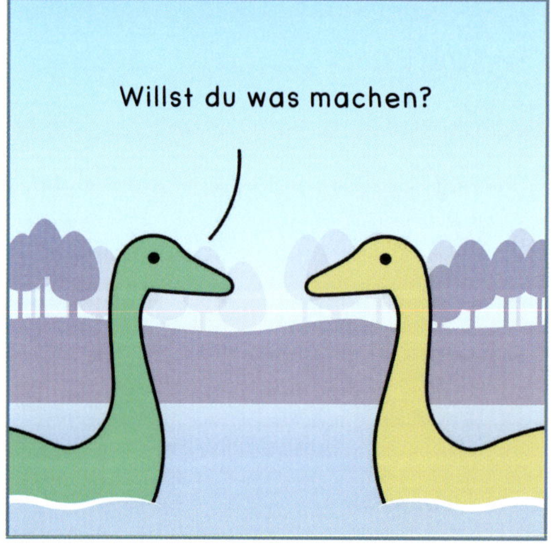
Willst du was machen?

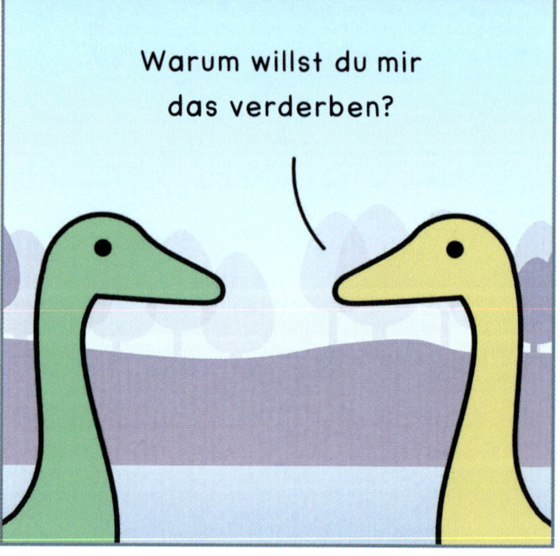
Warum willst du mir
das verderben?

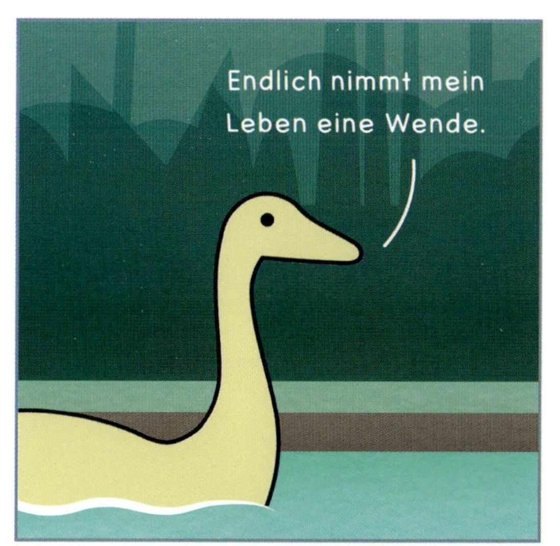
Endlich nimmt mein
Leben eine Wende.

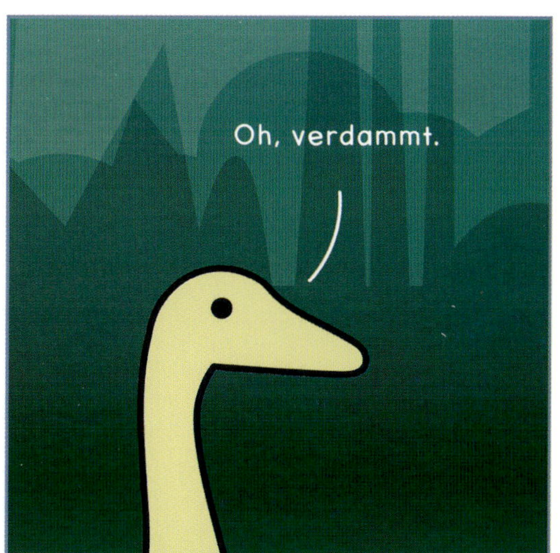
Oh, verdammt.

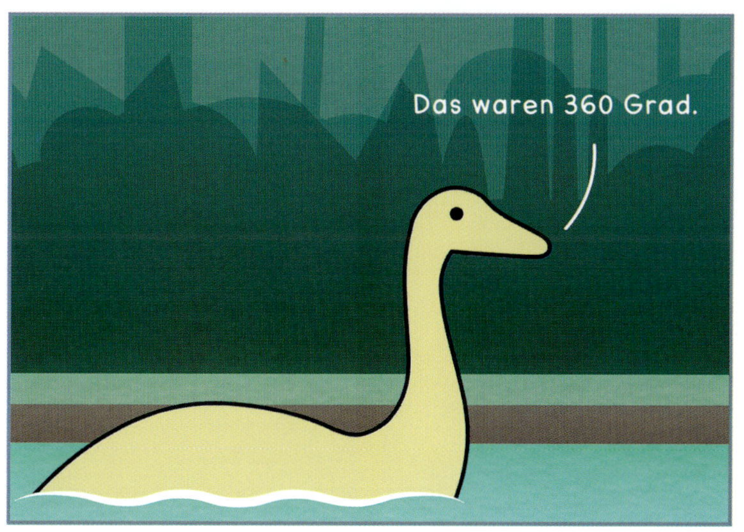
Das waren 360 Grad.

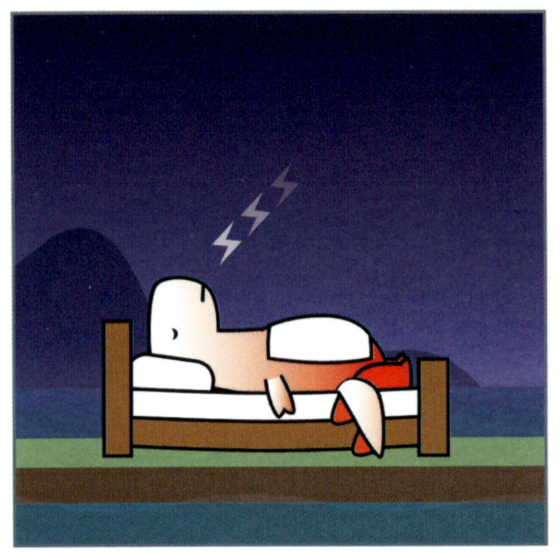

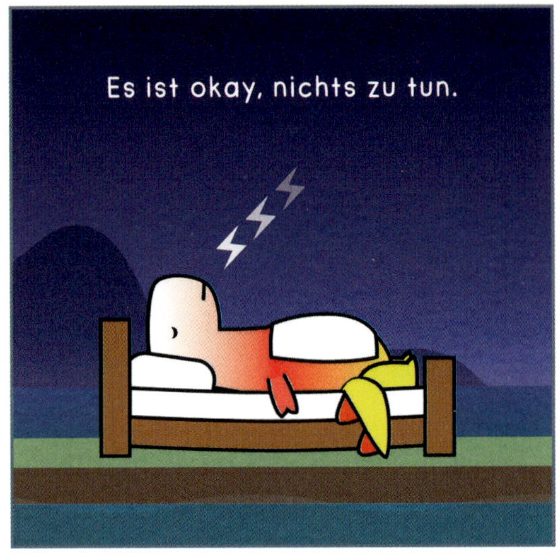
Es ist okay, nichts zu tun.

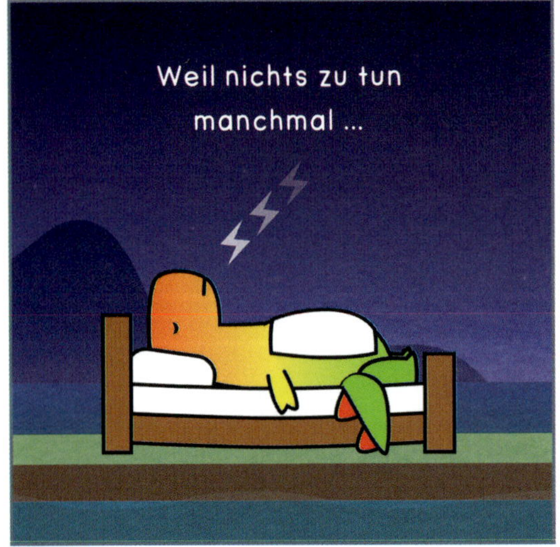
Weil nichts zu tun
manchmal ...

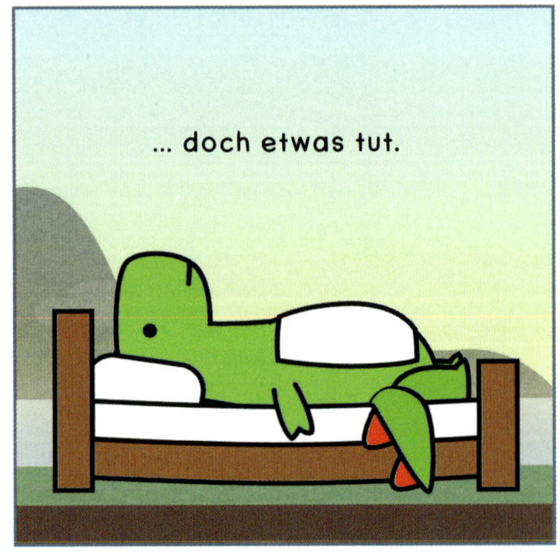
... doch etwas tut.

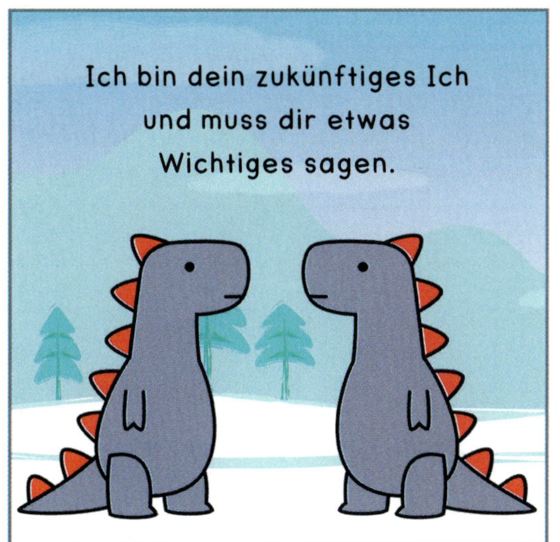
Ich bin dein zukünftiges Ich
und muss dir etwas
Wichtiges sagen.

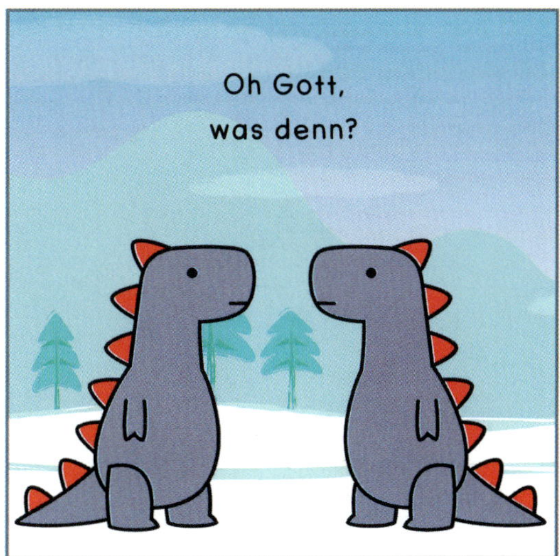
Oh Gott,
was denn?

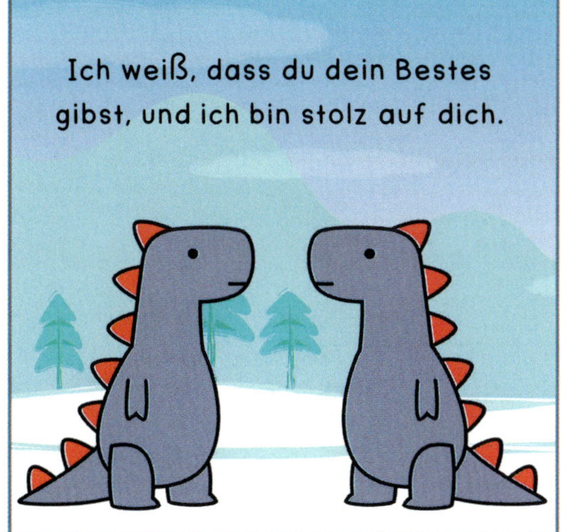
Ich weiß, dass du dein Bestes
gibst, und ich bin stolz auf dich.

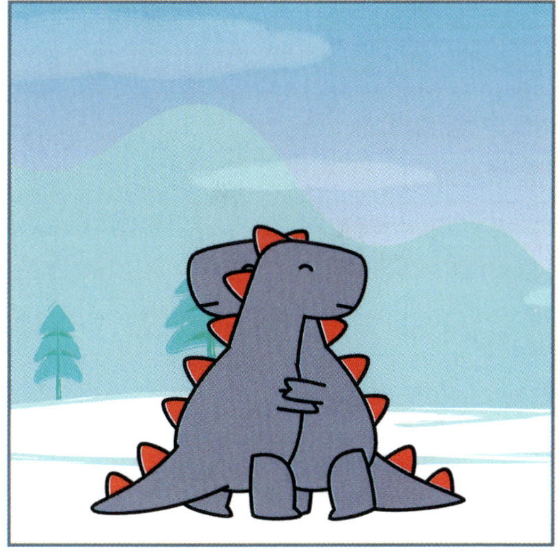

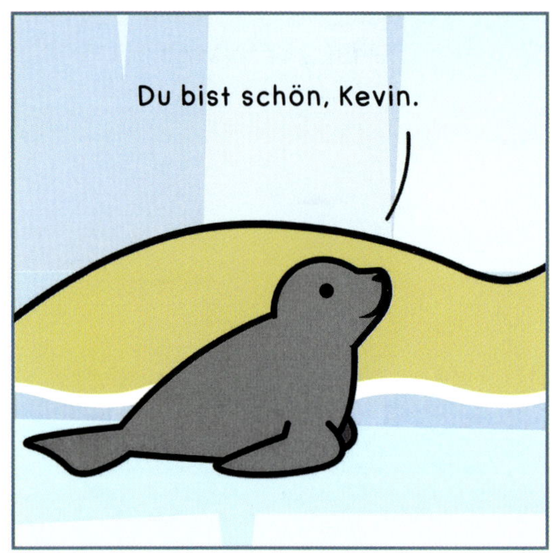
Du bist schön, Kevin.

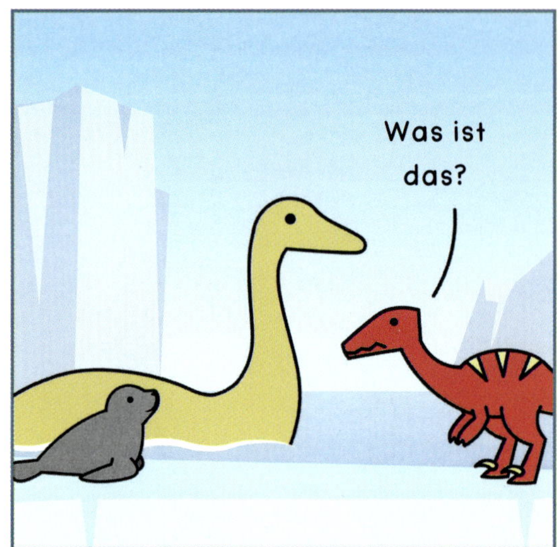
Was ist
das?

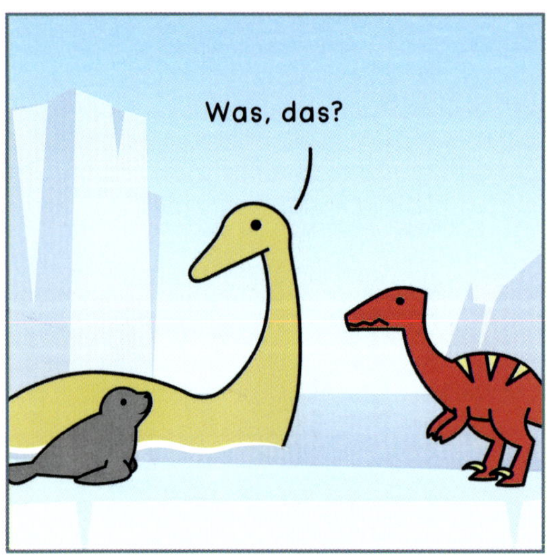
Was, das?

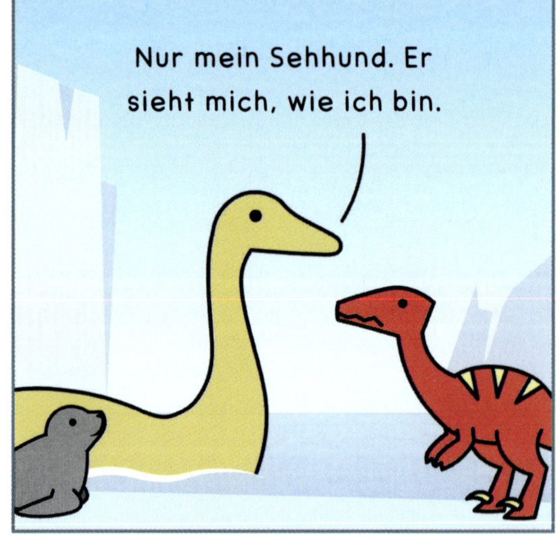
Nur mein Sehhund. Er
sieht mich, wie ich bin.

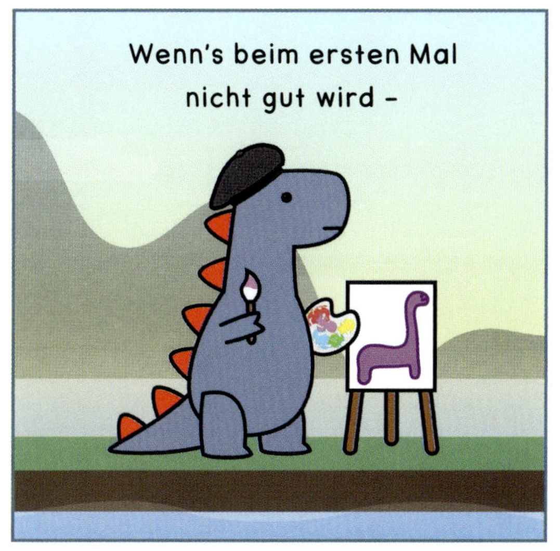
Wenn's beim ersten Mal
nicht gut wird –

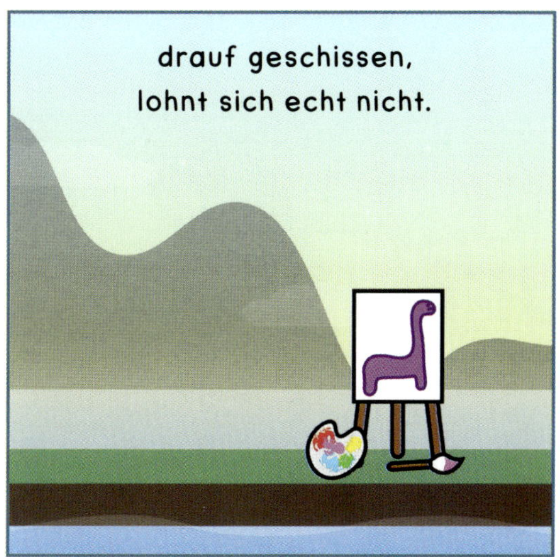
drauf geschissen,
lohnt sich echt nicht.

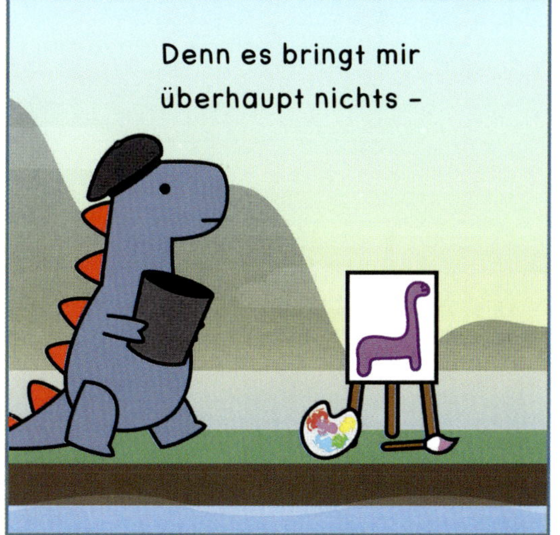
Denn es bringt mir
überhaupt nichts –

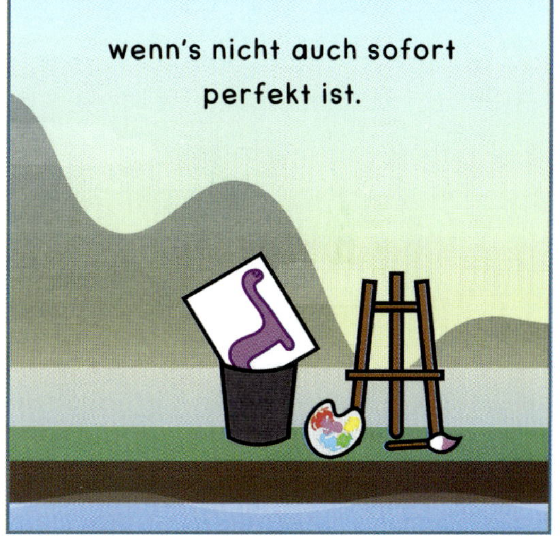
wenn's nicht auch sofort
perfekt ist.

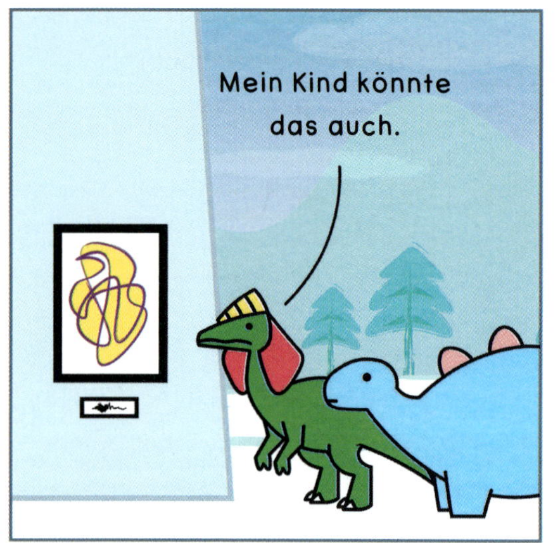
Mein Kind könnte
das auch.

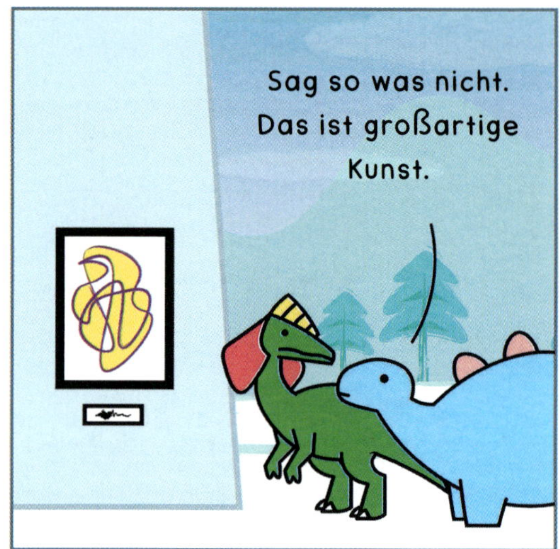
Sag so was nicht.
Das ist großartige
Kunst.

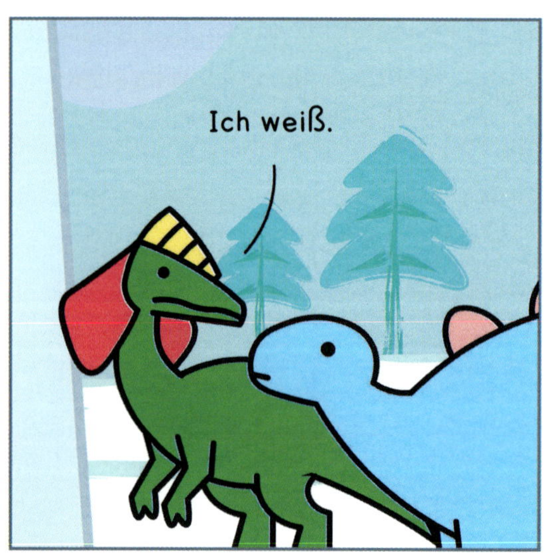
Ich weiß.

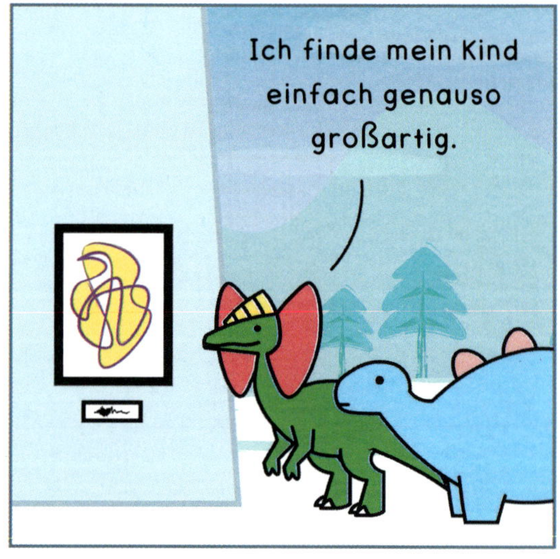
Ich finde mein Kind
einfach genauso
großartig.

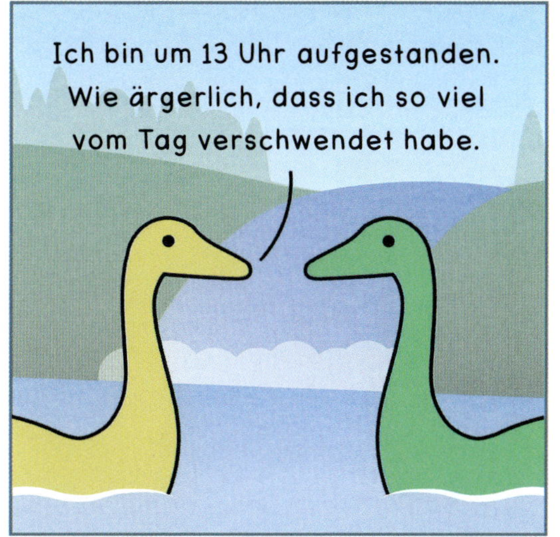
Ich bin um 13 Uhr aufgestanden.
Wie ärgerlich, dass ich so viel
vom Tag verschwendet habe.

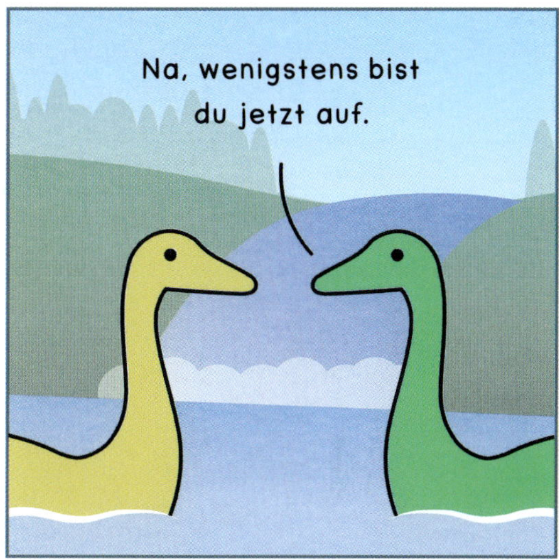
Na, wenigstens bist
du jetzt auf.

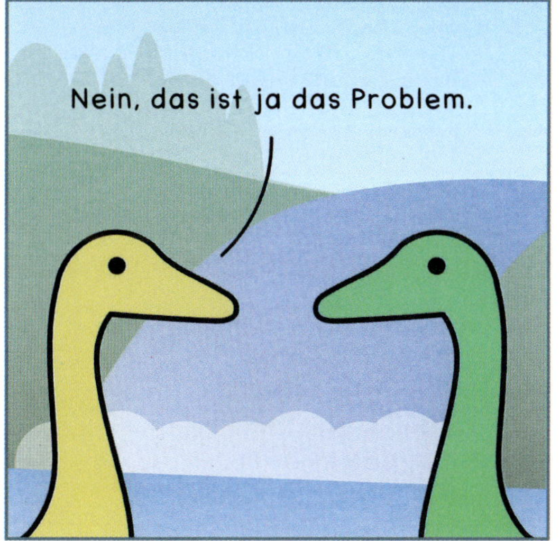
Nein, das ist ja das Problem.

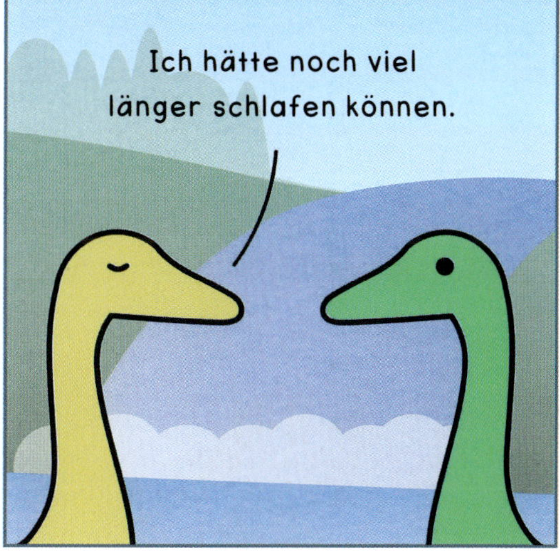
Ich hätte noch viel
länger schlafen können.

Freies Denken

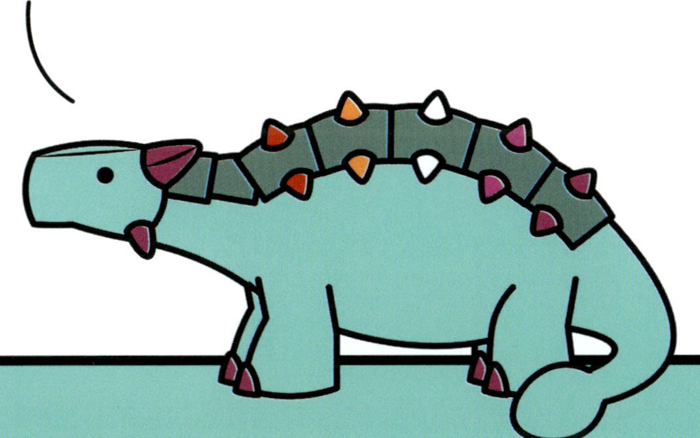

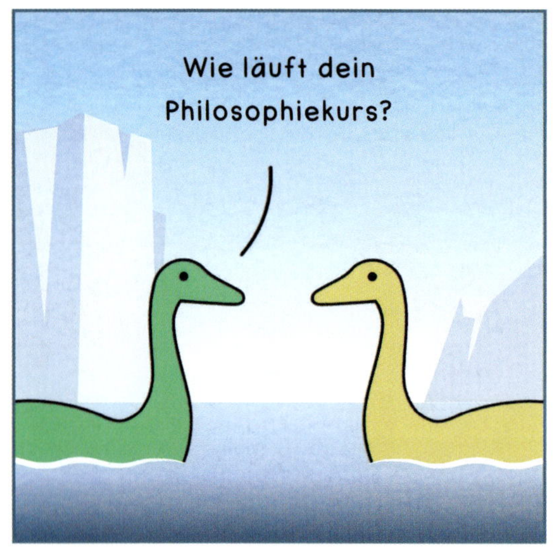
Wie läuft dein Philosophiekurs?

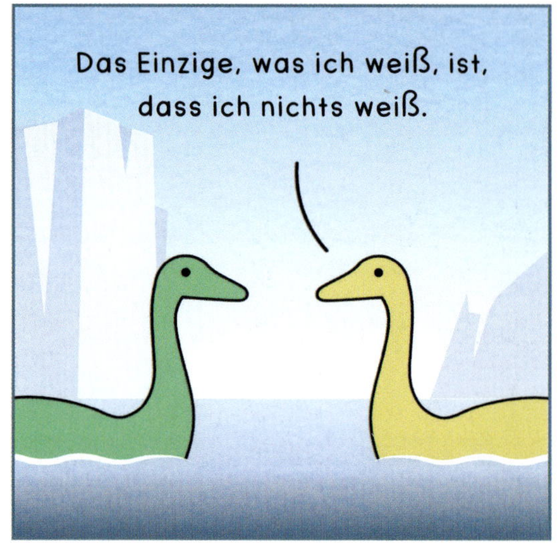
Das Einzige, was ich weiß, ist, dass ich nichts weiß.

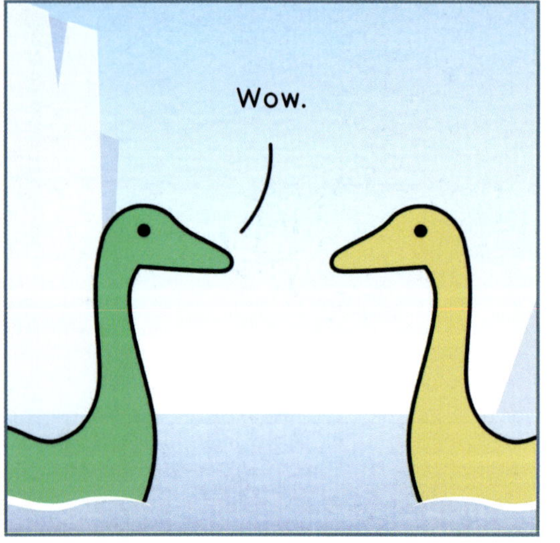
Wow.

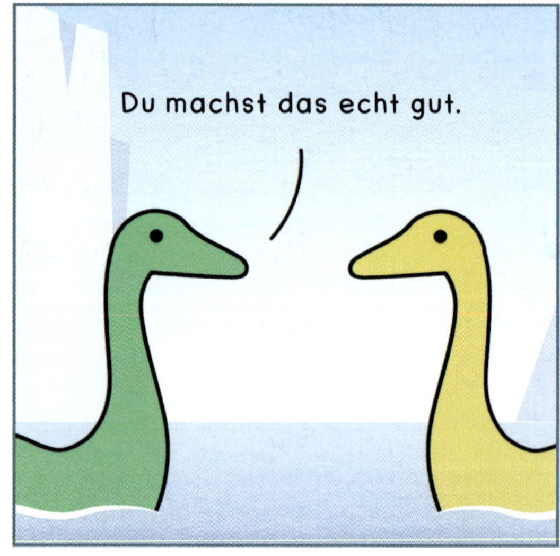
Du machst das echt gut.

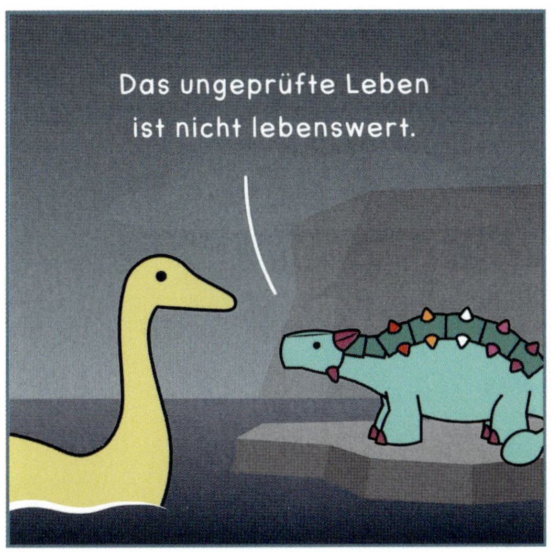
Das ungeprüfte Leben
ist nicht lebenswert.

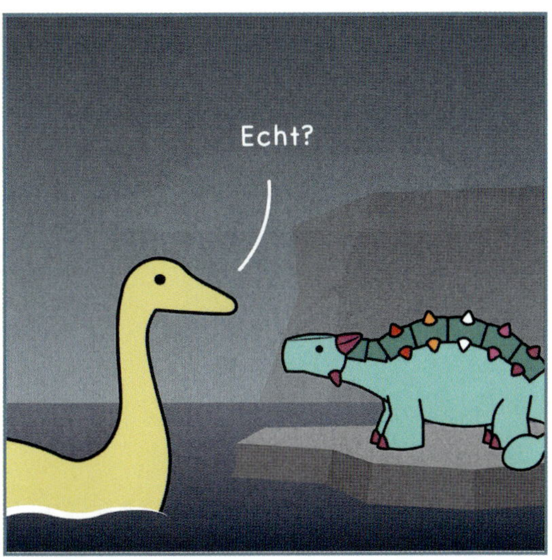
Echt?

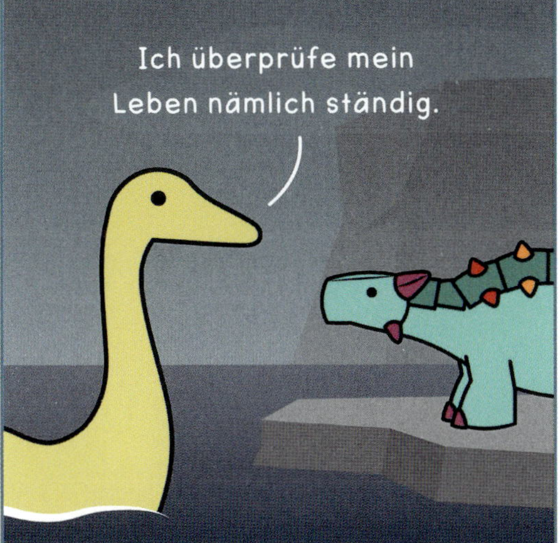
Ich überprüfe mein
Leben nämlich ständig.

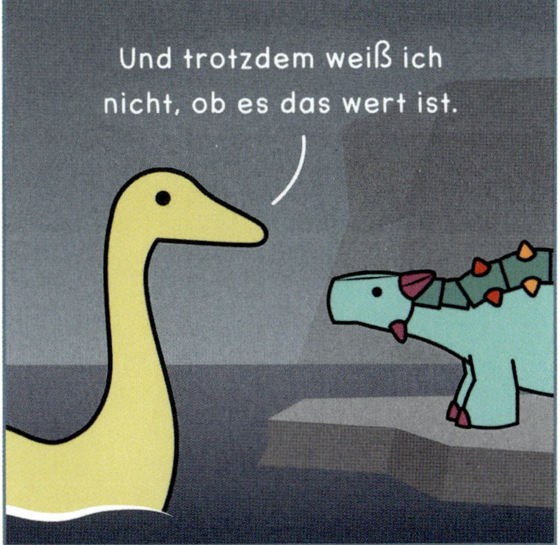
Und trotzdem weiß ich
nicht, ob es das wert ist.

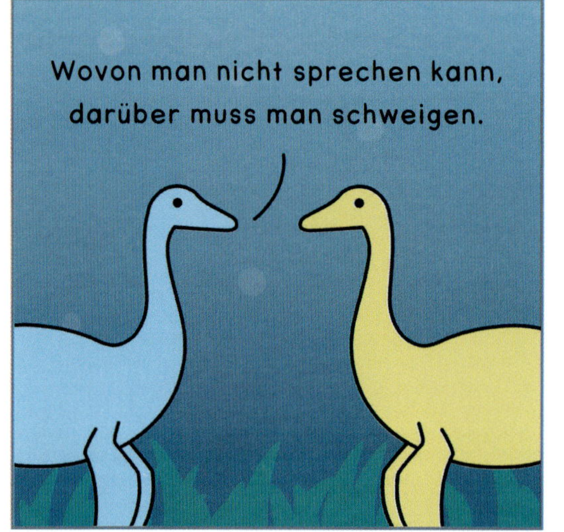
Wovon man nicht sprechen kann,
darüber muss man schweigen.

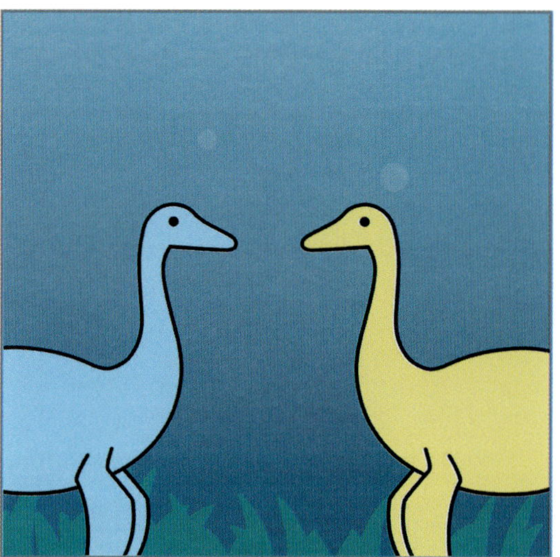

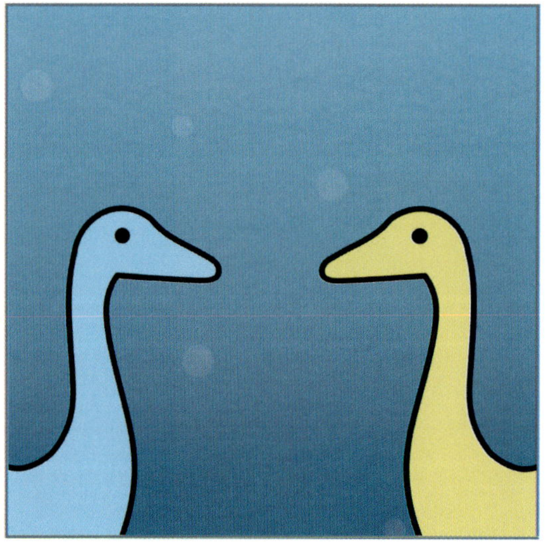

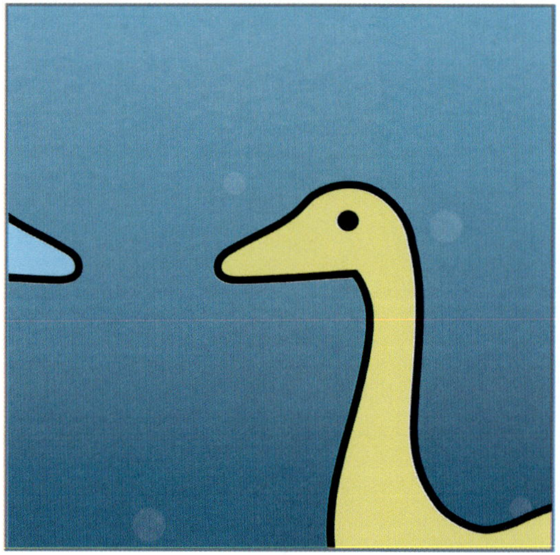

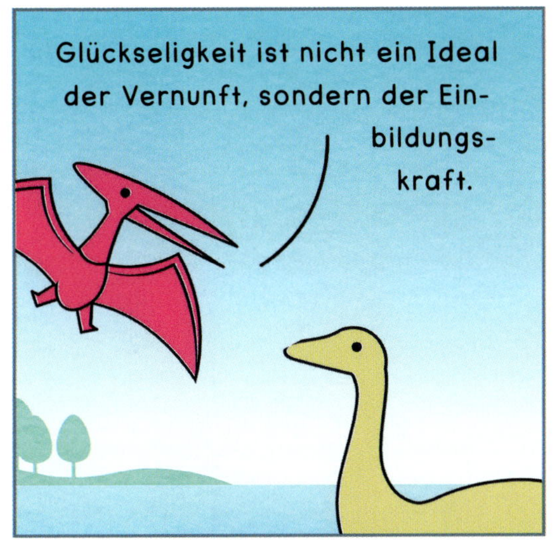
Glückseligkeit ist nicht ein Ideal
der Vernunft, sondern der Ein-
bildungs-
kraft.

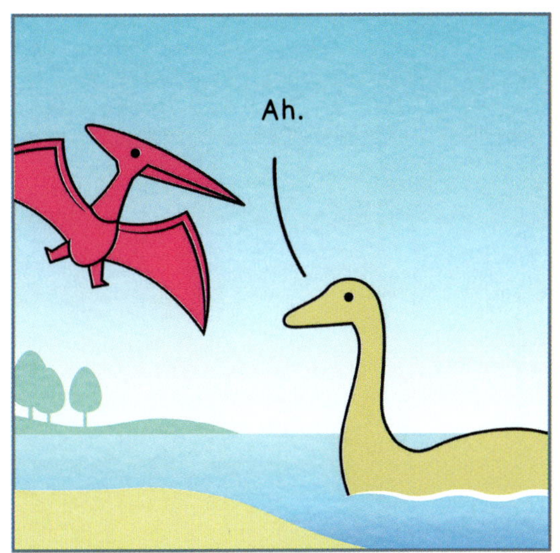
Ah.

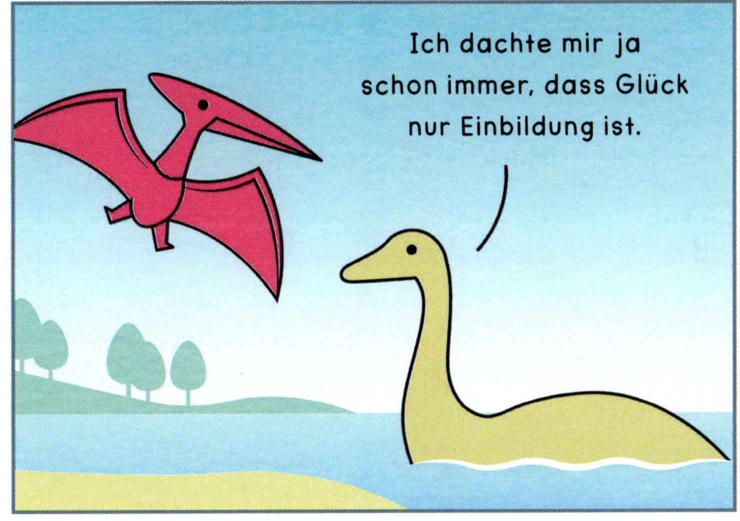
Ich dachte mir ja
schon immer, dass Glück
nur Einbildung ist.

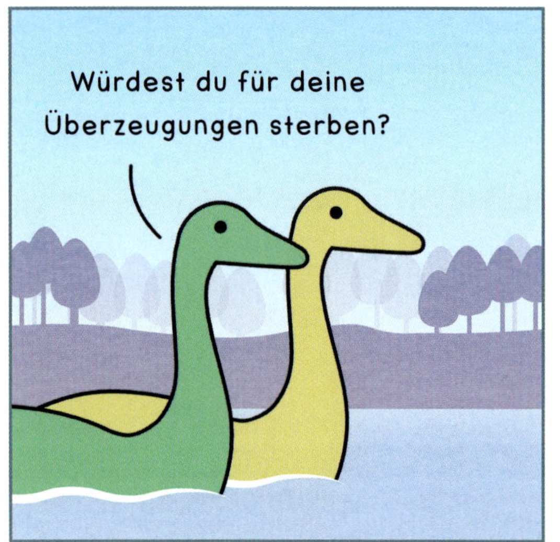
Würdest du für deine
Überzeugungen sterben?

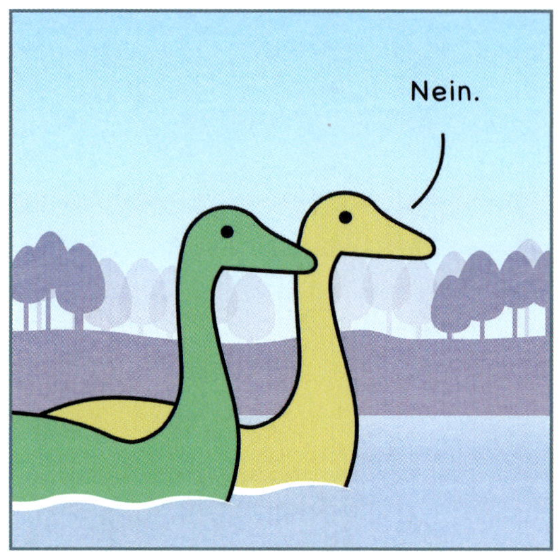
Nein.

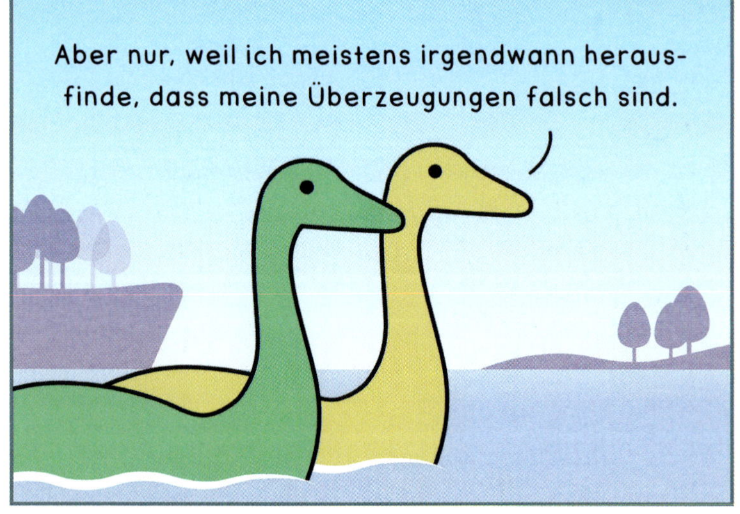
Aber nur, weil ich meistens irgendwann heraus-
finde, dass meine Überzeugungen falsch sind.

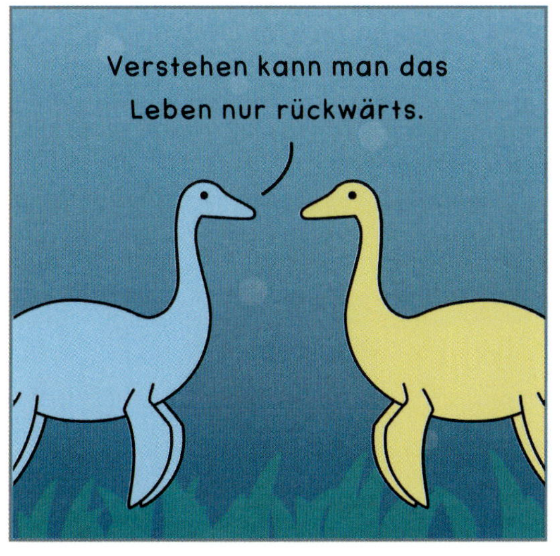
Verstehen kann man das
Leben nur rückwärts.

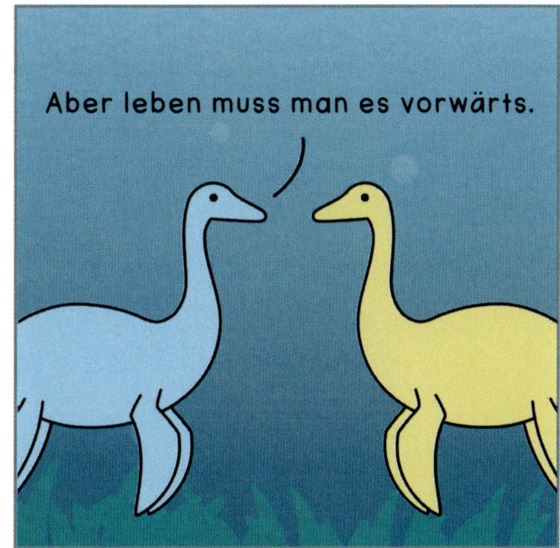
Aber leben muss man es vorwärts.

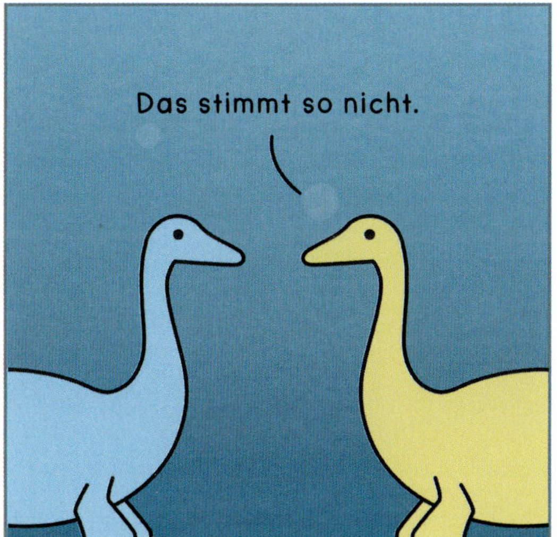
Das stimmt so nicht.

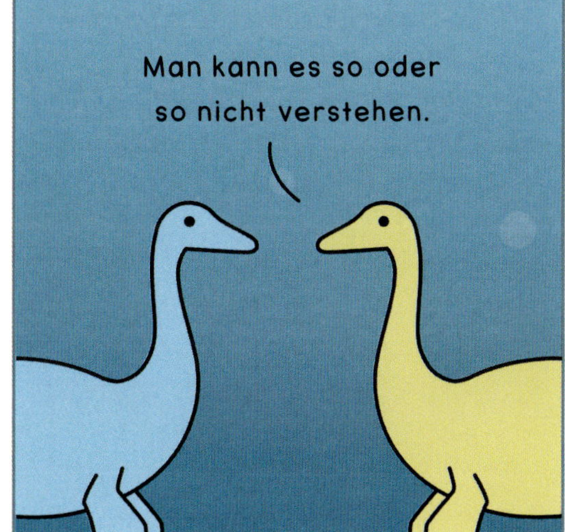
Man kann es so oder
so nicht verstehen.

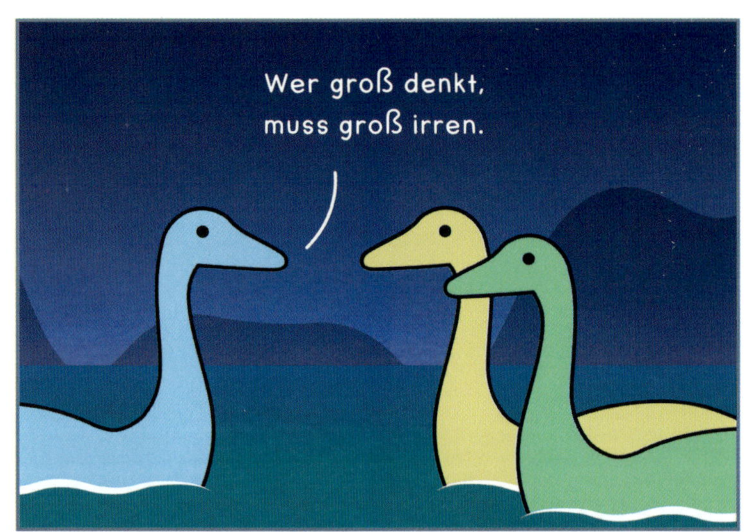
Wer groß denkt,
muss groß irren.

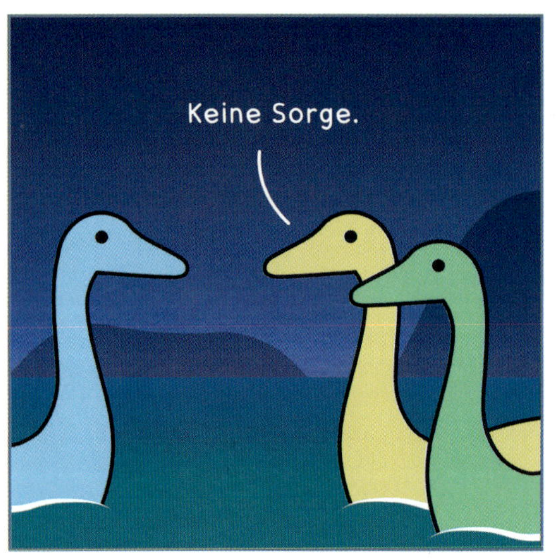
Keine Sorge.

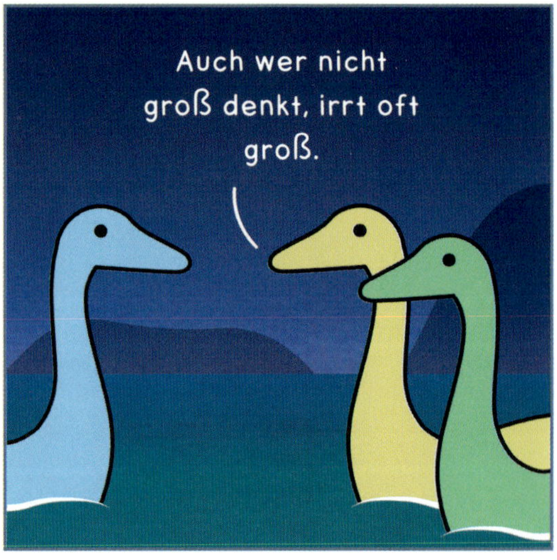
Auch wer nicht
groß denkt, irrt oft
groß.

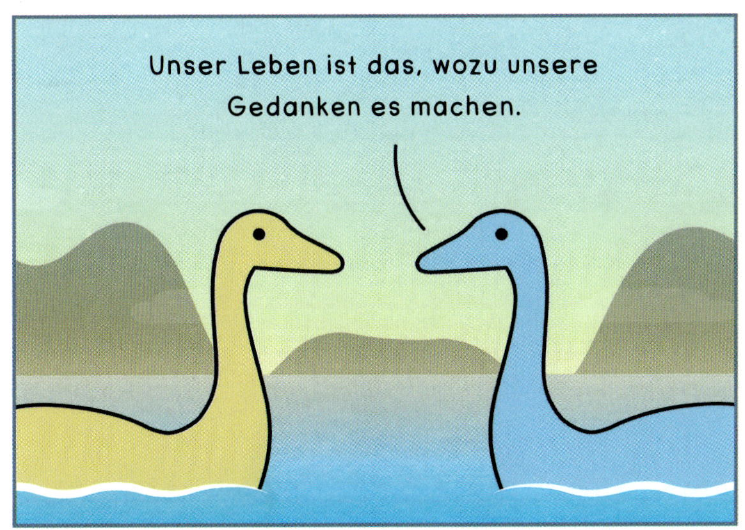
Unser Leben ist das, wozu unsere Gedanken es machen.

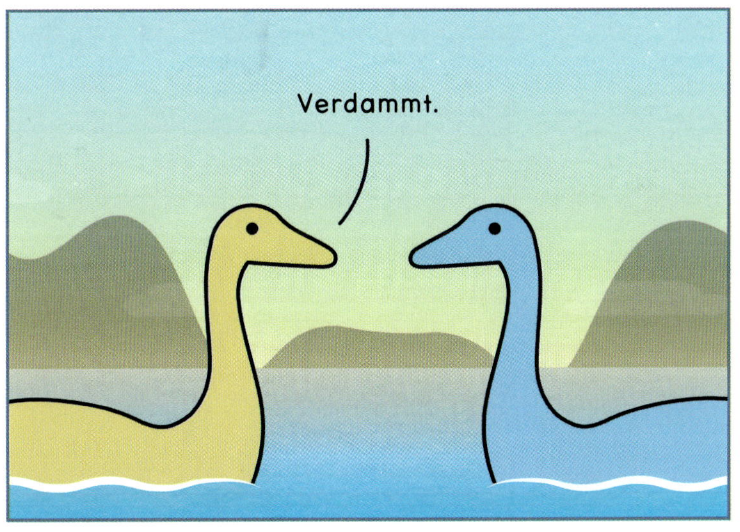
Verdammt.

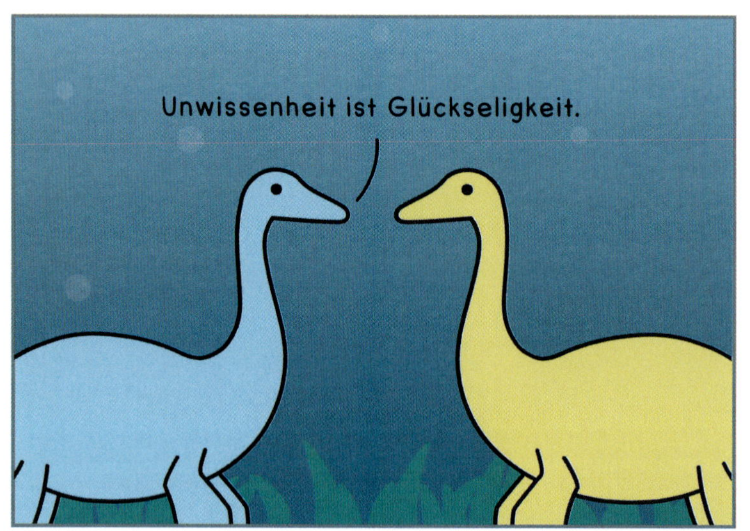
Unwissenheit ist Glückseligkeit.

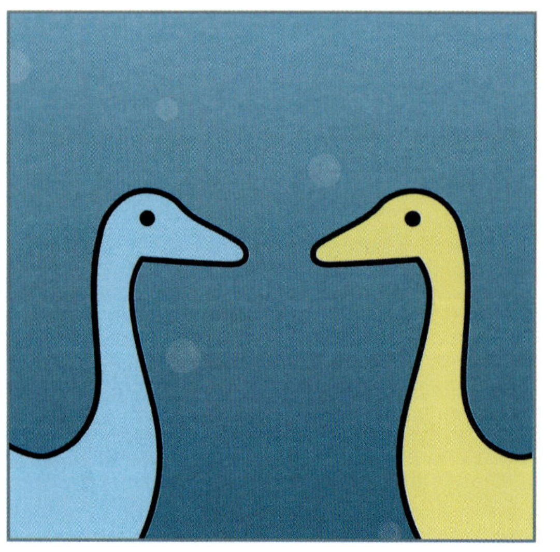

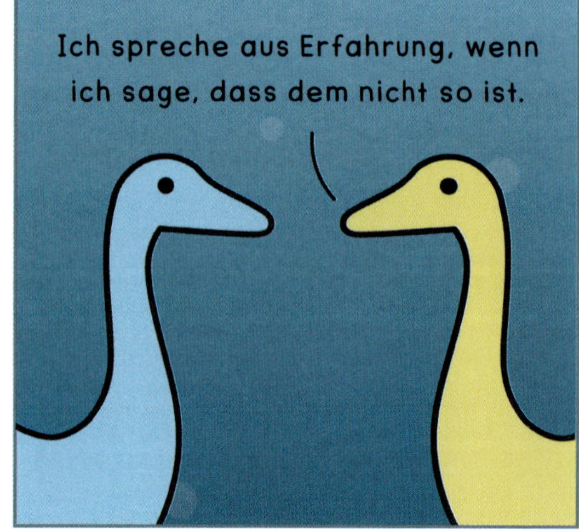
Ich spreche aus Erfahrung, wenn ich sage, dass dem nicht so ist.